JN295737

変化をどう説明するか：
政治篇

水口憲人
北原鉄也 編著
久米郁男

木鐸社

刊行の辞

　21世紀が目前に迫った現在，日本の政治行政システムは大きな「変化」の時期を迎えている。省庁再編や内閣機能の強化等の行政改革会議による提言は実現の運びとなり，地方分権推進委員会の活動を中心にした分権をめぐる一連の動きが21世紀の地方自治に大きな影響を与えることは必至である。また行政の組織運営や管理に関しても新しい潮流が登場し，アカウンタビリティ，アウトソーシング，PFI，独立行政法人，NPM等の用語が流行語となっている。これらの動きが示すのは，政治と行政，中央と地方，公共部門と民間部門の関係を柱にして，あるいはこの3つが絡まりあいながら，わが国の政治行政システムが確実に「変化」を始めたということである。さらには，社会主義の崩壊，冷戦構造の終焉，EC統合，経済の国際化の一層の進展等，20世紀末はグローバルなレベルでも顕著な「変化」を経験した時代であった。

　「変化をどう説明するか」という本企画の表題には，当然のことながら「変化」の時代に生きる社会科学者の課題意識が投影している。だが本企画は，世紀末の「変化」それ自体を対象とし，かつそれを体系的に開明することを直接の目標としたものではない。企画の狙いは，執筆者が選択した分野での大小様々な「変化」を「説明」する理論的可能性を追求することであり，この試みを通して，「変化」の時代の政治行政システムの態様を多角的に理解することに寄与することである。また本企画は，「政治」「行政」「地方自治」という3巻構成であるが，各巻の「変化」と「説明」の関連については，各巻冒頭の編者による解題論文を参照されたい。

　ところで本企画は2000年1月に還暦を迎えられる京都大学法学研究科教授・村松岐夫先生の学恩にお応えすべく編まれたものであり，編集・執筆の上でも先生のこれまでのお仕事との関連づけを試みた。3巻の構成は，先生がこれらの領域で，それぞれエポックメーキングをなす著作を公刊されてきたことに由来する。政党と官僚の役割に関する「政党(政

治家）優位」(『戦後日本の官僚制』1981年),「最大動員」という日本の行政の特徴 (『日本の行政』1994年), 地方自治の「相互依存モデル」(『地方自治』1988年) 等はいずれも先生の名前と結びついており, 先生がこの3つの領域でパラダイム・レベルの問題提起を行われたことを示している。

さらにグランド・セオリーを背後に持ちつつ実証精神を失わないスタンス, 日本の理論と現実の周到な検討を踏まえた上で外国の理論を使うという姿勢, サーベイ・リサーチの活用等, 研究の方法やスタイルのレベルでも先生から学ぶものは多いが, 本企画が採用している「3つのⅠ」も先生の方法を念頭に置いたものである。政治社会学的方法は, 社会の利益 (Interest) から政治行政現象を説明しようとするが, 先生の最初の本格的著作である『戦後日本の官僚制』は, この意味での政治社会学の優れた業績である。そして『行政学講義』(1977年) では,「構造」とともに「規範」という「Idea」のレベルが, 意思決定を核とした行政の「行動」を条件づけることが強調され, この問題意識は「アイディアの政治」への関心としてその後も引き継がれている。加えて戦後の日本では, 国会中心の政治過程の枠内に行政システムが位置づけられたことが重要な意味を持つとする先生の観点は,「制度」(Institution) に注目する近年の理論潮流の1つの出発点をなしていたといえよう。「3つのⅠ」の関係やせめぎ合いを意識することによって, 先生の学恩に報いたいという執筆者たちの意図が伝われば幸いである。

1999年　10月

水口憲人
北原鉄也

刊行の辞　　　　　　　　　────水口憲人・北原鉄也（3）
序　　　　　　　　　　　　　　　────久米郁男（7）

第Ⅰ部　政党

衆議院選挙選挙区データに見る日本社会党の50年
　　　　　　　　　　　　　　　　　　────的場敏博（21）
高度経済成長の政治と「弱者」防衛　　────森本哲郎（51）
　－日本共産党と「護民官政治」
経済政策転換と政党政治　　　　　　　　────力久昌幸（71）
　－イギリス労働党における新自由主義的経済政策の浸透

第Ⅱ部　選挙

中選挙区制と議員行動　　　　　　　　　────建林正彦（97）
緑風会の消滅過程　　　　　　　　　　　────待鳥聡史（123）
　－合理的選択制度論からの考察
90年代日本の選挙公約　　　　　　　　　────品田　裕（147）

第Ⅲ部　政策

構造的外圧　　　　　　　　　　　　　────T. J. ペンペル（175）
　－国際金融と日本の政治変化
連立政権の政策能力　　　　　　　　　　────伊藤光利（207）
雇用政策の展開と変容　　　　　　　　　────久米郁男（235）
　－アイデア，利益，制度

序　変化をどのように説明するか：政治篇

久米郁男

　90年代は改革の時代と回想されるだろう。80年代後半からの政治腐敗報道を受けて，政治改革，選挙制度改革をめぐる議論がスタートした。それは，湾岸戦争時における政治指導の混迷をうけて大きなうねりとなり，93年には自民党が，結党以来はじめて政権を失った。細川内閣では，小選挙区比例代表並立制選挙制度が導入された。しかし，今ふりかえればこれはまだ改革時代の序幕であった。その後，バブル崩壊後の長引く不況の中で，日本の経済システム自体の改革も強く主張されるにいたった。80年代には，資本主義経済の新たなモデルとして胸を張った日本型システムへの信認は一挙に崩壊した。その重要な支柱であった官僚制度も，スキャンダル告発の連打の中で戦後日本の制度疲労の象徴というありがたくないレッテルを貼られ，その後の行政改革，地方分権改革の標的とされていった。戦後日本という仕組みが第二の敗戦を経験して改革を迫られているという認識が広く流通するにいたったのである。この改革への動きが，現実の変化をもたらすのか，その変化はどの程度の深度を持つものなのか，1つの領域における変化が別の領域における変化を連鎖的に引き起こすのか，それともそれらは相対的に独立のものなのか，政治学的に解明を迫られるイシューはきわめて多い。それらを理解することなしに，90年代から21世紀にかけての政治を語ることは不可能であろう。

　しかし，本書においては，90年代以降の変化それ自体を直ちに体系的

に解明することを目指すのではなく，政党，選挙，政策という3領域に絞り，その分野における変化というものをいかに理論的に説明するかに関心を集中することにしたい。変化の全体像の総体的解明に先立ち，各論的な分析によって，変化を説明するための理論的な可能性を提示しようというのが本書の各論文共通の目的である。

　1980年代以降，アメリカ政治学の世界を中心として，政治経済現象を制度によって説明しようとするアプローチが力を得てきた。このような歴史的制度論は，政治現象の継続性や経路依存性の解明に大きな成果をあげた。制度論的な分析は，独立変数に制度をおいて，国別あるいは分野別の比較を用いることで，異なる制度を持つことがいかなる結果をもたらすか，すなわち従属変数たる政治経済現象に影響を及ぼすかを解明しようとしてきた。しかし，これら分析においては，ややもすると制度がいかなる因果の経路をとって政治現象に影響を与えるかという因果メカニズムの解明が不十分となり，そのメカニズムをブラックボックス化する嫌いがあった。このような弱点を克服するべく，制度論的比較研究において，個々の事例の因果メカニズムを丹念な記述により解明しようとするプロセストレーシングの重要性が主張されることにもなった。しかし，他方で，制度と説明されるべき政治経済現象の間にアクターの「利益」を措定して，その行動を演繹的に仮定したうえで仮説を構築し，その検証をする合理的選択論の立場に立つ制度論が登場することとなった。従来の制度論が，マクロな分析にとどまっていたのに対して，そのミクロ的基礎を明らかにしようとするのがこのアプローチの目指すところであったと言ってよい(Thelen 1999; Kato 1996)。

　しかし，合理的選択論にたって，アクターの利益をアプリオリに分析者が措定するアプローチが，政治学，とりわけアメリカ政治学における大きな潮流となるにつれて，それに対抗するような形でアクターの利益がいかに認識され，彼らの選好形成がいかになされるのかに関する関心も高まってきた。構成主義(constructionisim)と名付けられ，選好が間主観的にまた制度に媒介されつつ形成されるメカニズムの解明を目指す

アプローチがその雄である (Locke and Thelen 1995)。ここでは，選好形成が政治アクターの理念に影響を与え，更に彼らの行動を規定するプロセスを分析することで，合理的選択制度論とは異なる仕方で，政治過程のミクロ的基礎の解明が目指されている。

利益や選好，理念を独立変数とする分析は，単に政治現象のミクロ的基礎の解明に資するのみならず，変化を説明する上での優位性を持つ。環境変化などの外生的なショックや，場合によっては内生的な変化によって，アクターにとっての利益や彼らが保持する選好，理念が変化する場合に，彼らの行動に変化が生じると考えられるからである。定義上一定の継続性を特徴とする制度を独立変数とする分析よりも，変化の説明に有利であることは自明であろう。しかし，新たな理念や利益認知は，その形成に際して既存の制度の影響を受けるのも事実である。また，利益や理念が，変化の起動を説明するとしても，その内容をみることによって直ちに変化の帰結が理解できるわけではない。新たな理念や利益は，既存の制度の枠組みを通して現実の帰結を生み出していく。その際に影響を及ぼす制度には多様なものがありうるし，その時々の状況によって，影響を及ぼす制度は異なりうる。この意味において，制度は変化を説明する際にも，重要性を持ちうるのである(Steinmo, Thelen, and Longstreth 1992)。

本巻の各論文は，政党，選挙，政策というそれぞれの領域において，変化を説明しようとする。その際に，利益，理念，制度が様々な仕方で独立変数として用いられる (Cf. Hall 1992)。

第Ⅰ部　政党について

90年代日本における政党政治レベルの顕著な変化は，左翼革新政党の衰退である。戦後長らく続いてきた保守・革新あるいは左翼・右翼の対抗軸は，その政治的意義を大きく減じてきた。その背景には，冷戦の終結，脱工業社会の登場，経済のグローバル化などがあるとの指摘がしばしばなされる。村松岐夫のいう「イデオロギー過程」の収縮と「政策過

程」の拡大がこの結果生じたといえよう（村松岐夫 1982）。しかし，このことは左派政党の衰退と同義ではない。ヨーロッパにおいても，冷戦の終結，脱工業社会化，グローバル経済化の影響は，日本におけると同様，あるいはそれ以上に大きかったと考えられるにもかかわらず，そこにおける社会民主主義政権の叢生を今我々は，目の当たりにしているからである。翻って日本においては，55年体制下において左派勢力を代表してきた社会党は，実質的には政治的に無力な社民党と保守勢力との結合による民主党へと姿を変えていった。そこには，ヨーロッパと異なり，少なくとも今のところ社会民主主義勢力の結集，隆盛は見られないのである。

　第I部においては，まず，戦後日本の左派勢力を代表してきた日本社会党の消長を的場敏博が，日本共産党を森本哲郎が分析する。これら両党は，何故90年代の左派，あるいは社民勢力結集の土台を残し得なかったのであろうか。それに引き続いて，力久昌幸は，イギリスにおける労働党の路線変更を，日本の自由民主党を念頭に置きつつ分析する。ブレアの下に，ニュー・レイバー路線をとることで勢力の伸張と政権奪取に成功したイギリス労働党の経験は，反自民勢力の結集のうち続く失敗にも助けられ素早く政権を奪い返した自民党に何を語りかけるのだろうか。

　的場は，衆議院における社会党の50年を，「急速な成長」の10年，「勢力の相対的安定」の10年，「急速な没落」の10年，「漸次的な勢力低下」の10年を経て「壊滅的打撃」を受けた10年として総括した上で，このような社会党の勢力変動の波は何によって生じたのかを探る。各選挙区ごとの選挙結果分析の上に，最初の30年間の消長をもたらした原因は都市化にあったことを明らかにした上で，最後の20年間の急速な没落から壊滅への変化は，都市化の度合いによっては説明できないとする。都市化がもたらした，「文化政治」や「階級政治」解体の受け皿として，公明党や共産党が現れて社会党の票を大きく浸食したことに没落の原因を見るのである。この説明は，巷間いわれてきた，社会党の現実主義化が遅れたために，勢力の衰退に至ったという解釈とは対立する。社会党の勢力

を奪った公明党や共産党の路線は，ある意味では社会党以上に非現実的であったからである．むしろ，急落の原因は，社会党が組織政党としての基盤を固めてこなかったことにあるとするのである．現実主義政党化という理念に惑わされて，組織の利益の追求がおろそかになった結果が社会党の壊滅であったというのが的場の解釈である．

では，共産党はどうか．森本は，フランス共産党が，社会的弱者の擁護という護民官機能を果たしてきた結果，フランスの政治システム自体の正統性を高める役割を担ったという解釈を踏まえつつ，日本共産党の果たした役割の分析を公明党との比較において行っている．東京23区の選挙候補者のプロフィール分析と国会討論の分析に基づいて，森本が提示する知見は，公明党の方が護民官としての機能に徹してきたのに対して，共産党は前衛政党イデオロギーに拘束され社会的弱者の利益追求に全力を注げなかったということである．そこでは，護民官機能を追求することで選挙における当選という利益の最大化を追求することと，前衛政党イデオロギーという「理念」との相克，緊張が明らかにされている．

共産党が，公明党以上に強く「理念」の影響を受けていることは，的場の分析にも読みとれる．中規模政党としての，公明党，共産党にとって，中選挙区制下での定数の大きい選挙区は，当選可能性が高かった．両党の支持者が合理的であれば，定数の多い区での候補者には票を投じるが，当選しそうにない区の候補者には票を入れないことが予想される．しかし，定数の違いによる集票力の差は，両党の選挙結果からは見られない．両党支持者は，当選可能性という合理的な計算によらず，「理念」に従って忠実に投票をしている．他方，政党の側から見れば，当選者数の拡大という目的にたって合理的に行動するならば，定数の大きい選挙区ほど候補者をたてることに積極的になることが予想される．的場は公明党についてその仮説を支持するデータを得ている．しかし，興味深いことに共産党はそのような立候補戦略を採っていない．規模に関係なく立候補をさせるのである．共産党は，支持者レベルから政党リーダーまで，「理念」に基づいて選挙を戦っていることを的場は示している．共産

党の方が公明党よりも理念に拘束される度合いが大きいのである。

では、政党はどの程度「理念」に拘束されるのだろうか。力久のイギリス労働党分析は、この点興味深い。同論文では、1980年代末から90年代のイギリス労働党のケインズ主義的経済政策から新自由主義的経済政策への転換が分析される。労働党は、国有化、計画化、ケインズ主義的需要管理政策を支柱とする経済政策から、大きく舵を切り、公共セクターと民間セクターのバランスをとりつつ、政府による積極的財政政策を重視するケインズ主義的需要管理政策を廃して、税負担の軽減、政府支出に対する厳しい抑制、インフレ抑制を重視する正統派財政金融政策を通じて経済の安定をめざすようになった。この政策変更の背後には、経済のグローバル化や情報化、ヨーロッパ統合などの要因とともに、再選を目指して政策転換を志向する労働党政治家の利益、新自由主義的経済政策という新しいアイデアを労働党に提案するに至ったシンクタンクの存在などがあったことが指摘される。

力久は、他方、労働党の経済政策転換の不徹底さにも注目し、この点において日本の自民党との比較可能性を論じている。労働党が、未熟練労働者や失業者の境遇改善政策など政府介入に対する積極的姿勢をも保持している点で、サッチャー・レーガン流の新自由主義との違いが見られることに注目し、この「不徹底さ」は日本の自民党の経済政策転換においても見られることを指摘する。自民党は、景気対策としての積極的財政政策への期待を払拭できず、民営化や規制緩和を促進する姿勢も十分確立しなかった。ただし、不徹底さの原因は、両党で異なる。労働党は、小選挙区制の下、右派政党との対抗上、社会的公正という社会民主主義的理念を保持し続けたのに対し、自民党は中選挙区制度の下での選挙戦略として利益誘導政治を追求したというのが力久の解釈である。同じような経済環境の変化や、新しいアイデアの出現にもかかわらず、両国の選挙制度の違いが、労働党と自民党に経済政策転換にともなう、それぞれの「不徹底さ」をもたらしたのである。

序　変化をどのように説明するか：政治篇　　　13

第II部　選挙について

　力久が注目した中選挙区制度は，1980年代末から90年代にかけて政治改革の奔流の中で改革の対象となった。衆議院選挙への小選挙区比例代表並立制の導入は，80年代の末に激しい批判の対象となった政治腐敗や利益誘導型政治をなくし，政党と政策中心の選挙を実現し，また政治的求心力を高めることを目指してなされた。

　第II部では，まず建林正彦が選挙制度改革以前の中選挙区制度の下で，各議員が再選という自己の利益を追求するならば，どのような政治が現れるかを分析した。中選挙区の弊害については，政治改革の議論に際して多くのことが語られてきた。中選挙区制度の下では利益誘導政治が発生するとの指摘はその代表的なものであった。しかし，従来その両者の因果メカニズムは，必ずしも十分に明らかにされてこなかった。建林は，合理的選択制度論にたって，議員は自らの再選とそれに次いで議会での多数派形成という「利益」を追求し，合理的に行動すると仮定し，その上で自民党議員の政策活動における選挙制度の規定力を探り，利益誘導政治出現のミクロ的基礎を解明しようとする。中選挙区制の下で過剰な同士討ちによる選挙コストの浪費を避けようとする自民党議員は，様々な形での棲み分けを行い，同僚議員との過当競争を抑制してきた。その結果，選挙区毎に異なる2種類の均衡，すなわち地域割り戦略均衡とセクター割り戦略均衡が成立しがちであり，前者は地域密着型のポークバレル政治に，後者は政策分野に特化した族議員型政治に結びついたというのが，建林が議員の政策活動の分析を通して検証する仮説である。自民党が，政権党として広範な政策領域をカバーすると同時に，強いポークバレルへの指向をもち地域ばらまき政治を行ったのは，議員の再選という利益と中選挙区制度の結びつきの結果であったとされる。

　では，選挙制度が変化したことで，政治はどのように変わったのか。品田裕は，1990年，93年，96年の3回の衆議院選挙における政治家の公約を丹念に内容分析することでこの問いに答えようとする。選挙公約の

変容の分析を通じ，政治過程において何が変わったのかを検討することが目指されるのである。品田自身も認めるように，新しい選挙制度の影響が充分に現れるには時間がかかる。しかし，とりあえずの品田の知見は，90年代を通して，地域の利益を主張する公約と非イデオロギー的であるが包括的な（政治改革や構造改革といった）公約が増える一方，弱者集団や業界集団の利益を代表する公約が減少したことである。また，地域利益型公約は非都市部に多く，包括的公約は都市部に多いという。建林のいう，セクター割り戦略が後退し，地域割り戦略が，選挙区内の地域割ではなく，選挙区を単位とする地域利益追求型へと変質したことを品田は発見しているといえよう。それに代わって出現してきた「包括的」な公約は，「理念」というべきものかもしれない。その意味では，新しい選挙制度は，政治家に「理念」を追求する可能性を与えたといえるかもしれない。

　待鳥聡史が分析をする緑風会は，理念，理想を追求した政治集団として記憶されている。待鳥は，参議院の良識を代表する政治勢力として過去に大きな期待を抱かれつつも消滅した緑風会をとりあげ，その消滅の原因を分析する。その衰退は，よく言われてきたように緑風会所属議員が当初の理想を失い保守化したからであろうか，それとも，組織政党の体をなさなかったからであろうか。待鳥は，政党としての緑風会が，再選，政策実現，影響力拡大という個々の政治家の目的を実現するだけにたる集合財を提供できなかったことをその消滅の原因として主張する。合理的選択論の立場に立って，各議員は緑風会所属のコストとベネフィットを計算して，所属か退出かを決めたと仮定するのである。そこで，注目される重要な決定が，1954年の入閣拒否の申し合わせである。この決定は，良識の府たる参議院の独自性という観点から好意的に言及されてきたが，待鳥はこの決定が，緑風会所属の威信という，選挙の際に重要な集合財供給にとって大きなマイナスであったと指摘する。「理念」に引きずられた決定により，各議員は緑風会所属の「利益」を失い，去っていったというのが待鳥の解釈である。

第III部　政策について

　90年代に入っての政治は大きく流動化してきた。90年代初めの政界再編においては，品田のいう「包括的」公約たる政治改革が熱意を込めて語られた。理念の政治が出現したと言ってよい。1989年に参議院での多数を失った自民党は，この嵐の中で，93年に政権喪失を経験した。その後，衆議院で単独過半数を回復した自民党であるが，参議院での過半数回復を達成することができず，1999年には自由党，公明党との連立政権を形成するに至っている。戦後日本において長期安定を誇った自民党一党優位体制は大きく様変わりしたといえよう。この政治的変化は，果たして現実の政策に変化を及ぼしているのであろうか。伊藤光利は，90年代の連立政権の政策能力を分析することで，この問いに答えようとする。ペンペルは，経済のグローバル化，とりわけ国際的な資本移動の増大が日本の経済体制を大きく変えつつある現状を指摘しつつ，この変化が同時に政治の変化をもたらしているのか否かを検証する。戦後日本の政治経済を支えてきた様々な政策は，大きく変わりつつあるのだろうか。最後に，久米郁男は，ペンペルが関心を持つ政策変化の重要な構成要素の1つである雇用政策を取り上げて，その変化がいかに生じてきたかを歴史的に分析する。そこでは，雇用政策の変化をもたらすメカニズムの解明が目指される。

　伊藤にとってのパズルは，連立政権では一般に政策能力が低下するといわれるにもかかわらず，内閣提出法案の成立率で見る限り細川，村山，橋本政権の政策能力が高いことである。細川政権ではコメの部分自由化という重要な既得利益削減を実現し，村山政権は積み残されていた法案の「滞貨一掃」を行っている。しかし，他方で90年代には様々なタイプの連立政権が成立し，安定的な政治の枠組みが存在したとはいえない。多くの政策課題が先送りされてきた。伊藤は，ウィーヴァー等のレジームタイプと政府タイプという概念を用いて，90年代の日本では，レジームタイプとしての自民党一党優位体制が存続しつつ，政府タイプのみが

変化したと解釈する。細川政権も自社さ政権も，連立政権でありながら，イデオロギー的には非近接連合であり，その不安定さ故に一党優位制に替わるレジームタイプとしての多党連合を生まなかった。また，新進党という大野党が存在した時代も，新進党の弱体化によって，イギリスのような政党政府レジーム（ウェストミンスター型）に至らなかった。結局，レジームタイプとしての一党優位制の上に，連立政権という政府タイプが次々交代したのが90年代日本の政治だった。この結果，連立政権において政策能力は高いように見えつつも，多くの懸案が先送りされたというのが伊藤の解釈である。

　ペンペルは，この懸案先送りに注目する。国境を越える資本移動の増大にともない，かつては閉じていた日本の資本市場が国際金融市場と一体化した。「敗者なき重商主義」というべき日本の政治経済体制が「構造的外圧」にさらされ，決定的に重要な変化に直面していることにペンペルは注目する。この変化によって，過去の制度的配列の多くが崩れ去り，国際化の進んだ環境で効率的に競争できる個人，集団，組織と，そのような競争のできそうにないものの間に，社会経済的格差が現われ始めている。しかし，政党政治のレベルにこれらの経済レベルの変化が反映されていないことをペンペルは指摘する。この認識は，自民党の経済政策変更の不徹底性という力久の認識とも共通である。これは，建林の見た中選挙区制下で，地域利益追求や業界利益を追求する政治が存在した結果であろうか。選挙制度改革後も，品田の見るように，地域利益追求型の政治家が存続するならば，変化は起こらないのであろうか。そうであるならば，経済のグローバル化が，各国に同じような政治をもたらすという収斂は起こらないというペンペルの主張が支持されるであろう。それとも，品田の見たもう一つの政治，「包括的」公約の叢生に示される新しい政治は，ペンペルが予測して発見できなかった変化をいずれ政治の場にもたらすのであろうか。

　久米郁男は，雇用政策を取り上げて，この政治と経済の関係を分析する。経済のグローバル化と世界的規模での競争の増大は，日本に特徴的

とされてきた長期安定的な雇用システムの変革を迫っているとされる。そこでは，雇用政策も従来のように企業内の雇用維持を目的としたものから，労働力流動化を目指したものへと変わるべきことが主張されている。経済の変化は，雇用政策の変化を自動的に結果するのだろうか。それとも，政治の独立性はあるのだろうか。久米は，雇用政策の展開と変容を歴史的に分析することでこの問題を検討する。1960年代には，雇用政策は今求められているような労働市場の流動化を目的としていたが，70年代の第一次石油危機後にその性格を企業内雇用維持的なものへと変えたことを指摘し，その変化は，すでに存在していた企業内の雇用制度や労働の組織のされ方の影響を受けて生じたことをスウェーデンとの比較において示す。そこでは，労働者の雇用の安定という利益が，実際の政策選好へと転化していく過程で，様々な制度の影響を受けることが示される。労働組織や企業内雇用システムなど，雇用政策の周囲に存在する制度との相互補完関係が，政策変化に大きく影響するならば，経済の変化が，直ちに政治に反映しなくとも不思議ではない。制度は，経済に対する政治の自立性をもたらすというのがそこでの理論的主張である。

　以上のように，本書では，政治における変化を説明するための理論的な方法が検討される。その際に注目されるのが，利益，理念，制度である。しかし，政治の変化を説明する際に，この3つの側面に万遍なく注目すべきであるというのが本書の論文のメッセージではない。説明すべき政治における変化には，様々な要因が影響を与えるのは当然である。本書の論文の基本的なアプローチは，それぞれが分析対象とする変化を，できるだけ100%に近くまで説明しようとするものではない。変化のメカニズムを，総体的に，その全体性において明らかにするということを目指さない。むしろ，できるだけ少ない要因で，すなわち独立変数を用いて，説明すべき変化，すなわち従属変数を，より多く説明することが目指される (King, Keohane, and Verba 1993)。本書の多くの論考が，「利益」に注目しようとする合理的選択論の立場からの分析や政策選好の

形成に注目する分析など,利益,理念,制度のいずれかの要因に重点を置く形になっているのは,このためである。もちろん,これらの3要因のいずれに重きを置いて分析するべきかは,一般的,先験的に決まるものでないことはいうまでもない。経験的な分析においてそれぞれのアプローチの有効性が試されるのである。本書が,政治の変化それ自体への関心ではなく,変化をいかに説明するかという方法論への関心に導かれているのはこの故にである。

Peter Hall (1986), *Governing the Economy*, Oxford University Press.

Junko Kato (1996), "Review Article: Institutions and Rationality in Politics," *British Journal of Political Science*, Vol. 26.

King, Robert Keohane, and Robert Puttnam (1993), *Designing Social Inquiry*, Yale University Press.

Richard M. Locke and Kathleen Thelen (1995), "Apples and Oranges Revisited: Contextualized Comparisons and the Study of Comparative Labor Politics," *Politics & Society*, Vol. 23-3.

村松岐夫 (1982)『戦後日本の官僚制』東洋経済新報社

Sven Steinmo, Kathleen Thelen, and Frank Longstreth, eds.(1992), *Structuring Politics*, Cambridge University Press.

Kathleen Thelen (1999), "Historical Institutionalism in Comparative Politics," *Annual Review of Political Science* Vol. 2.

第Ⅰ部　政党

衆議院選挙選挙区データに見る
日本社会党の50年

的場敏博

はじめに

　日本社会党は，1945年に結党されて以来，日本の「革新」勢力の中心要素として日本の政党政治に重要な役割を果たしてきたが，1996年1月に党名を「社会民主党」と改めて，「日本社会党」としての歴史に形式上は終止符を打った。さらに，同年6月には社会民主党所属の国会議員(及び地方組織の相当部分)が新党「民主党」に合流して，社会党の歴史は，実質的にも終焉を迎えた。このような時期において，社会党の50年とは何であったのかを問い掛けることは，戦後50年の政党史の理解にとって，また将来の政党政治の展望にとって不可欠の作業となっている。本論文は，限定された素材と視角からこの課題に取り組もうとするものである。即ち，衆議院選挙を対象に，そこに現われた社会党の軌跡を概観し，若干の問題点を指摘しようというのである。こうした限られた素材に基づく検討であっても，日本社会党が戦後50年の間にどのような問題に直面しどのように対応してきたかは，ある程度浮かび上がるであろうし，それを通じて戦後50年の日本政党政治の特徴をある側面で浮き彫りにすることが出来るだろうというのが，筆者の期待である。

　ここで使用する基本的なデータは，各選挙区ごとの衆議院議員総選挙の結果である。戦後50年の間に19回の衆議院議員総選挙が行われ，社会

党はそのすべてに参加したが，戦後第1回の選挙（1946年）では，それ以降の選挙とは異なる選挙制度（大選挙区制限連記制）が採用されており，時系列的な分析になじまないために，ここでの分析からはこの選挙が省かれている。分析の対象としたのは，中選挙区制の下で行われた1947年から1993年までの18回の選挙である。

また，本稿では，50年の変化を大きな視野で捉えるために，この18回の選挙を以下のようにほぼ10年ごとの5つの時期に分けて検討を加えている（論文の中では第一期〜第五期として表現した）。(1)47年から55年までの5回の選挙。この時期には，保守政党は分立しており，社会党の方も比較的早い時期に社会革新党・労農党が分離した後，左右両社会党が分裂するという具合に，勢力の統一を実現できなかった。この時期は，保革両勢力が自民党・社会党に統一されて「55年体制」が成立する以前の，分裂の時期である。(2)58年から63年までの3回の選挙。この時期は，55年体制が成立し，自社両党が国会の勢力をほぼ独占した時期である。60年には民社党の小分裂があったが，社会党の従来の勢力基盤を大きく侵食するには至らなかった。(3)67年から72年までの3回の選挙。67年の選挙から公明党が衆議院に進出するようになり，共産党もこの時期から勢力を著しく伸ばしたことでいわゆる「多党化」が進行した。(4)76年から83年までの4回の選挙。この時期には，76年選挙での自民党の敗北をきっかけに自民党の衆議院勢力が縮小し，自民党の公認候補では単独過半数を制することができないという事態が生ずるようになった（公認候補で単独過半数を制したのは80年選挙だけである）。この時期は，自民党の勢力縮小による「与野党伯仲」の時期である。(5)86年から93年までの3回の選挙。この時期には，86年選挙で自民党が大勝し90年選挙でも安定多数を獲得するという具合に保守の着実な復調が顕著であった。93年選挙では自民党の単独多数は実現されなかったが，自民党から分裂した保守政党（新生党・さきがけ）の勢力を加えると，得票率49.5%，議席数291となり，86年選挙に迫る成績になり（日本新党を保守政党に含めると86年選挙の成績を大幅に上回る），保守の復調という基本的傾向に変化

はなかった。この時期の特徴は「保守復調」である。

　以上のように，戦後の50年を政党システムの変化・発展という角度からほぼ10年ごとの5つの時期に分けて考察するというのが，本論文の立場なのである。日本の政党システムは，保革両勢力が分立した最初の10年間から，「55年体制」が相対的に安定していた次の10年間，「多党化」が進行した第三の10年間，「与野党伯仲」の第四の10年間，そして「保守復調」の最後の10年間という具合に，変化・発展を経験したのであるが，その中で社会党はどのような経験をし，どのような問題に直面したのだろうか。それを探るのが本論文の課題である。

　なお，以下の分析においては，社会革新党・労農党については，55年の段階で社会党に合流した勢力と見なし，その得票は社会党の得票として取り扱った。60年に分裂した民社党の得票については，そのような扱いをしていない。また，「保守政党」全体の得票を問題にする際には，55年体制成立以前については，自由党，民主党，国民協同党，協同党，鳩山自由党，吉田自由党，改進党の得票を取り上げ，日本農民党の票は「諸派」の票と見なして保守票に含めなかった。55年以降については，自民党，新自由クラブ，新生党，さきがけ，日本新党の票を「保守政党」の票として取り扱った。

一　概観

　戦後18回の衆議院選挙での社会党の成績をまとめると表1のようになる。この表から社会党の勢力変化の大まかな傾向は明らかである。社会党は，49年選挙で大きな落ち込みを経験しながら，急速に勢力を回復していき，53年選挙では早くも47年選挙の水準を越え，55年選挙では得票率30％を突破して議席数でも衆議院の3分の1を占めるに至った。そして，55年体制成立後の最初の選挙となった58年選挙では，32.9％の得票と166議席という，戦後のピークを記録するのである。49年の「底」と58年のピークを比較すれば，得票率で17.4％，議席数で111勢力を伸ばしたことになる。要するに，戦後最初の10年間は「急速な成長」の10年間で

表1 衆議院選挙における社会党の得票率と議席数

	47	49	52	53	55	58	60	63	67	69	72	76	79	80	83	86	90	93
得票率	26.2	15.5	21.9	27.6	30.2	32.9	27.6	29.0	27.9	21.4	21.9	20.7	19.7	19.3	19.5	17.2	24.4	15.4
議席数	143	55	115	143	160	166	145	144	140	90	118	123	107	107	112	85	136	72

あった。

　58年以降3回の選挙は，社会党勢力の「相対的な安定」を記録した。60年の民社党の分裂は58年のピーク時から見れば相当の落ち込みをもたらしたが，63年選挙ではその落ち込みがある程度回復され，社会党の地位が民社党に脅かされるという事態は基本的に回避され，社会党は依然として30％政党の地位を維持した。

　しかし，その次の第三の10年間になると事態は違ってくる。67年選挙で小幅の落ち込みを経験した後に69年選挙の大敗北があり，72年選挙でもその落ち込みをほとんど回復できなかったのである。「相対的安定」の10年間の後にやってきたのは「急速な没落」の10年間であった。実際，第二の10年間と第三の10年間とを平均得票率で比較しても6％以上の落ち込みとなっており，58年のピークと72年を比較すれば，得票率で11％減，議席数で76議席減と，大幅な勢力減少になっているのである。

　次の10年間は社会党にとって「漸次的な勢力低下」の10年間であった。4回の選挙での得票率の増減を見れば，76年には1.2％減，79年には1.0％減，80年には0.4％減と小幅の減少を繰り返しており，83年選挙でようやく0.2％増を記録したのに過ぎない。この時期は，政党システム全体としてみれば「与野党伯仲」の時期として特徴付けられるのであるが，それをもたらしたのは，公明・民社両党の議席獲得率の向上，共産党の健闘，新自由クラブの自由党からの分離等であって，社会党は何の寄与もしていないのである。

　最後の10年間は，社会党が「壊滅的打撃」を受けた時期である。86年選挙で得票率2.3％減，議席数27減という相当の打撃を受けた後，90年選挙での大勝によって勢力の顕著な回復を実現したようにみえたが，93年

選挙では得票率9％減，議席数66減という49年以来の大敗北を喫し，90年選挙での大勝が一次的な現象に過ぎなかったことを証明した。93年選挙の結果を58年のピークと比較すれば，得票率は32.9％から15.4％に，議席数は166から70にと，いずれも半分以下の数字にまで落ち込んだのである。

　こうして，衆議院議員選挙における社会党の勢力消長を概観すれば，最初に「急速な成長」の10年間があり，「勢力の相対的安定」の10年間がそれに続き，その後「急速な没落」の10年間が来た後，「漸次的な勢力低下」の10年間を経て「壊滅的打撃」を受けた10年間を迎えたと言うことが出来る。それでは，このような社会党の勢力変動の波は何によって生じたのだろうか。選挙区ごとの社会党の選挙成績を検討することによって，この問題への解答の手掛かりを得ることが次の課題である。最初に取り上げる選挙区属性は，「都市化」の度合である。

二　都市化の度合いによる選挙区データ分析

　選挙区を特徴づける属性として，最もしばしば言及されるのは，「都市化」の度合いである。すなわち，選挙区には農村的な選挙区から大都市の選挙区までさまざまな差があり，その差が特定の政党の勢力の大小ないし勢力の消長と関係があるとされるのである（例えば，特定の政党の勢力基盤を「都市部」ないし「農村部」と表現するのは，こうした考え方の典型的なものである）。ここでは，分析の最初の手掛かりとして，沖野安春が1969年衆院選挙の分析に使用した選挙区分類を利用したい（沖野, 1970）。沖野は衆院選挙区を人口増大のペースと産業別人口構成を基準に「農村」選挙区から「大都市」選挙区までの5段階に分類した。選挙区をこのように5つに分類したとき，社会党の勢力とその消長には差が見られるだろうか。

　5つのタイプの選挙区における社会党の得票率の推移を10年ごとの平均としてまとめたのが表2である。更に，社会党勢力の最初の底辺を示した49年選挙，勢力のピークとなった58年選挙，勢力の最初の急落を示

表 2　都市化レベルと社会党の得票率（10年ごとの平均）

選挙区	第一期	第二期	第三期	第四期	第五期
大都市	33.3	36.0	21.4	16.4	16.6
都市	25.9	29.4	22.8	18.4	19.2
準都市	22.8	28.8	25.2	23.7	20.4
準農村	24.1	28.8	25.5	22.3	20.6
農村	16.7	24.3	23.3	21.2	19.2

表3 都市化レベルと社会党得票率の変化

選挙区	49年から58年	58年から69年	69年から93年
大都市	21.59	-22.88	-5.54
都市	15.15	-12.31	-5.30
準都市	16.36	-8.26	-5.51
準農村	12.79	-7.03	-6.49
農村	12.49	-4.02	-6.02

した69年選挙，直近の選挙である93年選挙を取り出して，5つのタイプの選挙区の平均得票率がこれらの選挙でどのように変化したかを，表3に示した。

　2つの表からは，戦後最初の20年間においては社会党が主として都市的な政党であったことが明らかである。表2で10年ごとの平均得票率を見れば，最初の10年間においても第二の10年間においても社会党勢力が最も大きいのは大都市選挙区，最も小さいのは農村選挙区であり，その差は12ないし18％に達している。また，最初の10年間における社会党の急成長が主として都市選挙区で生じたことも明白である。表3を見れば，49年選挙から58年選挙まで，どのタイプの選挙区でも社会党の勢力は伸びているが，大都市選挙区では19.7％から出発して41.3％へ21.6％も票を伸ばしているのに対して，農村選挙区では13.1％から25.6％へ12.5％の伸びに留まっているのである。このように，社会党は戦後最初の10年間に都市部を中心に勢力を急速に伸張させ，その結果都市化が進んだ選挙区ほど強い勢力を持つという，「都市型政党」の性格を持つことになったのである。

同様に，第三の10年間における社会党勢力の急落も都市部で生じた現象であった。大都市選挙区では，10年ごとの平均得票率が第二期から14.6％も低下しているのに対して，農村選挙区では1.0％の低下に留まっている。また，58年から69年までの変化を見ても，大都市選挙区では22.9％も得票率を落としているのに対して，農村選挙区では4.0％の低落にすぎない。勢力急落の局面における都市部と農村部との差は，勢力伸張の局面での差よりも一層明白である。第三の10年間における社会党の衰退は，圧倒的に都市的な現象であった。その結果，第三期の平均得票率では，都市化の度合いによる社会党勢力の差はほとんどなくなっている。「都市型」政党としての社会党の性格は失われたのである。

このように，都市部を中心に社会党勢力の急成長と急落が見られたのであるが，第四，第五の10年間になると事情が異なってくる。社会党の勢力は依然として衰退を続けるのであるが，都市化の度合いによる差はほとんどなくなっていくのである。このことは，10年ごとの平均得票率の変化をみても，69年選挙から93年選挙までの得票率の変化をみても明白である。社会党は，都市部であろうと農村部であろうと，同じようなペースで勢力を縮小させていくのである。

同じことは，社会党の得票数の変化からも裏付けられる。49年選挙から58年選挙への社会党得票数の伸びに5つのタイプの選挙区がどのように貢献しているかを見れば，表4から明らかなように，全体として790万票増やした内，大都市選挙区での増加分が31.4％を占め，以下農村選挙

表4　社会党の総得票数の増減に対する各タイプの選挙区の寄与度（％）

	49年から58年	58年から69年	69年から93年
総得票数の増減分	+7,920,683	−2,941,857	−587,331
各タイプの選挙区の寄与度			
大都市選挙区	31.40	40.03	2.03
都市選挙区	20.54	21.12	3.11
準都市選挙区	17.79	12.59	29.25
準農村選挙区	17.28	16.29	44.49
農村選挙区	12.98	9.96	21.13

区に近づくほど割合が減っている。同様に，58年選挙から69年選挙への得票数の減少を見れば，全体として290万票余減らしたうち，大都市選挙区での減少分が40％と突出した割合を占めている。他方，農村選挙区の占める割合は10％足らずに過ぎない。69年から93年にかけての得票数減少には大都市選挙区，都市選挙区はほとんど貢献しておらず，むしろ農村選挙区，準農村選挙区の貢献の方が目だっている。しかし，69年から93年にかけては全体としての得票数の減少分自体が小さく（60万票足らず），得票数の変化にはほとんど差がないと言うべきだろう。

以上の検討から明らかなように，第一の10年間における社会党の急成長は（都市部に限定された現象ではなかったが）主として都市的な現象であり，第三の10年間における急落は圧倒的に都市的な現象であった。これらの時期の社会党勢力の変動は，明らかに「都市化」と関連した要因で生じたものと考えることが出来る。他方，第四・第五の10年間における社会党の勢力衰退は，「都市化」の度合いとはほとんどあるいはあまり関係していない。この時期の社会党の衰退は，農村部にも，都市部にも普遍的に作用するような要因が作用して生じたものだと考えねばならない。最初の10年間は社会党の勢力を伸張させる方向で作用し，第三の10年間にはそれを急落させる方向で作用した「都市化」要因が，第四，第五の10年間になると社会党の勢力消長とはほとんど関係を持たなくなったのである。それでは，社会党の勢力変化と「都市化」との以上のような関係は，どのように説明されるのだろうか。

三　社会党と「都市化」：その説明

最初の10年間における社会党の急成長が主として都市的な現象であったことに関しては，すでに適切な説明が存在する。それは，戦後最初の10年間をいわゆる「文化政治」，「階級政治」が確立した時期と見なす考え方である。どちらも，政党とその支持者との構造的・安定的な結合関係がどのように成立するかを論ずるものである（いわゆる「政党支持構造（Party Alignment）論」の一種である）。まず，「文化政治」に関す

る言説から見ていこう。

「文化政治」の考え方は，まず綿貫譲治によって提唱されて多くの研究者にインパクトを与えたが（綿貫，1976），最近では武重雅文が再びこの概念を取り上げて，第三の10年間における社会党勢力の急落までを視野にいれた議論を展開している(武重，1992)。この議論の概要は以下のようである。(a)社会党の主要な支持基盤となったのは，若年層・都市居住労働者（ないし給与生活者）・高学歴者である。(b)これらは社会の「近代的セクター」を構成する人々であり，戦前的・伝統的価値観とは異なる近代的・戦後的価値観を持っている。(c)この価値観を刺激するような争点（憲法・自衛隊・天皇制）が第一・第二の10年間には政治において重要な役割を果たしており，それに刺激されて「近代的セクター」を構成する人々は社会党支持に向かった。このように，社会党支持の背景には特定の「価値観」が存在し，その価値観を刺激するような争点が存在したことを強調するのが「文化政治」の議論の特徴なのである。こうして，自社両党が保革両勢力を代表して対峙するという政党支持構造（party alignment）の背後に価値観のレベルでの対立が存在することが指摘されたのである。

こうした議論によれば，最初の10年間における社会党の急成長が主として都市的な現象であったことは容易く理解できる。「近代的セクター」を構成する人々が都市部を中心に居住していることは見やすい道理だからである。この議論によれば，社会党成長の中心が都市部であった原因は，社会党が近代的価値観（ならびにこの価値観が浸透した「近代的セクター」）を代表する政党だったからだということになる。

他方，「階級政治」の成立という議論も，最初の10年間における社会党の成長が都市部を中心としていたことと十分適合的である。この議論は，自社両党の対峙の背景に中産階級対労働者階級という階級対立を見ようとするものである。このような，「階級に規定された政党支持」という現象は，第一・第二の10年間においては明瞭に確認することが出来るし，社会党が労働者階級から不釣り合いに大きな支持を獲得していたことも

表5　階層別の社会党支持率の変化

	53	55	69	72	76	83	86	90	93
事務・管理職	44	45	23	23	19	16	12	22	9
産業労働者	39	38							
産業労働者			28	28	24	17	14	23	10
商業労働者			20	19	16	12	10	19	8
商工業者	19	20	22	10	8	6	5	13	4
農林漁業従事者	16	16	9	10	8	7	6	11	5

確認される（表5参照）。その結果，例えば階級投票の Alford Index を見れば，ヨーロッパの先進資本主義諸国に接近したレベルにまで達することになった。この時期に，「労働者階級は社会党に，中産階級は保守政党に」という階級政治が存在したことは疑いない。それだけではなく，この時期には労働組合と社会党との組織的なつながりも作り上げられた。すなわち，総評は1953年の大会において左派社会党を支持することを正式に決定し，組合員の入党を積極的に推進する一方，社会党の選挙運動にも組織的支援を与えることになった（これ以降の衆議院選挙では，総評加盟組合が毎回100人前後の社会党候補者を「推薦候補」として支援するようになった）。「階級政治」が成立した背景には，労働組合が組合員を組織的に社会党支持に動員するという関係が存在したのである。このように，当時の社会党が「労働者政党」としての性格を獲得していたとすれば，社会党の勢力伸張が都市部を中心にしたものであったことも当然のことである。労働者が集中して居住するのは都市部だからである。

以上を要するに，この時期の社会党が都市部を中心に勢力を伸ばしたのは，社会党が「近代的セクター」・労働者階級を代表する政党となったからなのであり，有権者のこの部分が都市を中心に居住していたからなのである。これは，相当に説得的な議論と言ってよい。

それでは，第三の10年間に都市部で社会党勢力の急落が生じたことはどのように説明されるのか。上に述べた「文化政治」・「階級政治」の議論の文脈で言えば，この時期における社会党勢力の急落は「文化政治」・「階級政治」の解体によって生じたと見なければならない。実際，武重は

「近代的価値観」を刺激するような争点（憲法・自衛隊・天皇制）が1960年代以降は（保守勢力における「経済主義」の定着によって）脱争点化したこと，「近代的セクター」における政治的関心が低下したことなどによって「文化政治」が解体していったと指摘して，第三の10年間における社会党勢力の急落を説明している。また，「階級政治」の解体を指摘する議論も種々存在する。例えば，高度経済成長によって日本が「超工業化時代」に入った結果，「工業化時代」に典型的な「階級政治」はもはや妥当しなくなるという議論があり，高度経済成長によって生じた激しい社会的移動（典型的には階級移動）や労働者の存在形態の多様化によって「労働者階級の解体」が生じたのだという議論がある。また，同じく高度経済成長の結果，社会党の従来の（労働組合を中心とした）投票動員方式になじまない労働者（サービス業従業員・下請け労働者）が増えたのだという議論もある。[3] いずれも労働者階級と社会党との構造的・安定的な結び付きが第三の10年間に入って崩れていったことを指摘する議論である。実際，労働者階級における社会党支持はこの時期に顕著に低下しているのである。「文化政治」・「階級政治」の確立が都市部における社会党勢力の伸張を説明する議論として妥当ならば，こうした政党支持構造の解体は，都市部における社会党勢力の不安定化につながるということになるであろう。

しかし，「文化政治」・「階級政治」の解体が都市部における社会党支持の「不安定化」を説明するとしても，社会党支持の「急落」を説明するわけではない。「文化政治」・「階級政治」の解体というのは，安定した政党支持構造が崩れたということであり，社会党の支持基盤が不安定化したということであって，社会党への支持が減ることを必然化するものではない。労働者階級であれば社会党に投票する，あるいは戦後的価値観の持ち主であれば社会党に投票するという安定した関係が崩れ，有権者が社会党との安定した絆から解き放たれて浮動するようになったとしても，浮動する有権者を選挙の時々に社会党への投票に動員する要因が別にあれば，社会党への支持・投票が一路衰退するということにはならな

い。例えば、特別に人気のある党首の存在、社会党に有利な争点の出現、社会党に有利なイデオロギー状況の変化などがそうした要因として数えられるであろう。これは、Ivor Crewe が「短期的な要因」と呼んだものである(Crewe, 1993)。彼は、安定した政党支持構造の解体(= dealignment)がそのまま特定の政党への支持の衰退を必然化するのではなく、そこに「短期的な要因」の作用があって初めて特定の政党への支持の衰退がもたらされると指摘したのである。Crewe が指摘したのは、安定した政党支持構造の解体が特定の政党の勢力の消長に結びつくためには、両者の間に一定の媒介変数が作用することが必要だということであった。

ここでは、こうした媒介変数の1つとして、「他党との競争状況」を取り上げたい。つまり、安定した政党支持構造の解体に、政党間競争が社会党に厳しいものになったという事情が加わって社会党の衰退がもたらされたのではないかと考えるのである。このように考えるのは、社会党の勢力が「急落」した第三期は、公明党が新たに衆議院に進出し、共産党が大きく勢力を伸ばした時期だからである。この時期には、社会党は、事実上唯一の野党として自民党だけを競争相手に選挙を戦うという「恵まれた」状態から、野党の中にも有力な競争相手を抱えるというより厳しい状態に移行した。それが社会党への支持と投票の減少をもたらした1つの要因となったというのは、有力な仮説であろう。

この仮説を支える幾つかのデータを見ておこう。第一に、社会党以外の野党は明らかに都市部で得票を集めている。第三期には、社会党以外の野党の得票が飛躍的に伸びているのであるが、その得票は都市部に集中しており、大都市型の選挙区では平均して40％以上の得票率を記録しているのに対して、農村型の選挙区では得票率は10％足らずにすぎない(表6)。表6からは、都市化が進むほど社会党以外の野党の得票が増えることが明らかである。第二に、第三期以降の社会党の得票は、自民党よりもむしろ社会党以外の野党の得票によって左右されるようになっている(表7から表8)。戦後第一期と第二期には社会党の得票率は保守政党の得票率と強い反相関関係にあった。つまり、保守政党の得票率が高

表6　都市化のレベルと社会党以外の非保守政党の得票率（10年ごとの平均）

選挙区	第一期	第二期	第三期	第四期	第五期
大都市	7.5	15.8	44.1	45.1	36.8
都市	3.6	8.8	22.1	30.6	24.0
準都市	3.0	6.2	13.9	17.8	13.6
準農村	3.6	5.6	12.9	16.3	11.5
農村	2.7	3.9	9.1	11.1	8.1

表7　社会党得票率（の変化）とそれ以外の非保守政党の得票率（の変化）の相関

	第一期	第二期	第三期	第四期	第五期
得票率の相関					
相関係数	0.43	0.26	-0.33	-0.55	-0.43
回帰直線の傾斜	1.47	0.32	-0.12	-0.22	-0.18

	第一期から第二期	第二期から第三期	第三期から第四期	第四期から第五期
得票率変化の相関				
相関係数	-0.54	-0.70	-0.47	-0.22
回帰直線の傾斜	-0.61	-0.42	-0.31	-0.19

表8　社会党得票率（の変化）と保守政党得票率（の変化）の相関

	第一期	第二期	第三期	第四期	第五期
得票率の相関					
相関係数	-0.87	-0.73	0.02	0.18	0.16
回帰直線の傾斜	-0.72	-0.58	0.01	0.09	0.08

	第一期から第二期	第二期から第三期	第三期から第四期	第四期から第五期
得票率変化の相関				
相関係数	-0.29	0.29	0.11	-0.06
回帰直線の傾斜	-0.23	0.20	0.0	-0.04

い選挙区では社会党の得票率は低く，保守政党の得票率が低い選挙区では社会党の得票率は高かったのである。また，第一期から第二期への社会党得票率の増減は，保守政党の得票率の増減と反相関の関係に立っていた。つまり，保守政党の得票率が伸びた選挙区では社会党の得票率が低迷し，保守政党の得票率が下がった選挙区では社会党の得票率が伸びているのである。これを見れば，この時期の社会党の得票の伸びは，保守政党を犠牲にしてのものだったようである。しかし，第三期以降にな

ると，保守政党の得票率の大小は社会党の得票率とほとんど関係がなくなる。また，第二期から第三期への社会党得票率の増減は，保守政党の得票率の増減とむしろ正の相関を示すようになっている。この時期に社会党の得票は落ち込むのであるが，保守政党（＝自民党）の得票が減っている選挙区ほど社会党の得票率の落ち込みも激しいという関係が見られるのである。他方，社会党以外の野党の得票を見れば，保守政党とは逆の関係が見られる。第一，第二期には，社会党の得票率と社会党以外の野党の得票率は正の相関を示している。社会党以外の野党の得票が多い選挙区では社会党の得票も多かったのである。第一期から第二期への得票率の増減を見れば，社会党とそれ以外の野党との関係は逆相関になっており，社会党の得票率は，それ以外の野党が低迷している選挙区で特に伸びたということが分かる。つまり，戦後最初の20年における社会党の伸びは，保守政党だけではなく，社会党以外の野党（その中心は共産党である）も犠牲にして実現したと解釈できる。第三期になると事情が変わって，社会党の得票率とそれ以外の野党の得票率は強い逆相関を示すようになる。つまり，社会党の得票率が低い選挙区は，社会党以外の野党の得票率が高い選挙区である。また第二期から第三期への得票率の増減を見ても非常に強い逆相関が示されている。社会党の得票率の落ち込みが激しい選挙区は，社会党以外の野党の得票率が大きく伸びた選挙区なのである。これを見れば，第三期における社会党の得票の落ち込みは，社会党以外の野党の得票の伸びによってもたらされたものと言えるのではなかろうか。

　この点は，公明党の選挙成績を詳細に見ることによって，もっとはっきりするだろう。公明党を特に取り上げるのは，次の２つの理由による。第一に，第三期に得票を伸ばした社会党以外の野党としては，公明党が最も目立った存在である。社会党の得票低下が同党を除く他の野党の伸張によってもたらされたとすれば，公明党の伸張によるところが最も大きいであろう。第二に，公明党は必ずしも全選挙区に候補者を立てず，また一度候補者を立てても次の選挙では候補者を立てないという場合が

しばしばある。従って，候補者を立てた選挙区と立てない選挙区との比較が出来るし，新たに候補者を立てた結果どうなったか，候補者を引っ込めた結果どうなったかを検討することが出来るのである。

まず，公明党の立候補状況を，都市化の度合いによって選挙区を5つのタイプに分けて見てみよう(表9)。表を見れば，公明党の立候補が都市部に偏重していることが分かる。大都市選挙区ではそのほとんどに候補者が出ているが，都市型・準都市型選挙区になると，候補者が出る選挙区は半数前後になる。そして準農村型選挙区になると5分の1前後，農村型選挙区になると10分の1前後になるのである。公明党は主として都市部で票を集める政党であるが，そもそも都市部を中心に候補者を立てているのである。それでは，候補者1人当たりの集票力では，都市部と農村部で差があるのか。それを調べるために作成したのが，表10である。これを見れば，確かに都市化の度合いが強い選挙区ほど得票率が高くなっているが，しかし，立候補状況における差ほど大きな差は見られない。大都市選挙区と農村選挙区との間でも，3ないし6％の得票率差しかないのであり，農村選挙区でも10％を超える得票をしているのであ

表9　公明党の立候補状況

選挙区	67	69	72	76	79	80	83	86	90	93
大都市	22/25	25/25	24/25	28/29	28/29	28/29	28/29	28/29	28/29	27/29
都市	6/24	17/24	13/24	18/26	16/26	17/26	15/26	15/26	14/26	14/26
準都市	2/22	12/22	11/22	15/22	10/22	10/22	9/22	10/22	9/22	7/22
準農村	2/26	14/26	5/26	15/26	8/26	7/26	5/26	6/26	5/26	5/26
農村	0/25	6/25	6/26	6/26	3/26	3/26	3/26	3/26	3/26	2/26

表10　都市化レベルと公明党候補者の得票率

	第三期	第四期	第五期
大都市選挙区	17.53	19.01	17.04
都市選挙区	13.27	16.77	15.73
準都市選挙区	12.59	14.09	13.99
準農村選挙区	12.05	13.21	14.17
農村選挙区	11.68	13.36	13.72

る。これを見れば，農村選挙区でも候補者を立てさえすれば，公明党はそれなりの得票が可能だったようであり，「有力候補者」として選挙を戦い得たかのようである。

　それでは，なぜ公明党は農村部においてももっと多くの候補者を立てなかったのであろうか。これには2つの説明が可能である。1つは，平均して3ないし6％というのは，当選可能性を考えればやはり大きな差であって，当選の可能性が比較的大きい少数の選挙区に立候補を絞らざるを得なかったのだろうというものである。第二は，都市部と農村部にはやはり支持の厚さに大きな差があって，そのために農村部では少数の選挙区に党の組織の力を集中して（例えば，選挙資金の集中あるいは選挙運動員の集中）ようやく都市部の候補者と遜色のない得票が可能だったのだと考えるものである。この考え方によれば，農村部における公明党候補者の得票は，薄い党支持を組織の力の集中によって「底上げ」した結果だということになる。

　どちらの説明が正しいのかは，選挙区ごとのデータを見るだけでは分からない。公明党の選挙運動の実際を詳しく調べることが必要であろう。しかし，手がかりがないわけではない。それは，地域ごとの政党支持率である。地域ごとの政党支持率と投票率が与えられれば，各地域における政党の得票率を予想することができる。もちろんこの予想得票率は，その地域の支持者が全員投票した場合の得票率である（例えばある政党の支持率が10％で，投票率が50％であれば，その党の支持者全員が投票した場合の得票率は20％と予想される）。実際の得票率が予想得票率に近ければ，その政党は支持者を効率よく動員したと判断して良いだろう。また，実際の得票率が予想得票率を上回れば，本来の支持者以外からも票を得ていると判断される。つまり，支持率，予想得票率，実際の得票率の三者を比較すれば，政党の選挙運動の効果を判定できるのではないかと考えたのである。このように考えて作成したのが表11である。この表では，都市部と農村部について，公明党の支持率，予想得票率，実際の得票率を，すべて平均値として記入している。この表が何を示唆する

表11　公明党の支持率・予想得票率・実際の得票率（農村県と都市県との対比）

	支持率	予想得票率	実際の得票率
都市県	5.2	8.6	17.1
農村県	2.6	3.4	12.2

註:数字は、すべて67年から93年までの平均値である。支持率は朝日新聞の総選挙直前に実施された政党支持調査の数字を用いた。この数字が選挙区単位ではなく県単位で公表されているために、県内のすべての選挙区が大都市・都市選挙区である県を都市県、すべての選挙区が準農村・農村選挙区である県を農村県として計算した。

表12　公明党候補者の有無と社会党得票率

選挙区		67	69	72	76	79	80	83	86	90	93
大都市	有	26.5		18.3	19.4	16.4	16.0	14.7	13.8	22.7	13.2
	無	23.1		20.5	24.3	22.0	21.9	22.6	22.5	27.9	6.1
都市	有	26.1	19.9	20.7	18.5	17.1	16.9	17.6	14.8	24.7	13.4
	無	27.0	22.9	21.4	21.7	19.7	19.5	19.6	19.4	26.6	18.7
準都市	有	20.2	20.1	19.9	20.1	18.4	17.1	18.1	15.1	20.3	13.3
	無	29.8	26.3	27.7	30.7	28.7	28.5	27.8	22.2	28.1	19.4
準農村	有	20.9	22.1	21.9	23.4	18.2	17.5	17.7	17.7	21.4	14.3
	無	30.2	25.0	23.7	24.3	23.4	23.3	23.6	19.6	26.3	17.5
農村	有	16.4	16.4	16.2	13.1	13.7	13.5	13.9	18.2	14.6	
	無	23.2	23.6	24.1	21.0	21.8	22.8	19.4	23.9	15.6	

表13　公明党の立候補状況の変化と社会党得票率

選挙区	67	69	72	76	79	80	83	86	90	93
大都市										
新規立候補	-7.67	-10.29			-3.50					-17.35
変化なし	-1.25	-7.44	1.19		-1.35					-9.40
立候補取止				-0.61	+2.84					-15.92
都市										
新規立候補	-3.46	-7.52	+0.50	-1.74		-3.89				
変化なし	-0.48	-4.65	-1.07	-1.50	-1.44	-0.20	+0.44		+4.43	
立候補取止			+4.83		-0.08		+3.85		+8.48	
準都市										
新規立候補	-2.82	-8.75	-2.46	-1.46						-13.71
変化なし	+0.62	-3.75	-0.16	-0.09	-0.09		+0.32	-4.44	+5.96	-8.08
立候補取止			+8.87		+5.83		+3.72		+6.64	-1.97
準農村										
新規立候補	+2.81	-7.03	+1.94	-0.85	-3.32		-5.68			
変化なし	+0.59	-5.00	-1.42	+0.62	-2.83	-0.13	+0.03	-2.99	+6.50	
立候補取止					-0.76	+1.40	+4.63		+9.84	
農村										
新規立候補		-9.06	-1.53	-2.55						
変化なし		-3.61	-0.22	0.72	-2.38					-7.96
立候補取止			+8.38	-0.84	-0.92					-1.75

かは明らかであろう。都市部でも農村部でも、公明党の実際の得票率は、予想得票率をはるかに上回る。つまり、公明党は極めて効率的で強力な選挙運動を展開していると言える。あるいは逆に、世論調査では公明党の支持率が（実際よりも）過小に出てくるという傾向があるのかもしれない。しかし注目しなければならないのは、都市部と農村部では、予想得票率と実際の得票率との乖離の度合いが相当に異なるということである。都市部では実際の得票率は予想得票率の2倍弱である。それに対して農村部では3倍半になっている。農村部の公明党支持率は都市部の半分しかない。予想得票率になると、都市部の4割になってしまう（農村部の方が投票率が高いからである）。それが実際の得票率になると、農村部は都市部の7割強にまでなっている。これらの点を見れば、都市部よりも農村部において、公明党の選挙運動がより強力に展開されていると言えるのではなかろうか。そうだとすれば、農村部では少数の選挙区に組織の力を集中することで、低い支持率を「底上げ」しているという解釈が説得力を持つことになるだろう。

　農村部における公明党の立候補状況は、ひとまず以上のように解釈できるのであるが、重要なのは、農村部でも公明党の候補者は（立候補すれば）それなりの得票をするという事実である。公明党との競合が社会党衰退の1要因だとすれば、農村部でも公明党候補の立候補によって社会党が打撃を受けているはずである。

　その点を検証するために作成したのが、表12と表13である。表12を見れば、都市化のレベルに関係なく、公明党候補者が出た選挙区の方が出なかった選挙区よりも社会党の得票率は低くなっている。これはどの選挙でも変わらない。例外は、67年選挙における大都市選挙区だけであるが、この選挙で公明党候補が出なかった大都市選挙区は3つだけである。表13は、公明党候補者が新たに出馬した場合、新たに出馬を取りやめた場合、先の選挙に引き続いて出馬した（ないし出馬しなかった）場合の3つに分けて、社会党得票率の増減を調べたものである。公明党候補の出馬が社会党に打撃を与えたという仮説が正しければ、公明党候補が新

たに出馬した選挙区では社会党の得票減少が最も大きく，公明党候補者が新たに出馬を取りやめた選挙区では社会党の得票減少は最も少ないであろう。表を見れば，これがほぼ妥当することが分かる。ほとんど例外なく（例外は全部で36のケースの内5つだけである），公明党の候補者が新たに出馬した選挙区では社会党は大きな打撃を受け，従来候補者を出していながら当該選挙では候補者を出すのを取りやめたという選挙区では，社会党はさしたる打撃を受けていない（場合によって得票率を伸ばす）のである。この傾向は，都市化のレベルとほとんど関係がない。

　以上の検討結果を要約し，それを「文化政治」・「階級政治」の解体という命題に結びつければ，次のようになるだろう。(1)都市部では第三期になって「文化政治」・「階級政治」の解体が激しく進行した。(2)「文化政治」・「階級政治」の解体によって浮動化した有権者をターゲットとして公明党は都市部で相対的に大きな支持を集めた。(3)こうした支持に依拠して，公明党は都市部に多数の候補者を立てた。(4)この候補者に票を食われる形で社会党は都市部で大きく得票を減らした。(5)農村部では「文化政治」・「階級政治」の解体が目立たなかった（そもそも「近代的セクター」の規模自体が小さかった）。従って，公明党がターゲットとすべき浮動化した有権者が少なく，公明党の農村部での支持は相対的に薄いものにとどまった。(6)従って，農村部での当選のためには，少数の選挙区を選び力を集中することによって元来薄い支持を「底上げ」し，力の集中がなければ他の党（社会党を含む）に向かう票も取り込まねばならなかった。(7)そのために，農村部でも公明党が候補者を立てれば社会党の票は相当に食われたが，候補者の数が少なかったためにあまり目立たなかった。このようにして，「文化政治」・「階級政治」の解体は，それによって浮動化した有権者を支持者に取り込む公明党の存在を媒介変数として導入することで，社会党の（とりわけ都市部で顕著な）勢力衰退に結びつくのである。

　民社党についても同様の検討が可能であるが，煩雑にわたるために一々表を示すことなく，検討の結果だけを要約しておこう。(1)民社党も

都市部を中心に候補者を立てているが，拠点工場（つまり同盟系労組が組織されている大工場である）を抱えた少数の農村選挙区でも候補者を立てる。(2)しかし，民社党からの立候補が社会党の票を食ったと言えるのは，民社党の結党当初だけであって，第三期以降は妥当しない。(3)従って，民社党との競合を第三期における社会党勢力の急落の主要な原因と見ることは出来ない。

　最後に共産党の場合はどうだろうか。共産党の場合には，全部の選挙のほとんど全選挙区で候補者を立てているために，公明党や民社党のような分析方法は使えない。候補者が出ている選挙区と出ていない選挙区を比べるのではなく，得票の多い選挙区と少ない選挙区を比較せねばならず，新たな立候補のケースと立候補を取りやめたケースを比較するのではなく，得票を増やした選挙区と減らした選挙区を比較せねばならないのである。まず，共産党の得票を都市化のレベルが異なる選挙区の5つのタイプごとに見てみよう（表14）。明らかに共産党の得票は都市部に集中している。しかも「大都市」選挙区に集中しており，「準都市」選挙区から「農村」選挙区までの3タイプではほとんど有意な得票をしていない。また，「大都市」選挙区における共産党の党勢は，第三期に入っ

表14　都市化レベルと共産党の得票率（10年ごとの平均）

	第二期	第三期	第四期	第五期
大都市選挙区	7.17	14.32	17.22	14.66
都市選挙区	3.50	7.30	10.21	8.01
準都市選挙区	1.72	3.42	5.63	4.45
準農村選挙区	2.42	5.20	8.07	5.50
農村選挙区	1.71	4.01	5.86	4.30

表15　社会党得票率（の変化）と共産党得票率（の変化）の相関

	第二期	第三期	第四期	第五期
得票率の相関	0.20	-0.25	-0.41	-0.38
	第二〜第三期	第三〜第四期	第四〜第五期	
得票率変化の相関	-0.69	-0.30	-0.20	

て飛躍的に伸びている（ほぼ２倍化）。これを見れば，都市部を中心とした共産党勢力の伸びを，第三期における（都市部を中心とした）社会党勢力の急落の一因と見て良さそうである。これを確かめるために，共産党勢力が強い選挙区と弱い選挙区で社会党の得票がどうなっているかを調べてみた。表15がそれである。この表は，選挙区ごとの共産党得票率と社会党の得票率との相関を見たものである。これを見れば第二期における正の相関が第三期にマイナスに転じ，第四期以降にはそのマイナス相関が強まっている。第二期には共産党の勢力が強い選挙区では社会党の勢力も強かったが，第三期になると共産党の勢力が強い選挙区では社会党の勢力は弱いという傾向が出てきたのである（ただしあまり強い傾向ではない）。他方，共産党勢力の伸びが著しい選挙区とそれほどでもない選挙区で社会党の得票がどのように変化したかを見るために，両党の得票率変化の相関も表15に示しておいた。そこでは，第二期から第三期への両党の得票率の増減は，はっきりとマイナス相関になっている。つまり，共産党勢力の伸びが目立つ選挙区では社会党勢力の衰退が目立つのである。以上の検討から，都市部を中心とした共産党勢力の伸びが社会党の勢力衰退を招いたと考えて良さそうである。そして，その背景に「文化政治」・「階級政治」の解体を見ようとすれば，公明党の場合と同様に，「文化政治」・「階級政治」の解体によって浮動化した有権者を共産党が支持者としてつかまえたのだと考えねばならない。

四　選挙区の規模

　注目されるもう１つの要因は，選挙区の規模（選挙区定数）である。戦後第三の10年間から始まる社会党の勢力衰退が都市部を中心とする公明党・共産党との競合によるという，前節での観察がただしければ，これらの政党が参入しやすい選挙区・集票しやすい選挙区ではその影響は深刻なものになるだろうし，社会党の衰退は激しくなるだろう。そして，選挙区の規模は，公明・共産両党の参入のしやすさ，集票のしやすさを左右する１条件と考えられるのである。第一にそれは公明党が候補者を

選択的に擁立する際の目安を提供するだろう。大都市選挙区以外では公明党が選択的に候補者を立てていることはすでに指摘したが，その際の基準として最も重要なのは，もちろん当選可能性だと考えられる。そうだとすれば選挙区の規模（定数）は，候補者を立てるか否かを判断する重要な基準になりうる。定数が大きいほど比較的少数の得票で当選が可能だからである（定数3の選挙区では22％前後，定数5の選挙区では13％前後の得票が当落の目安になる。定数5の選挙区では定数3の選挙区よりもおよそ10％少ない得票で議席獲得が可能なわけである）。第二にそれは，候補者を立てた場合の公明・共産両党の集票力に影響を与える可能性がある。定数の大きさが当選可能性に影響を与えるならば，定数が大きく当選可能性が大きい選挙区では，選挙運動はより熱心に展開されるだろうし，また党の支持者が（当選可能性が低いことを理由に）他の党への投票へと流れることもないだろうから，他の場合よりも両党の集票力は大きくなるだろうと考えられるのである。こうした考えが妥当するかどうかを，まず公明党について検討してみよう。

　最初に，選挙区の規模ごとに公明党の立候補状況を調べてみた。それが表16である。表の意味するところは明白である。第一に，大都市選挙区では，選挙区の規模による立候補状況の差はほとんどない。定数が3であろうが，5であろうが公明党は大都市選挙区では候補者を立てるのである。第二に，都市選挙区以下の4タイプでは，選挙区の規模が公明党の立候補を大きく左右している。定数5の選挙区では，ほとんどの場合（都市選挙区と準都市選挙区）あるいはかなりの場合（準農村選挙区と農村選挙区）に候補者を立てているが，定数3の選挙区になると，候補者を立てるケースがきわめて少なくなり，あるいはほとんど皆無になるのである。農村部の選挙区で公明党が候補者を立てるのは，選挙区定数が5の場合に限られるといってよい。このことは，公明党が継続的に候補者を立てている選挙区を見れば，もっとはっきりする。67年から93年までの10回の選挙で公明党が5回以上候補者を立ている選挙区を準農村・農村選挙区で見れば，栃木2区，茨城3区，千葉3区，岡山2区，

表16 選挙区の規模と公明党の立候補状況

	67	69	72	76	79	80	83	86	90	93
大都市										
定数5	8/8	8/8	8/8	9/9	9/9	9/9	9/9	11/11	11/11	13/13
定数4	9/9	9/9	9/9	9/9	9/9	9/9	9/9	7/7	7/7	7/7
定数3	5/8	8/8	7/8	10/11	10/11	10/11	10/11	10/11	10/11	7/8
都市										
定数5	4/7	7/7	7/7	6/6	6/6	6/6	4/6	5/7	5/7	7/9
定数4	2/8	8/8	4/8	6/8	5/8	5/8	5/8	7/10	7/10	5/8
定数3	0/8	2/8	2/8	5/12	5/12	6/12	6/12	3/9	2/9	2/9
準都市										
定数5	2/10	9/10	9/10	9/10	9/10	9/10	9/10	9/10	7/10	6/10
定数4	0/5	1/5	2/5	3/5	1/5	1/5	0/5	0/5	0/5	0/5
定数3	0/7	2/7	0/7	3/7	0/7	0/7	0/7	1/7	1/7	0/7
準農村										
定数5	2/8	6/8	5/8	8/8	6/8	5/8	4/8	4/8	4/8	4/8
定数4	0/10	6/10	0/10	5/10	1/10	1/10	0/10	2/11	1/11	1/10
定数3	0/8	2/8	0/8	3/8	1/8	1/8	1/8	0/7	0/7	0/7
農村										
定数5	0/6	2/6	4/7	5/7	3/7	3/7	3/7	3/7	3/7	2/7
定数4	0/8	3/8	2/8	1/8	0/8	0/8	0/8	0/5	0/5	0/3
定数3	0/11	1/11	0/11	0/11	0/11	0/11	0/11	0/14	0/14	0/16

表17 選挙区定数と公明党, 共産党の得票率 (10年ごとの平均)

		公明党			共産党		
		第三期	第四期	第五期	第三期	第四期	第五期
大都市	定数5	17.83	17.52	15.77	14.67	16.70	14.15
	定数4	17.83	17.85	15.81	13.75	16.75	13.77
	定数3	19.24	22.14	20.29	15.74	19.40	17.23
都市	定数5	17.83	14.57	13.64	8.11	12.17	9.84
	定数4	17.83	18.25	17.09	6.11	9.10	6.91
	定数3	17.83	18.95	17.33	7.51	9.80	7.39
準都市	定数5	13.94	12.73	13.76	3.62	6.70	5.40
	定数4	17.83	13.85		4.79	4.66	4.49
	定数3				3.50	4.81	3.06
準農村	定数5	12.15	13.11	13.12	4.70	6.13	5.43
	定数4	10.21	9.72	13.50	5.28	7.85	5.85
	定数3				5.44	9.80	4.82
農村	定数5	11.38	13.46	13.72	3.42	7.02	5.93
	定数4	11.20			3.28	4.76	3.43
	定数3				4.19	5.91	3.89

空欄はケースが少ないために平均を算出するのが無意味な場合である。

徳島全県区，高知全県区，沖縄全県区の7選挙区であるが，それらはすべて定数5の選挙区なのである。公明党の支持基盤が分厚い大都市選挙区を除いていては，公明党の立候補は定数5の大規模選挙区に集中しているのであり，そうなるのは議席獲得の可能性が高いからだと思われる。

それでは，選挙区定数によって候補者を立てた場合の公明党の集票力には差があるのか。それを知るために定数ごとに公明党の得票率を調べてみた。過度の煩雑さを避けるために，10年ごとの平均をまとめたのが，表17である。見られるように，大都市選挙区から農村選挙区に移行するにつれて平均的な得票率は小さくなっているが，同じタイプの選挙区の内部では，定数による得票率の差はほとんど見られない。農村部では定数5の選挙区に集中して候補者を立てるのであるが，定数4の選挙区でも候補者を立てた以上は，当選を目指して定数5の選挙区と同様の運動を展開するのであって，定数が少ない選挙区で候補者を立てた場合，当選の可能性が小さいからという理由で運動の「手を抜く」といったことはないようである。また党の支持者の票が（当選可能性が低いという理由で）他の党に流れることもない。要するに，選挙区の規模は大都市選挙区以外の選挙区に候補者を立てるか否かの判断に大きな影響を与えるが，候補者を立てた後の集票力に影響を与えるわけではない。

共産党についてはどうだろうか。共産党はほとんどすべての選挙区に候補者を立てるから，選挙区の規模が立候補状況に影響を与えることはない。考えられるのは，選挙区の規模によって議席獲得の可能性に差が出てくることから，可能性の高い選挙区（定数の大きい選挙区）に運動を集中することになり（また党の支持者も他の党に投票することが少なくなり），その結果として定数が大きな選挙区の方が得票率が高くなるのではないかということである。しかし，実際の得票状況を見れば，それは否定される。共産党の得票レベルを規定するのは，大都市選挙区か農村選挙区かという選挙区のタイプであって，選挙区の定員ではない。

以上をまとめれば，選挙区定数は，確かに一定の役割を果たしているが，それは大都市選挙区以外の選挙区で候補者を立てるかどうかという

公明党の決定に影響を与えるだけであって，公明党の集票力に影響を与えるものではない。また，共産党の場合には立候補決定にも集票力にも影響を与えない。選挙区定数の小ささは，公明党に対しては一種の参入障壁として機能しており，その分社会党を保護する役割を果たしているが，「弱い参入障壁」としてしか作用していないといわねばならない。

五　要約と展望

　以上，都市化の度合いと選挙区規模という2つの属性から選挙区を特徴付け，それによって，社会党の勢力変動を説明するための手がかりを得ようとしてきた。明らかになったのは，次の諸点である。第一に，戦後第一の10年間における社会党勢力の急伸と第二の10年間における安定とは，「階級政治」，「文化政治」の確立・安定という「政党支持構造論」から説明できるし，第三の10年間における勢力の急落は，こうした安定した政党支持構造の解体から説明するのがもっとも合理的である。この時期の社会党勢力の変動が主として都市的な現象だったのは，この理由による。第二に，しかし第三の10年間における社会党勢力の急落は，従来の安定した政党支持構造の解体に，公明党の出現と共産党の伸張という媒介変数が加わって生じたものと理解しなければならない。主として都市部で生じた政党支持構造の解体は，これらの両党と社会党との競合，その中での社会党の敗北という形で，社会党勢力の衰退に結びついたのである。両党の選挙成績と社会党のそれとが相反することは，これまでの検討で十分に明らかになったと考える。社会党は，安定した政党支持構造から切断されて浮遊する不安定な有権者を把握するには不適切な政党だったのであり，それ故に衰退したのである。第三に，選挙区規模が小さい場合には，公明党の議席獲得可能性はそれだけ小さくなり，公明党の候補者擁立は阻止され，その反面社会党は保護された。しかしこのような効果は，都市部の選挙区（とりわけ大都市選挙区）ではほとんど発揮されず，都市部を中心に生じた社会党の衰退を救う決め手とはならなかった。選挙区定数の小ささによって保護されたのは農村部の社会党

だけだったのである。第四。以上の理解が妥当するのは，戦後第三の10年間までであって，1970年代終わり以降の社会党の勢力変動には必ずしも当てはまらない。「政党支持構造」や公明・共産両党との競合とは別の要因が探求されねばならないが，それはこの論文の課題ではない。

以上のように，本稿の検討結果をまとめるならば，それが示唆する最も重要な問題は，「階級政治」，「文化政治」が解体した後の流動的状況の中で社会党が公明・共産両党に浸食されたのはなぜかということになるだろう。ここでの分析結果からこの問題に直ちに回答を与えることはできないが，社会党の「組織的性格」が1つの考え得る回答であることは指摘しておきたい。公明・共産両党がともに社会党を浸食したということを考えると，社会党の敗北が，時々の争点ないしそれについての諸政党のスタンスにあるとは考えにくい。また，リーダーシップや重大な政治イベントが影響を及ぼしたとも考えられない。[4]これらの要因に注目するよりも，社会党が流動化する有権者に適切にアプローチする組織的な対応能力を欠いていたと考える方がより説得的である。このように考えるとき，浮かび上がってくるのが「大衆成員政党」としての性格を欠如させた社会党という，従来から（そして党の内外から）指摘されてきた事実である。周知のように，社会党の個人加盟党員は戦後一貫して5万人を前後するレベルにとどまり，有権者の間での日常活動ないし選挙運動の大部分を各種の社会組織（なかんずく労働組合）に代行させてきた。こうしたスタイルでは，階級から離れ，安定した政党支持から離れ，そして労働組合からも離れて浮遊する有権者にアプローチすることは難しい。特定の集団を通じてそのメンバーに「間接」的にアプローチするのではなく，個々の有権者に党から個別にアプローチすることが是非とも必要なのである。それに適合的な組織形態としては「大衆成員政党」以外に考えることが難しい。[5]共産党の場合には数十万の個人加盟党員を抱えてこうしたアプローチが可能であったし，公明党の場合も（党を支持する宗教団体のメンバーと重複するが）こうした党員を多数抱えていた。共産党と公明党にあって社会党になかったのは，個人加盟の大規模な党

員組織（ないしそれに類似の組織）であった。

　このような回答は，社会党の衰退を論じた多くの議論とは相当に異なっている。おおかたの議論は，「非武装中立」というナイーブな平和主義の「現実主義的」転換が遅れたこと，それと同時にマルクス主義的，社会主義的色彩の強い綱領を持ち，それを頑固に信奉する「左派」勢力の存在を許したこと，要するに「普通の社会民主主義政党」になることが遅れたことを社会党衰退の主要因として指摘するのである（例えば，広瀬，石川 1989，第1章）。しかしながら，社会党の衰退は「現実主義的」な保守政党の伸張によってもたらされたものではなく，見方によってはそれ以上に「非現実主義的な」綱領を掲げた公明・共産の両党の伸張によってもたらされたものだった。少なくとも1970年代半ばまではそうだった。そして，1980年代以降の「保守回帰」の時期にあっても，強固な組織を持つ公明・共産両党がその勢力を基本的に維持して「生き延びた」のに対して，社会党の方は衰退を続け，待望久しかった「現実主義化」を成し遂げると同時に壊滅状態に陥ったのである。社会党の政策スタンスの「非現実性」を社会党衰退の主要因とすることは，現実に照らして説得的でない。そもそもこうした議論を展開する論者の多くは，ヨーロッパの「普通の社会民主主義政党」が「大衆成員政党」として構築されてきたことを見逃している。ヨーロッパの社会民主主義政党と日本の社会党を比較するというのであれば，その「組織的性格」まで含めての比較でなければならない。

　筆者は，先に公表した論文で社会党指導者の経歴を分析し，そこから浮かび上がる問題点の多くが，社会党が「大衆成員政党」になっていないことに由来するのではないかと指摘したが（的場 1999），ここでの分析から浮かび上がるのは，その組織的性格が選挙における敗北にも結びついていたということであった。社会党の組織的実態の解明は，活動家や指導者たちの回想を除けば，ほとんど手が着けられていないが，その「政治学的」な実証分析は，社会党の全体的理解にとってきわめて重要な課題であろう。

（1）　もちろん，それ以後の社会経済発展によって，この分類に手直しの必要が生じている。しかし，ここで扱う社会党勢力の変化がまさに1960年代後半から70年代前半の時期が中心になっていること，手直しをしてもそれはきわめて部分的なものにとどまることなどから，あえてこの分類を利用した。
（2）　筆者は，朝日新聞の階層別政党支持調査に基づいて，日本におけるAlford Indexを試算したことがあるが，それによれば1955年の段階で20という数値が記録される。同時期の西ドイツやイギリスでは，それぞれ30ないし40前後の数値が記録されている（的場 1990, 200頁）。
（3）　三宅, 1989, 89-95頁に要領のよい要約がある。
（4）　政治イベントとは，選挙に重要な影響を及ぼすような「事件」であって，典型的には「戦争」や「スキャンダル」などがそれに当たるとされる。日本の場合には，社会党のこの時期の衰退に影響を与えた要因として中国の文化大革命がしばしば指摘される（たとえば，杣 1976，における1969年選挙の分析はその典型である）。しかし，この影響が仮にあったとしても，この時期全体の社会党勢力の衰退を説明することは難しいだろう。
（5）　もちろん，他にも大量の運動員を組織して有権者に個別にアプローチする方法はあり得る。たとえば，自民党は，豊富な政治資金と政権党として利用可能なパトロネージを利用して，クライエンテリスムに基礎を置く「後援会」組織を作り上げてきた。これについては，すでに十分な研究の蓄積がある。しかし，社会党のような政権から排除され，財界からの資金援助も見込めない政党にとっては，この方法を採ることはできず，同様にメディアに依存した有権者動員も，（資金力の不足から）社会党にとっては不可能である。残された道はやはり「大衆成員政党」しかないというべきだろう。

参考文献

広瀬道貞，石川真澄（1989）『自民党』朝日新聞社

Crewe, Ivor(1993), "Voting and Electorate", in P. Dunleavy, A. Gamble, I. Holliday, and G. Peels, eds., *Developments in British Politics*, London, Macmillan.

的場敏博（1990）『戦後の政党システム』有斐閣

――(1999)「社会党衆院議員の社会的背景：50年の変化」『京都大学法学部創立百周年記念論文集』第1巻　有斐閣
沖野安春（1970）「選挙結果の選挙区類型別分析」杣　正夫編『日本の総選挙　1969』毎日新聞社
三宅一郎（1989）『投票行動』東京大学出版会
杣　正夫編（1976）『国政選挙と政党政治』政治広報センター
武重雅文（1992）「55年の政治意識」『年報政治学　戦後国家の形成と経済発展』岩波書店
綿貫譲治（1976）『日本政治の分析視角』中央公論社

高度経済成長の政治と「弱者」防衛
――日本共産党と「護民官政治」――

森本哲郎

一　問題の所在

「もはや戦後ではない」と『経済白書』（1956年度）が戦後復興期の終了を宣言した1955年から1993年の自民党長期政権の（一時）終焉まで続いたとされ、いまだその「残滓」が払底されていないと非難される、戦後日本の政治体制、いわゆる「55年体制」は、言葉の起源から言えば、1955年の保守合同（自由民主党結成）と左右社会党の再統一という政党政治レベルのできごとに注目して名づけられたものである。しかしながら、この「二大政党」誕生の陰で、もう１つの無視し得ない事件が起こっていた。それは日本共産党の「合法路線」「大衆的前衛路線」への転換（六全協）である。この転換は1961年（第八回党大会）に完成し、以後、同党は、国政レベル・地方レベルの各種選挙、公共部門を中心とする労働組合への勢力浸透、また党自身や関係団体の組織人員数といった点で、その勢力を急速に伸ばしていったことは、よく知られているところである。

こうして、1960年代には、同党は、1945年～50年代におけるのとは別の意味で重要な政治的アクターとなった。すなわち、自民党や社会党といった他の政党と同一次元で論じることのできる、政治過程の主要アクターの１つとなったのである。

しかしながら、従来、このような戦後政治における共産党についての学問的研究はほとんどなされてこなかった。革命運動としての「運動論」「運動史」的関心からの研究、あるいは革命をめぐる「理論史」「思想史」的関心からの研究は、戦後についてもある程度の蓄積はあるようだが、他の政党と同一次元の政党としての政治学的関心からなされた研究は、主にジャーナリストによる断片的なもの以外存在しない。だが、例えば、共産党の勢力伸張が、ちょうど高度経済成長期と一致し、その終焉とともに頭打ちになったこと（参照、堀江／荒木 1980、142頁）だけを取ってみても、ちょうど同様の軌跡を描いている公明党とあわせて、高度経済成長の政治過程の理解にとって、共産党をどう位置づけるかという作業は不可欠ではないかとたちまち思いつくであろう。

この点に関して大嶽秀夫は『高度成長の政治学』と題されたレヴュー・エッセイの連載のなかで創価学会・公明党をとりあげ、次のように述べたことがある（大嶽 1997、26,28頁）。

「創価学会は、1955年、高度成長が本格化した時期に、統一地方選挙に候補者を立てて日本政治に登場し、やがて公明党を結成して、高度成長とともに急成長した政治勢力である。その支持層は、高度成長期の経済の近代化によってその地位を脅かされた中小・零細企業主と、農村から都市に流入して『根無し草』となった未組織労働者を中心としているといわれるが、これを裏付けるように、学会は借金、貧乏、病気（そして家庭内不和）をテーマに急速に信者、支持者を獲得していった。ところが、1970年には言論・出版妨害問題で厳しい批判を受け、72年の総選挙でそれまでの急成長が頓挫した。それは日本の高度成長が終焉する前夜であった。こうした意味で、創価学会・公明党は、高度成長の所産であったともいえる。そして、以上の解釈が正しいとすれば、大都市の低学歴、『低職種』層を吸収したこの団体は、高度成長期の日本政治のもつ影の側面を観察するうえで、格好の素材を提供していると言えよう。」

そして、続けて公明党の果たした役割について次のように言う。

「堀の分析〔堀幸雄『公明党論』〕において評者〔大嶽〕が最も評価し

たいのは，公明党が日本の政治に果たした客観的役割についての指摘である。堀は，創価学会が議会に進出したことによって，ファッショ化する恐れのあった社会層を議会制にキャナライズしたという趣旨の議論を展開している。」

　創価学会・公明党について，このようなことが言えるとすれば，日本共産党についてはどうなのか（どうだったのか）。これが本稿の課題である。ところで，この問題に取り組むに当たって示唆的なのが，戦後のフランス共産党である。同党は，第五共和制の最初のほぼ20年間（1960年前後から1970年代末）のいわゆるゴーリスト体制下において，戦後前半期（第四共和制期）のような最盛期（国民議会選挙での得票率は一貫して25％を超え，議会第一党でありつづけた）を過ぎたとは言え，20％の得票率を維持し，左翼の第一党でありつづけた。その後，以前から指摘されていた勢力基盤の空洞化が一挙に表面化し，1981年の大統領選挙と国民議会選挙では，いずれも15％のラインにまで急落，以後，坂道を転げ落ちるように，10％前後の中小政党にまで縮小した後，そのラインで現在に至っている。この点で，1970年代初めに，10％政党にまで成長したところで，頭打ちとなりつつも，若干の目減りでなんとか勢力を維持しつつ推移し，90年代後半になって，最盛期のラインまで回復した日本共産党とは軌跡をやや異にしている。しかしながら，1960年代以降，通常の政治過程のなかに定着してきた日本共産党を考えるに当たって，フランス政治における共産党の役割を考えることの意味は非常に大きいように思われる。そこで以下では，まず，戦後のフランス共産党に関して示唆的と思われる研究を紹介し，続いて，公明党とも比較しながら，日本共産党の位置というものを考えてみたい。

二　戦後フランス政治における共産党
　　——ジョルジュ・ラヴォーによる機能主義的共産党研究[1]——

　ここでは，フランス共産党についての政治学（社会学）的研究として最も注目され，また議論の対象にもなって，海外の論者にも大きな影響

を与えたジョルジュ・ラヴォーの機能主義的分析を紹介検討することにしたい。

さて，ラヴォーの一連の研究は次のような仮説から出発している。フランス共産党の「行動・態度の正味の結果は，その深慮遠謀や戦術的計算にもかかわらず，〔少なくとも1936年以降〕結局のところ，フランス政治システムの働きに対して特別な性質の貢献をおこなった」ことではなかったか，と (Lavau 1969a, p. 9)。そして彼は，機能主義の方法を用いることで，この仮説の検証がどこまで可能かを試みるのである。(なおここで紹介するラヴォーの研究は1960年代末～1970年代半ばまでに公表されたもので，「解放」（終戦）直後からこの時期までの共産党，言いかえれば左翼第一党としての地位を維持していた時期の共産党が研究の対象となっている。)

この方法の中心概念＝「機能」とは，「行為者がその行為によって，彼らが結び付いているシステムの機能的要件に対して与える貢献（あるいは解決）を言う。そして機能的要件とは，このシステムが生き残り，適応し，目標を達成し，変質しないために必要なものである」(Lavau 1969b, p. 32)。そしてラヴォーは，ロバート・マートンにならって，これらの機能（貢献）が行為者によって理解され望まれた客観的結果である場合（顕在的機能）と，理解もされず望まれもしなかった結果である場合（潜在的機能）とを区別し，共産党のような「《反システム》政党 (parti《anti-systèm》)」の場合には，後者の概念が重要なことを指摘する。

この機能の対象となるシステムとしては，原理的にはどのようなレベルのシステムを考えてもよいわけだが，ここでは，包括的な政治システムすなわち「国民国家」政治システムが取り上げられるのは言うまでもない。

次に，このようなシステムの機能的要件として，ラヴォーは次の三つの要件をあげる。①《正統化－安定化の機能》(fonction de lègitimation-stabilisation)，②《護民官機能》(fonction tribunitienne)，③《政

治的交替の機能》(fonction de relève politique) がそれである。ただし，「これらの要件が，システムの〔機能的〕要件を尽くしているなどと主張しているわけではない。ただ，ここでわれわれに関わりのある問題にとって，これらは考察されるべき3つの要件であると述べているにすぎない」(Lavau Ibid., p. 38, note 47)。「われわれは，特定の具体的システム〔例えばフランス政治システム〕の政治史，その社会的亀裂，その政治文化の特殊性を考慮に入れた限られた数の機能的要件に限定しており，〔これらの要件が〕あらゆる時代のあらゆる場所のあらゆる政治システムにとって絶対的で普遍的な要件に対応しているなどとは主張しない」(Lavau 1975, p. 92) と慎重な方法論上の留保を付けたうえであるが（強調原文）。つまり，ここであげられているのは，フランスのような政治システムが必要としている機能的要件の，それも共産党とかかわりがあると考えられる一部の要件にすぎないのである。

では，以上の3つの機能的要件を必要とする政治システムとはどのようなシステムであろうか。「ある社会が亀裂をその内部にかかえ，すなわち紛争への素因を生む文化的社会経済的政治的な強度の異質性をかかえ，その社会のいくつかの集団が，自分たちはこれらの亀裂のゆえに共同体や政治システムに十分に参加していないのだという明確な意識を持つとき，政治システムは解体の危機に脅かされる」(Lavau 1969b, pp. 38-39)。このような政治システムをラヴォーは想定しているのである。

さて，このような政治システムにとって，先にあげた3つの機能的要件はきわめて重要な意味をもつ。

①正統化－安定化の機能　社会の亀裂から生まれた「不満層」，すなわち政治システムへの参加過程ならびに経済システム，文化システムの利益から排除されている（と感じている）社会カテゴリーに，政治システムの基本的要素を受け入れ，尊重するよう説得することが，システム維持のためには必要である。なお，政治システムの基本要素として，ラヴォーはイーストンの政治システム論を援用して，共同体（事実上，国民国家を指す），体制（政治システムの価値原理，規範），権威者（政策

決定の作成遂行者)の3要素をあげる (Lavau 1975, p. 93)。

②護民官機能　これらの不満層を組織化し，その利益を防衛し，彼らに力と自信の感覚を与える。と同時にこの組織化を通して，彼らの不満・怒りの発現を制御し，政治システム内部のチャネルに導いて行くことが必要となる (Lavau 1969a, pp. 18, 28)。

③政治的交替の機能　この政治システムが民主主義システムであれば，次の要件も満たされねばならない。権威者が遂行している政策に対して批判をくわえること（問題の争点化をめぐる批判，政策の背後にある社会の目標に対する批判，さらにその背後にある社会の価値規範に対する批判も包含する)。ただし，この批判は政策決定に実際に転換可能な批判でなければならない。言いかえれば，世論の大きな部分にとって受け入れることができ，システムが利用しうる資源で実現可能であって，かつ内容的に首尾一貫したプログラムとして具体的に定式化された批判でなければならない。要するに実現可能な代案をともなった批判でなければならないということだ。加えて，このプログラムを実現するために，批判の対象となっている権威者にとってかわることのできる代替権威者を提供することができなければならない (Lavau 1969a, pp. 16-17; 1969b, p. 40)。

フランス共産党がこれらの機能をどのように果たしている（いない）のか。これを「護民官機能」に焦点をおいてラヴォーの言うところを聞いてみよう。その前に，「正統化－安定化機能」と「政治的交替の機能」についてごく簡単に見ておく。正統化－安定化の機能について言えば，共産党は，フランス政治システムのそれぞれの構成要素（共同体，体制，権威者）に対して正統化機能を果たしているわけだが，それはいくつかの理由で部分的なものにとどまっている。政治的交替機能については，1947年（この年の5月に共産党も非常に有力な勢力として参加した連立政権＝3党体制が終了した）以降ラヴォー論文が書かれた70年代半ばに至るまで，この機能を果たしたことは一度もなかったとされる。

しかしながら，これらの機能にもまして重要なのは「護民官機能」で

ある。(この概念の駆使によって,すでに著名だったラヴォーは一層著名となり,ラヴォーといえば,共産党の「護民官機能」と連想されるようになった)。彼は言う。護民官機能は「フランス政治システムのなかで共産党の占めている位置をもっともよく性格づける機能であり,それはまた共産党が,その歴史を通じて,もっとも持続的に,もっとも強力でもっとも独自的なやり方で遂行してきた機能である。そしてまた,それは,たぶんその成功それ自体によって党が他の機能を遂行するのをより困難にしている機能である」(Lavau 1969a, p. 25)。

さて,この護民官機能は,具体的には次のような形で遂行されている(Lavau Ibid., pp. 27-28)。

① 党の社会構成(選挙での支持者,党員,各級カードルの社会構成あるいは社会的出自)が他党に比べて庶民層 (catégories plébéiennes) をより大きく代表するように構成されている。とくに労働者出身者,労働者の割合が大きい。

② 護民官機能の対象である庶民層に,自分たちが自己防衛の能力を持つことを自覚させる。そして,彼らを敗北主義および暴力的アナキズムの誘惑から引き離し,長期的行動のために組織化する。実際行動にあたっては「挑発者によって引きづられる事のないように気を遣い,またスパルタカス型の自然発生的運動に対する不信感や,トロツキストグループに対する深い嫌悪感に導かれて,共産党は大衆運動を制御し,抑制するように注意している」(共産党の「合法主義」)。

③ 細胞活動,大衆組織内での活動を通して,党は大衆の要求に関する多くの情報を収集し,党の新聞,活動家,議員を通じて,これらの要求に大きな反響を与える。

④ 共産党の自治体は,恵まれない層(例えば,老人,勤労婦人,貧困家庭の児童など)に対する給付や施設において,他の自治体から際立っている。

以上のような形で遂行される護民官機能の中軸は「防衛行動」にある。「いわゆる民主的獲得物の防衛というテーマは,共産党の言説のなかで

は，現実的な改革の提案よりも，はるかに大きな割合を占めている」(Lavau 1975, p. 100)。

また，「ある集団が共産党によって防衛されるためには，二つの基準が要求されるだけである。すなわち〝貧しき人々〟のひとつであることと有権者であることだ」(Lavau Ibid., p. 101) と言われるように，政府権力の獲得・行使を前提としないことから来る気易さによって，共産党はきわめて多様な利害を持つ，きわめて多岐にわたる，様々な庶民的社会層（労働者，賃金雇用者はもちろん，小農，小商工業者，職人，中級レベルの新中間層など）の防衛を行おうとする。その結果，しばしば内容空虚で総花的なプログラムを提示せざるを得なくなる（「お涙頂戴趣味」misérabilisme，「左翼プジャード主義」poujadisme de gauche）(Lavau 1969a, p. 30)。

このような共産党の行動は，そのデマゴーグ的性格のゆえに，短期的には政府にとって厄介なものとなるにしても，長期的に見れば政治システムに益をもたらすものとなる。なぜなら，共産党のこれらの行動は，庶民層が「〝野蛮な〟行為に身を投じたり，あるいは退却行為，ボイコット行為に引きこもったりするのを妨げ」(Lavau 1969b, p. 39)，彼らを「政治システムのなかの政治的行為者」(Lavau 1975, p. 104)として政治システムに組み入れてゆくからである。

ところで，政治システムにとっては有益なこの護民官機能も，共産党自身にとってはむしろその負の側面が目立ってくる。それは共産党が護民官機能遂行の帰結（選挙での支持の維持拡大）に満足を感じるあまり，権力の獲得と行使という政党が本来目指すべき目標の追求を放棄してしまったのではないか，ということである (Lavau 1969a, p. 26)。そして共産党のような「革命政党」が権力獲得の追求を放棄するということは，言いかえれば，もはや「革命政党」ではなくなってしまうことを意味するであろう。

しかし，共産党の側でも，護民官機能の遂行に閉じこもることなく，それを乗り越える努力が行われてはいる。もともと，ある政治勢力によ

る護民官機能の遂行は，その勢力が防衛行動を組織化し，政策決定過程を制御している人々の決定作成を封じたり，妨げたりするだけの力は持つものの，勢力関係を逆転することは期待できないという中間的状態にあって，それらがイデオロギー上の理由等によって自発的に，あるいは他の政治勢力による意図的排斥のために，近い将来において，（単独であれ，連合によってであれ）政治権力の行使に参加する展望を全く持たないという状態の下で生じてきたものである（Lavau Ibid., p. 26)。したがって，共産党が近い将来に政治権力を獲得するという日程表が現実的なものとなる時，護民官機能の遂行を乗り越える展望が出てくるわけである。

　1962年以降，共産党が作成した，この日程表には，幅広い支持を集めうる共同綱領を基礎とした，共産党とその他の社会主義民主主義諸組織による連合政府方式が書き込まれている。そして，この方式を成功させるためには（言いかえれば，連合のパートナーに共産党に対する政権担当者としての信頼感を与えるためには），共産党はもはや，ある意味では気楽な万年反対派の時代のように，すべてを約束することはできなくなり，より現実的な改革提案を行わざるを得なくなる。そして，この時，フランス政治システムは，共産党から先に触れた「政治的交替の機能的要件」に対する貢献をも受けることができるのである（Lavau Ibid., pp. 31-37)。しかし，共産党にとっては，このような形での護民官機能の克服は，結局のところ，フランス政治システムへのより一層の，そしてより「建設的な」貢献を意味するであろう。

　以上の分析から言えることは，フランス共産党が（意図せずして）戦後フランスの政治システムの維持に「貢献」してきたということである。ただし，注意を要するのは，このことは，フランス共産党が「革命政党」（社会主義革命への少なくとも「意思」を持っている政党）でなくなったことを直ちには意味しないことである。ラヴォー自身，60年代末の諸論文では「革命政党であることをやめてしまった」(Lavau 1969a, p. 22; 1969b, p.39) と断定的であったのが，70年代半ばには断定を避け，慎重

な結論を引き出していた。「1936年あるいは1944年以降，フランス共産党がフランス政治システムに対して部分的には肯定的な貢献をおこなってきたという命題を受け入れるとしても，これは何を立証しているのであろうか。それはただ以下のことを立証しているにすぎない。第一に，そ̇れ̇は̇正̇面̇か̇ら̇に̇せ̇よ̇地̇下̇か̇ら̇に̇せ̇よ̇シ̇ス̇テ̇ム̇の̇攻̇撃̇者̇で̇は̇な̇い̇と̇い̇う̇こ̇と̇。第二に，それがさまざまな理由によって，いくらかの妥協をおこなうことを余儀なくされたということ。最後に，それは政治システムの中の異物ではないということ。」しかし，共産党は「決して，その革命への意思も権力獲得の目標も放棄したわけではない。」「党は現在のところは両方の陣営，すなわち政治システムの陣営と革命——少なくともあるタ̇イ̇プ̇の̇革̇命̇——の陣営の双方に足をおいているのである」（強調原文，Lavau 1975, pp. 109–110)。

三　戦後日本政治のなかの共産党

　それでは，戦後日本の政治システムを考えた場合，どうであろうか。戦後日本はフランスなどと比べたとき，階級的亀裂は確かに顕著なものではなかったであろう。しかし，高度経済成長は，大都市を中心として，中小零細経営を激しい競争の渦のなかで，生存の脅威に晒し，また地方・農村部から大都市圏への人口の急激かつ大規模な移動を引き起こし，既存の地域的組織的ネットワークのなかでの安定を失った人々（未組織労働者など）を大量に発生させた。これは，3つの機能的要件を必要とするシステムとしてラヴォーが想定するものに近いのではないだろうか。「紛争への素因を生む文化的社会経済的政治的な強度の異質性をかかえ，その社会のいくつかの集団が，自分たちはこれらの亀裂のゆえに共同体や政治システムに十分に参加していないのだという明確な意識を持つ」政治システムである。高度成長期日本社会は，疎外された集団として，大都市圏の中小零細経営層および未組織労働者層を抱え，大都市圏を中心に「（潜在的に）解体の危機に脅かされた」政治システムだと想定しうる。

高度経済成長の政治と「弱者」防衛

　本節での問いは，日本共産党は，高度成長期のこのような政治システムの中にあって，システム維持に不可欠な機能的要件を果たしたのだろうか，ということである。ラヴォーにならって，護民官機能に焦点をおいて検討してみよう。全面的な議論の展開は他日を期することにして，ここでは，ラヴォーが護民官機能遂行の具体的現れとして列挙したもののうち，社会構成と言説の特徴に焦点をあてて日本共産党の位置付けをしてみたい。

(1) 党の社会構成

　ここで社会構成というのは，党の支持者(選挙での潜在的投票者)，あるいは党員，活動家，各種議員などの社会構成をいう。この点について，共産党は公明党とともに，概括的には，「その支持基盤を"経済大国"日本の都市部の底辺層に確保している」(山口 1985, 130頁)と，両者ともに高度成長期の「弱者」の支持をある程度有効に組織しえた点が指摘される。と同時に，この2つの政党を比べた場合，「公明党の支持層の中心は創価学会にあるが，それは都市の中小零細経営者層と未組織労働者が中心をなしている。……本来なら彼らは社会党，共産党の支持基盤となるべきであったが，社会党は〔労組依存と組織化努力の不足で〕この層を政治的に放置」し，「共産党は〔根強い反共イデオロギーのため〕これらの層の組織化はなかなか進まず，この間隙を創価学会が現世利益を約束することで組織化した」(堀 1977, 497頁)という指摘もあるように，いくつかの調査は，両党の類似とともに相違を明らかにしている。

　表1は，1977年に東京都全域を対象に行われた政党支持と投票行動の調査報告（堀江・田中 1977）から，各党支持者の社会構成を示す資料を再構成して掲げたものである。ここでは，支持政党別の所得分布と学歴分布だけを取り上げたが，各党の特徴は明白である。(表には出さなかったが，職業では，共産党支持者の社会構成は，公明党支持者の社会構成とともに，零細企業主，中小企業従業者の比重がはっきりと高く，その「弱者」反映度は高い。ここでは，共産党の方がより高いように出ている

表1　各政党支持者の学歴と所得（世帯年収）(%)

	サンプル数	小・中卒	高卒	大卒	～100万	～350万	350万～
自民	211	39.4	35.5	25.1	10.4	51.6	29.4
社会	135	28.1	39.3	32.6	8.1	71.9	12.6
公明	31	48.3	32.3	19.4	25.9	64.5	6.5
共産	60	26.7	51.6	21.7	20.0	65.0	10.0

が、サンプル数を考慮すれば、同程度だと考えてよかろう）。所得面では、公明・共産ともに「弱者」反映的だが、公明の方がやや「弱者」度が高くなっている。表には出していないが、サンプルの年齢構成が公明党の方が共産党よりも中堅年齢層の比率がかなり高いこと（30～59歳の比率が、公明支持者では74％、共産支持者では60％）を考えれば、公明党支持者の所得面での「弱者」度はさらに高いと言える。これを学歴面で見ると、共産党支持者も、自民・社会支持者に比べれば、相対的には「弱者」ではあるが、公明支持者の「弱者」度には及ばない。総じて、共産支持者も公明支持者も、「弱者」的社会構成だと言えるが、公明党支持者の方が一層「弱者」度が高いと言えよう。この点は同調査に依拠しつつ、山口定氏も強調するところである（山口 1985, 130, 134頁）。

別の調査例を引いても、公明・共産両党のこの相違は明白である（例えば、1979～80年に衆議院東京3区（当時）を対象として行われた2回の投票行動調査）。この選挙区は、東京都内の目黒区、世田谷区という古くからの住宅地域を中心とした「他の選挙区に比べ高学歴者の占める割合が非常に高く」、労働者が少なく、農林漁業者が皆無に近いという選挙区であり、全国どころか東京都全体の縮図とも言えないが、選挙区全体の平均と比較すれば各党の支持分布の特徴はやはり読み取れる。学歴と所得を取り上げた場合、この選挙区では共産党支持者は選挙区の平均値に近い特徴を示しているのに対して、公明党支持者は、かなりの「弱者」度を示していることが分かる（菅沢, 1986)。

共産党と公明党のこの類似と相違の両面は、また、両党の地方議員の社会構成でも、その一端を見ることができる。表2は、1965年から1989

表2　各党都議候補者（23区内）の平均年齢と大卒比率（%）

	1965年	1977年	1981年	1989年	1965年	1977年	1981年	1989年
自民	57.2	55.2	54.5	52.9	55.4	76.6	78.8	85.7
社会	47.7	50.7	52.7	50.1	62.2	50.0	71.4	68.8
公明	46.1	50.9	48.7	52.3	36.4	34.8	43.5	54.2
共産	49.1	53.7	53.9	52.3	69.6	65.4	66.7	48.1

年の都議会選挙への各党立候補者（都内23区選挙区）の平均年齢と大卒比率を表にしたものである。軸となるのは大卒比率で，「弱者」度の指標として利用することにした（年齢は，大卒比率のバイアスを考えるための参考指標として上げた）。資料は，選挙前に公表される候補者紹介の新聞記事（『朝日新聞』縮刷版）を利用した。また議員ではなく，立候補者を取り上げたのは，公明，共産両党ともほぼすべての区で候補を立てていて人数が多く，各党の社会構成の特徴を明らかにしやすいと考えたからである。23区内としたのは，利用した縮刷版の制約もあるが，最も典型的大都市選挙区という理由による。また学歴を「弱者」度の指標にしたのは，職業については情報の欠落が多かったからである。なお，「大卒」には，旧制大学のいわゆる「専門部」卒も含めた。専門部は厳密には「相対的学歴エリート」ではないとも言えるが，おそらく専門部卒と推測されるのだが，明記していない候補も散見されるし，新制大学の夜間部卒も明記されていないようなので，ここではすべて「大卒＝相対的学歴エリート」に分類した。また新制の大学（短大含む）にあたる旧制の大学以外の高等および準高等教育機関（旧制の高校，高専，師範等）の卒業者も「大卒」とし，中退の場合も「大卒」として計算した。

さて，この簡単な表から言えることは，次のようなことだろう。1965年の時点では，共産党都議候補は，社会党候補とならんで（あるいは，それ以上に），自民党候補に比べて，はるかに若く，また相対的学歴エリートの比率が高かったということである。都議候補者の学歴構成という面では，この時期は，《近代的価値意識－伝統的価値意識》という文化的亀裂が保革の政治的対立を規定していた戦後1960年代前半期までの「文

化政治」(保守支持者＝伝統的価値意識,革新支持者＝近代的価値意識)の時代の延長上にあったようだ(「文化政治」については,綿貫 1976,第6章)。

これに対して,公明党候補者の学歴「弱者」ぶりは顕著であり,その相対的「弱者」性は,どの選挙でも明らかである。ただし,89年選挙では,かつて相対的学歴エリートぶりを示していた共産党が,最も「弱者」性を高めているのは興味深い。1977年以降でみれば,自民党が最も学歴エリート候補の党だということになって,公明,共産両党は,相対的学歴弱者を反映した党ということになろう。かつて共産党は,相対的学歴エリートが「弱者(学歴弱者)」の利益を「代表」すると主張する「前衛」党であったわけで,「啓蒙民主主義」(三宅 1985,280頁)の時代らしい学歴構成だったが,次第に,その「弱者性」を自らも体現するようになったということである。

(2) 言説──国会での言説

ここでは,衆議院本会議での各党代表質問を取り上げ,その内容を大きく,いくつかの項目に分類する。そのなかで,《安保外交》と《経済(福祉を含む)》についてのそれぞれの比重が,1963年～1991年の約30年間にどのように変化してきたのか,を見ようというものである。比重の計算は,『官報号外衆議院会議録』に全文掲載されている代表質問のうち,各項目に当てられている行数が,全体に対して占めている割合を計算するというごく単純な方法でなされている。内容の判断も厳密とは言えないかもしれないが,おおよその傾向が分かればよいと考えて,このような方法を採用した(同様の方法で,55年体制下の社会党と民社党を分析したすぐれた業績として次のものがあり,本節でも参考にした。西尾 1994)。

ここから判明したことは次の点である。共産党は,1963年～1972年の間は,安保外交の優位が見られたのが,73～81年の間は,経済(福祉)の比重が増大し,安保外交の比重が低下している。それが1982年以降に

高度経済成長の政治と「弱者」防衛　　65

図1　共産党及び公明党の衆議院代表質問

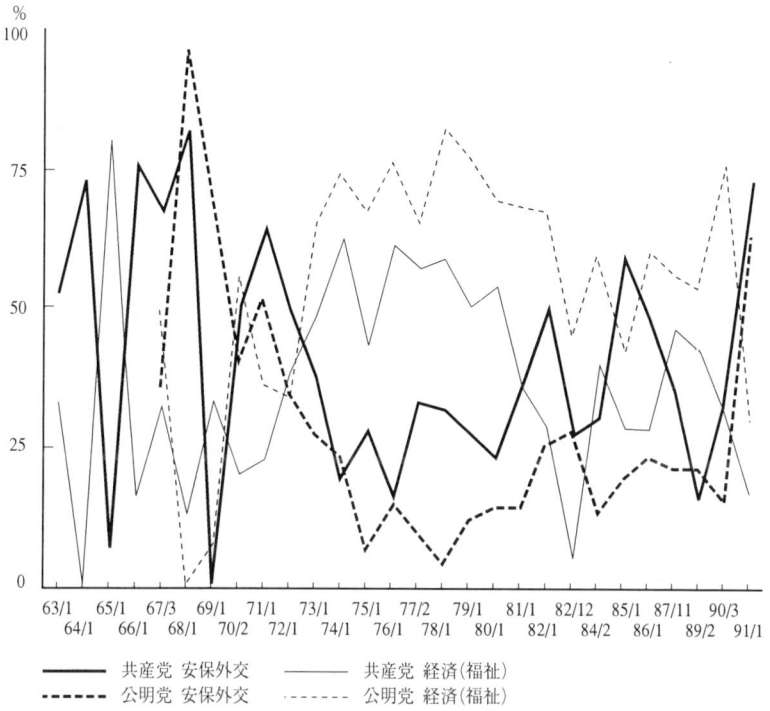

―――― 共産党 安保外交　　　　―――― 共産党 経済(福祉)
------ 公明党 安保外交　　　　------ 公明党 経済(福祉)

図2　共産党及び公明党の衆議院議席数推移

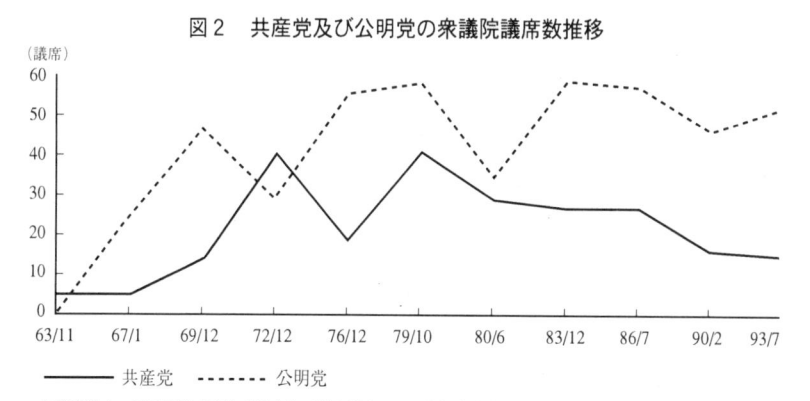

―――― 共産党　　　------ 公明党

※議席数は、石川真澄『戦後政治史』(岩波新書, 1995年)巻末資料による。

は，再度，安保外交の比重が優位になって行く。これに対して，公明党の場合は，ほぼ一貫して経済（福祉）が優位を占めた状態が続いて行く。衆議院選挙の結果を表したグラフを併せて見て推測しうることは，共産党の場合，党勢が基本的に拡大基調にあると感じられていた時期には，経済（福祉）の言説が優位となり，80年代に入って，党勢の停滞が固定化してきた時期（「逆風」が強く感じられる時期）になると，安保外交が再度優位に立つということである。

共産党の安保外交に関する国会での代表質問は「日米安保体制」破棄を軸として組み立てられているわけだが，周知のように，同党にとって，この日米安保体制破棄こそ，その「革命」戦略の基軸をなすものであり，「革命的前衛」役割の決定的な構成要素である。結局，国会での言説を見る限り，共産党は，決して「護民官」役割に特化しているわけではない。やはり毅然として「革命的前衛」役割を果たそうとしていたのである。その点，公明党は，ほぼ完全に「護民官」役割の遂行に専門化していると言えそうである。

四　結論

以上の検討からとりあえず引き出せる暫定的結論を記しておこう。その前に，フランス共産主義についての優れた研究者R・チェルスキーが示した説明枠組み（参照，森本 1996，第2章）に示唆を得て，先進諸国の共産党（＝戦後50年間の冷戦体制下での西側先進国での共産党）の役割類型として3つの類型を設定しておく。結論はこの類型との関係で述べられるからである。[2]

3類型とは，①革命的前衛，②人民の護民官，③統治政党，の3つの役割類型である。最後の統治政党としての役割は，政権参加を行った場合（といっても西側で共産党単独政権などはなかったわけだから連立政権への参加だが），とりわけ対等の資格で連立政権を構成した場合に重要な意味をもつ役割である。例えば1944年〜47年のいわゆる「3党体制」期のフランス共産党が直面したジレンマを理解するうえで重要となる類

型である（渡辺・南・森本 1997）。他方，政権参加の展望は当面ないが，合法政治勢力として無視しえない影響力を保持している場合は，①と②の関係が重要となる。

さて，日本共産党の場合は，この類型でどのように説明できるだろうか。ごく大ざっぱに同党の戦後の歴史的展開をたどれば，次のように言えよう。

第一期：1945年末（合法活動の開始）〜1950年（コミンフォルム批判）。この時期は，②の「人民の護民官」役割が肥大化した時期であった。

第二期：1950／51年（第四回全国協議会）〜1955年（第六回全国協議会）。この時期は，①の「革命的前衛」役割が極大化した時期であろう。

移行期：1955年〜1961年（第八回党大会）。

第三期：1961年〜1989／91年（冷戦終結，ソ連邦消滅）。この30年間は，①と②の均衡をいかにして達成するかに腐心し続ける時期である。

第四期：1989／91年〜現在。ポスト冷戦体制の下での共産主義政党としてのアイデンティティーの模索期である。

本稿は，上で言う第三期について検討してきたわけだが，差し当たり，次のような暫定的結論を引き出しておきたい。すなわち，高度成長およびその達成後の時期（＝国内的には，自民党一党優位体制が持続し，変形しつつも「55年体制」も持続していた時期であり，国際的には「冷戦体制」が持続していた時期），共産党は，公明党とともに，「護民官」役割をかなりの程度遂行しつつも，（「言説」から見れば）公明党ほどこれに特化していたとは言えないし，（支持基盤から見れば）公明党ほどの「成功」を収めていたとも言えない，ということである。「革命的前衛」役割の遂行（＝日米安保体制破棄という形での）にもかなりの意を用いてい

たと言えようし，その「革命的前衛」性が「庶民」を遠ざけていたと言えよう。実際，共産党は，「絶対投票したくない政党（拒否政党）」度第一位の座を占め続けていた。1967年〜93年のいくつかの調査で，有権者全体の40％前後の拒否率を示し，公明党は大体20％を超える程度で二位を占め続けていた（三宅 1995，70-72頁）。

　最後に，本稿の記述は，1989／91年の時期で終わっている。要するに「冷戦体制」の下にあった時期の分析なのである。米ソ二極対立（体制間の原理的対立）というこの国際体制が消滅してしまった1990年代以降は，別の分析視点が必要となろうという考えからである。例えば，「日米安保体制」廃棄という主張も，冷戦体制崩壊後は，冷戦体制下のような「革命的」意味（＝「社会主義」革命の方への前進を意味する）をもつかどうか，非常に疑わしい。共産党は，「弱者」擁護の単なる「左翼ナショナル・ポピュリズム」政党化する（しつつある）のかもしれない。そして，それは，安保外交への言及の頻度とは無関係に「護民官」役割への専門化を意味するであろう。

　あるいは，より「現実化」して，政権参加が現実のものになるかもしれない。実際，98年に行われたある世論調査によれば，共産党の「拒否政党」度は，それまでの10年間の40％前後から25％にまで急減し，公明党のそれとほとんど同一になっているという（この調査では，公明党は従来20〜25％程度）（『読売新聞』98・12・07）。有権者側にも少なくともジュニアパートナーとしてなら共産党も参加した中道左派的連立政権を受け入れる用意はあるのかもしれない。共産党もその程度にまでは「正統化」されてきたのである。そのときに共産党が直面するのは，「人民の護民官」役割と「統治政党」役割のジレンマであろう。あるいは，同党は，このジレンマを回避するために，原理主義的「左翼の良心」政党（Wilson 1993, p. 122ff.）として，あくまでコミュニストとしての「筋を通して」ひそやかに生き続けるのであろうか。紙幅も尽きたようなので，これらの展望については別稿に譲りたい。

(1) なお，本節は筆者の旧稿(「フランス共産党史研究序説(1)」『法学論叢』106-3, 1979)の一部分をもとにしたものであることをお断りしておきたい。
(2) 第二節で見た「正統化－安定化の機能」「護民官機能」「政治的交替の機能」の3機能が，全体的な政治システム(ここでは民主主義政治システム)の側(その維持)に視点を置いた類型化であるのに対して，本節での「革命的前衛」「人民の護民官」「統治政党」は，政党の側に視点を置いた類型化である。したがって，本節で言う3つの役割類型と第二節の3つの機能類型の関係を改めて整理すれば次のようになろう。

①共産党が「革命的前衛」役割を極大化させている場合は，第二節でいう3機能はほとんど遂行しておらず，政治システムの維持に「寄与」しているとは言い難い。

②他方，「人民の護民官」役割に大きく特化している場合には，「護民官機能」を大いに遂行していることは言うまでもない。それとともに，これに付随して普通は「正統化－安定化の機能」も遂行しているであろう。つまり政治システムの構成要素(国民国家の枠組み，民主主義のルールなど)の少なくとも一部を支持者に受け入れさせているはずである(この問題の検討は他日を期したい)。

③「革命的前衛」役割と「護民官」役割の両立に腐心している場合には，「護民官機能」を相当程度遂行(そして，おそらく「正統化－安定化」機能もある程度遂行)することによって，政治システムの維持に「寄与」していると言える。その意味ではある程度「体制内化」しているわけだが，しかし「革命政党」であることをやめたことを意味しないのは，第二節でも，また本節でも述べているとおりである。

④民主的政治システムにおいて政権に参加し，「統治政党」役割を首尾よく遂行している場合を仮定すれば，その時には，「護民官機能」を克服し，「政治的交替の機能」を果たしているということであり，第二節でも指摘したように，政治システムへのより「建設的な」寄与を行っているということを意味する。この場合，政治システムに対する「正統化－安定化の機能」も遂行していることは当然である。

引用文献
《外国語》
Lavau, Georges (1969a), "Le Parti communiste dans le système politique français", in Frédéric Bon et al., *Le communisme en France*,

Paris.

Lavau, Georges (1969b), "Partis et syst mes politiques; interactions et fonctions", *Revue canadienne de Science politique*, vol. II no.1, mars 1969.

Lavau, Georges (1975), "The PCF, the State and the Revolution: An Analysis of Party Policies, Communications and Popular Culture", in Donald L. M. Blackmer & Sidney Tarrow eds., *Communism in Italy and France*, Princeton.

Tiersky, Ronald (1974), *French Communism 1920-1972*, New York.

Wilson, Frank L. (1993), *The Failure of West European Communism*, New York.

《日本語》

『朝日新聞』縮刷版

『官報号外（衆議院会議録）』1963～1991

大嶽秀夫（1997）「高度成長と創価学会・公明党」『UP』291号

菅沢文明（1986）「社会的属性の分析」堀江湛／梅村光弘編『投票行動と政治意識』慶応通信

西尾一朗（1994）「国会代表質問に見る，55年体制と日本社会党」（京都大学大学院修士論文）

堀　幸雄（1977）「公明党」杣　正夫編『国政選挙と政党政治－総合分析1945年～1976年－』政治広報センター

堀江　湛／田中康夫（1977）「社会学的特性と投票行動」堀江湛／岩男寿美子編『都民の選択－参院選の意識調査－』慶応通信

堀江　湛／荒木義修（1980）「日本共産党の外交路線」堀江湛／池井優編著『日本の政党と外交政策』慶応通信

三宅一郎（1985）「世論と市民の政治参加」三宅／山口／村松／進藤『日本政治の座標』有斐閣

── (1995)『日本の政治と選挙』東京大学出版会

森本哲郎(1996)『戦争と革命の間で－20世紀システムの幕開けとフランス社会主義－』法律文化社

渡辺和行／南充彦／森本哲郎（1997）『現代フランス政治史』ナカニシヤ出版

綿貫譲治（1976）『日本政治の分析視角』中央公論社

山口定（1985）「戦後日本の政治体制と政治過程」三宅／山口／村松／進藤『日本政治の座標』有斐閣

経済政策転換と政党政治
―― イギリス労働党における新自由主義的経済政策の浸透 ――

力久昌幸

はじめに

　1970年代末から1980年代にかけて，日米欧など先進諸国の経済政策が大転換を遂げた。いわゆるケインズ主義的経済政策から新自由主義的経済政策への転換である。

　一般に第二次世界大戦後の先進諸国においては，世界恐慌とそれに伴う大量失業の経験から，ケインズ主義的経済政策と福祉政策を柱とする社会民主主義的コンセンサスが成立し，その基盤の上に1970年代初頭まで高度成長が継続していた。ところが，1973年の第一次オイル・ショックを契機として，社会民主主義的コンセンサスが大きく動揺することになり，それまで実施されてきた政策プログラムの大幅な見直しが始まった。そして，この見直しは，経済政策に関して言えば，混合経済，積極的財政政策を通じた総需要管理を重視するケインズ主義的経済政策から，民営化，規制緩和，小さな政府などを重視する新自由主義的経済政策への転換をもたらした。こうした新自由主義に基づく経済改革と福祉再編の流れは，1980年代から1990年代にかけてさらに強力になり，いまや新自由主義的コンセンサスの成立について語りうる状況に達したと言えるかもしれない。

　さて，新自由主義的コンセンサスの成立が認められるには，保守主義

政党や自由主義政党などの右翼政党だけではなく，社会民主主義政党を中心とする左翼政党が，新自由主義に基づく経済改革と福祉再編の流れを積極的に受け入れる必要がある。この点で注目されるのが，イギリス労働党である。労働党は，1980年代末から1990年代にかけて経済政策に関する大幅な転換を遂げて，先進諸国の社会民主主義政党の間でも特に際立った存在となっているのである。1990年代の労働党は，党首トニー・ブレア（Tony Blair）のリーダーシップの下で，ニュー・レイバー（New Labour）という呼称を用いるようになり，戦後の社会民主主義的コンセンサスと密接に結びついていたそれまでの労働党のあり方（オールド・レイバー: Old Labour）との明確な断絶を強調するようになった。

本稿においては，1980年代末から1990年代にかけての労働党を対象として，ケインズ主義的経済政策から新自由主義的経済政策への転換が検討される。その際，念頭に置かれる問いは，次の2つである。①労働党の経済政策転換の内容はどのようなものであったのか。言い換えれば，新自由主義に基づく経済政策は，労働党に対してどの程度まで浸透することになったのか。②経済政策転換はどのような要因によって引き起こされたのか。言い換えれば，なぜ，どのようにして経済政策転換が実現したのか。

こうした2つの問いに対して答えるために，本稿は，政治経済学の理論的アプローチに関するピーター・ホール（Peter Hall）の整理を手がかりとしている。すなわち，イギリス労働党におけるケインズ主義から新自由主義への経済政策転換という政治的帰結をもたらす上で，利益・アイディア・制度という3つの要因が，それぞれどのような役割を果たしたのかということについて，以下において特に注意が払われることになる。[1]（Hall 1997）

一 オールド・レイバーの経済政策

1997年5月の総選挙において，ニュー・レイバーを標榜する労働党は，主要産業の国有化とケインズ主義的経済政策の双方を否定する公約を掲

げて勝利を収めた。そして、新しく大蔵大臣に就任したゴードン・ブラウン(Gordon Brown)の経済運営は、IMF(国際通貨基金: International Monetary Fund)の称賛を受けたばかりか、それまで労働党の経済政策を疑問視してきたシティーの金融業界からも、好感をもって受け入れられたのである。(*The Guardian*, 22 July 1997)

　ニュー・レイバーの経済政策は、国有化に対する過去の労働党のイデオロギー的なコミットメントから解き放たれ、公共セクターと民間セクターのバランスに関してプラグマティックな立場をとるものであった。そして、マクロ経済政策については、政府による積極的財政政策を重視するケインズ主義的需要管理政策を廃して、税負担の軽減、政府支出に対する厳しい抑制、そして、インフレ抑制を重視する正統派財政金融政策を通じて、経済の安定をめざす立場をとるようになった。

　ニュー・レイバーの経済政策の基本ラインは、それ以前の労働党の経済政策とは大きく異なるものになった。いわば、労働党の経済政策はニュー・レイバーの登場によって大転換を遂げたのである。以下において、ニュー・レイバーの経済政策の内容について検討するが、その前に戦後の労働党の経済政策上のスタンスを簡単に整理しておくことにしよう。

　ニュー・レイバー登場以前の労働党（オールド・レイバー）の経済政策について、その特徴を整理するならば、次の3つの要素が浮かび上がってくる。まず第一に挙げることができるのが、主要産業の公的所有、もしくは、国有化に対するコミットメントである。もちろん、時代状況によって国有化の範囲も変化したし、主要産業すべての国有化が達成されたこともなかったが、1918年に制定された労働党規約第四条に掲げられていた国有化の目標は、労働党の経済政策の1つの柱を形成してきた。第二に、経済の計画化が労働党の経済政策の一部となってきた。経済の計画化の程度についても時代ごとの変化が見られるのだが、それでも、計画化を通じた経済に対する直接的な介入は、労働党の経済運営にとって不可欠の手段であるとされたのである。最後に、ケインズ主義的需要管理政策が、経済を間接的に誘導する上で重要な手段とされてきた。政

府の積極的財政政策により,需要の拡大,生産の増大,雇用の増加,そして,福祉国家を維持するために必要な税収の確保などがめざされたのである(2) (Driver and Martell 1998, pp. 33-41)。

こうして,オールド・レイバーの経済政策においては,国有化,計画化,ケインズ主義的需要管理政策の3つを通じた直接,間接の経済介入が,政府の経済運営にとって不可欠の手段とされてきた。しかも,こうした3つの手段を通じた経済介入によって,資本主義経済は自由放任政策の下にあるよりも効率的に機能することができると考えられたのである。また,資本主義経済に固有の富と所得の不平等についても,国有化,計画化,ケインズ主義的需要管理政策を通じて,かなりのところ是正できると期待されていた。要約すれば,オールド・レイバーの経済政策は,国有化,計画化,ケインズ主義的需要管理政策を通じて,資本主義経済の効率的な運営をはかる一方,富と所得に関する不平等の是正という社会的公正の目標を追求するものであった。(3)

二 ニュー・レイバーの経済政策

ニュー・レイバーの経済政策は,国有化,計画化,ケインズ主義という戦後の労働党の経済政策の根幹をなした3つの要素に関して,オールド・レイバーとは異なるアプローチをとることになった。

まず,マクロ経済政策に関するニュー・レイバーのアプローチは,経済のグローバル化が飛躍的に進んだ今日の世界において,投資家の信頼を得られないような経済政策を実施すれば,資本の流出や競争力の喪失によって大きなダメージを受けることになるという考え方に基づいていた。それゆえ,ケインズ主義的需要管理政策にのっとって,他の先進国とかけ離れた景気刺激策を実施するのは逆効果であるとされた。ケインズ主義的経済政策ではなく,正統派財政金融政策によって経済を安定させ,それによって民間の投資を促進するような枠組を作り上げることが,ニュー・レイバーの追求するマクロ経済政策の根幹に置かれることになったのである。

経済の安定を実現するために金融政策が一義的に追求すべき目標は，インフレ抑制に定められた。具体的には，1997年選挙マニフェストにおいて，労働党政権の下でインフレを2.5％以下に抑えることが掲げられた。さらに，金融政策に関する決定を政府の短期的な利害から切り離すために，中央銀行であるイングランド銀行に対して金融政策上の決定権が付与された（The Labour Party 1997, 13）（*The Guardian*, 7 May 1997）。この改革によって，労働党政権は，金融政策という経済運営に関わる重要な権限を，イングランド銀行に委譲したのである。これによりイングランド銀行の独立性は飛躍的に高まった。

　財政政策についても経済の安定が追求された。すなわち，財政赤字をできるだけ抑制して，景気循環を通じた財政均衡がめざされたのである。そして，政府支出と税制については，高福祉高負担による大きな政府を是とするそれまでの立場が放棄されることになった。それに代わって，民間セクターの投資と経済成長を促進するために，政府支出と国民の税負担を健全なレヴェルに抑制する小さな政府の達成が目標とされた。こうした労働党の新しいアプローチを示すために，1997年選挙マニフェストにおいては，総選挙以降2年間について，保守党政権が定めた政府支出に関する厳しいシーリングを守るという公約が掲げられた。また，保守党政権の減税によってかなり低くなっていた所得税の税率について，その引き上げを行わないということが明言されていた（The Labour Party 1997, 12-13）。

　次に，国有化に関してであるが，ニュー・レイバーは，公共セクターや国有化に対するそれまでのコミットメントを，公共セクターと民間セクターの間のバランスに関する柔軟な立場によって置き換えることになった。言い換えれば，公共セクターと民間セクターの間の線引きの問題は，イデオロギーによって決めるのではなく，プラグマティックな判断に委ねるべきであるとされたのである。そして，公共セクターと民間セクターの間の二者択一ではなく，両者の間のパートナーシップが強調されるようになった。

民営化された企業を再国有化するという公約を掲げて惨敗した1983年選挙以降，労働党は国有化に対するコミットメントを弱めていったが，国有化に対するイデオロギー的訣別が明確に示されたのは，トニー・ブレアによって達成された労働党規約第四条の改正であった。1995年4月に開かれた労働党特別党大会において，「生産，分配，交換手段の公有」を掲げた旧第四条が，「市場における企業家精神と活発な競争」を重視し，「繁栄する民間セクター」と「質の高い公共サーヴィス」の共存をめざす新第四条によって置き換えられたのである（The Labour Party 1986, 288）（The Labour Party 1996, 4）。

　こうして，規約第四条の改正によって，国有化に対する労働党のコミットメントは解消された。いまや，ニュー・レイバーは国有化に対する関心を失ったばかりか，公共セクターのさらなる民営化さえも視野に入れるようになったのである。さらに，民間資金を活用して社会資本を整備し，公共サーヴィスの充実を図るという，保守党政権によって開始されたPFI（民間資金イニシアティヴ: Private Finance Initiative）も，労働党の1997年選挙マニフェストにおいて掲げられていた（The Labour Party 1997, 16）。

　計画化，あるいは，経済に対する政府介入についても，労働党は企業活動に対する規制強化を主張する立場から，基本的に規制緩和を主張する立場へと大きく転換した。こうした労働党の新しい立場は，衰退産業に対する補助金によるテコ入れのような政府介入の否定にあらわされていたが，それを如実に示したのが，保守党政権によって推進された柔軟な労働市場政策の支持である。労働党は，そもそも労働組合の利益を政治の場で守るために設立されたという経緯から，労働者の生活労働条件を改善するための法的規制には賛成であった。しかしながら，経済のグローバル化や情報化という新しい状況を前にして，高い労働コストなど労働市場の硬直化をもたらす規制の問題性が認識されるようになったのであった。[4]

　しかしながら，ニュー・レイバーは，保守党政権による経済の供給面

の改革（サプライ・サイド改革）を単に引き継いだわけではない。換言すれば，労働党のサプライ・サイド改革は，単なる規制緩和や政府介入の削減を意味するものではなかった。ある側面においては，それは政府の積極的な介入を想定していたと言ってもよい。企業活動に対する規制緩和を意味する柔軟な労働市場政策は，経済成長に欠かすことのできない活力や技術革新の前提となるが，それだけでは十分ではないとされた。なぜなら，イギリスは，労働コストの面では発展途上国に太刀打ちできないので，先端技術と質の高い労働力をもとにして競争力を高める必要があると考えられたからである。そうした先端技術の開発や質の高い労働力の育成については，政府が大きな役割を果たすことができるとされた。特に教育と職業訓練のレヴェル・アップに重点が置かれることになり，ブレアは教育水準の向上を労働党政権の最優先課題として挙げたのである（Blair 1996, 6）。

さて，これまで見てきたように，労働党の経済政策はニュー・レイバーの登場によって明らかな転換を見せた。戦後の労働党の経済政策の柱となってきた国有化，計画化，ケインズ主義のどれもが，ニュー・レイバーによって否定されることになった。それでは，いまや労働党は新自由主義イデオロギーに全面的に改宗して，保守党と実質的に変わらない立場をとるようになったのであろうか。たしかに，ニュー・レイバーが新自由主義の影響を強く受けた政策プログラムを持つようになったことに疑いはない。特に正統派財政金融政策の採用によって，ニュー・レイバーはマクロ経済政策について新自由主義的な立場をとったと述べても過言ではないし，またPFIや柔軟な労働市場政策などの受け入れも，労働党の経済政策に対する新自由主義の無視できない浸透をあらわしていると見ることができるのである。

しかしながら，ニュー・レイバーのサプライ・サイド改革に示されているように，ミクロ経済政策の少なからぬ部分において，労働党が新自由主義とは異なる政策を有していることを見落としてはならない。柔軟な労働市場の創出は，教育と職業訓練に関する政府の積極的な介入が伴

わなければ，質の高い労働力を通じた競争力の向上に結びつかないし，構造的な失業の解消にも役立たないとされていたのである。このように未熟練労働者や失業者の境遇の改善をめざしているという点で，ニュー・レイバーは社会的公正の実現という社会民主主義の基本的立場を維持していると言えるだろう。また，経済に対する政府介入は害をもたらすので最小限にとどめるべきとする新自由主義の立場と比べれば，限定的かつ間接的な介入であるとしても，ニュー・レイバーのサプライ・サイド改革は，積極的な政府介入を肯定している点で大きく異なると見ることもできる。こうした点に鑑みれば，1980年代末から1990年代にかけての政策転換によって，労働党はかなりのところ新自由主義的経済政策を取り入れるようになったが，労働党の経済政策に対する新自由主義の浸透には，一定の限界もあったとすることができる。

三　経済政策転換と利益の要因

労働党の経済政策転換に対して，利益・アイディア・制度の3つの要因は，どのようなインパクトを与えたのだろう。言い換えれば，なぜ経済政策転換が引き起こされたのか，また，どのようにして経済政策転換が実現したのかという問題に関して，利益・アイディア・制度の要因を使っていかなる説明を行うことができるのだろう。

経済政策転換に深い関わりを持つと考えられる利益の要因のうち，再選を中心とする政治家の利益に注目すれば，労働党による新自由主義的経済政策の採用は，政権復帰をめざす選挙戦略の一環として見ることができる。1979年選挙から1992年選挙にかけての4回連続の総選挙敗北がもたらしたショックによって，労働党は，政権に復帰するためにできる限り支持を拡大しようとする選挙戦略を追求することになったのである。

なぜ労働党が選挙で勝利できなかったのかという問題については，主に2つの側面から説明された。1つは，いわゆる「豊かな労働者」の議論であり，戦後の経済成長によってもたらされた労働者階級の大きな変化に注目するものである。すなわち，持ち家所有などによる労働者の生

活水準の向上,および,労働組合組織率の低下などにより,労働者階級における階級投票(労働党支持)が減少したことに注目する議論である。もう1つは,階級構造の変化に注目し,特に労働者階級の減少と「新しい中産階級(ホワイト・カラー,自営業)」の増大の影響を指摘する議論である。この議論によれば,それまで主な支持基盤であった労働者階級が減少する一方,「新しい中産階級」の支持を獲得するのに失敗した結果,労働党は敗北を重ねることになったとされる。

「豊かな労働者」の議論にせよ,階級構造の変化の議論にせよ,結論としては,労働党が政権に復帰するためには,「豊かな労働者」と「新しい中産階級」の要求や見方を政策に反映することによって,これらの人々の支持を拡大していかなければならないとされた。それは,経済政策に関して言えば,国有化や富の再配分を強調する社会主義的な政策から,「豊かな労働者」や「新しい中産階級」を特徴づける個人主義,消費者主義などに配慮した新自由主義的な政策の採用を必要としたのである。

かくして,労働党は選挙戦略の観点から,国有化の否定と民営化の受け入れ,市場経済における自由競争に対するコミットメントを明示するようになったと考えられる。そうした労働党の新しい立場をはっきりと示したのが,ブレアが断行した労働党規約第四条の改正だったのである。また,高額所得者に対する増税の否定や児童手当,国民年金の給付額据え置きなどを通じて,富の再配分に対するコミットメントは大幅に弱められることになった。ちなみに,こうした政策転換の効果もあって,それまで経済運営能力に関する有権者の評価に関して,一貫して保守党の後塵を拝してきた労働党が,1997年選挙に至る時期については,逆に一貫して保守党を上回ることになった(Wickham-Jones 1997, 112)。

労働党の選挙戦略に注目すれば,なぜ経済政策転換が引き起こされなければならなかったのかという問題について理解が深まるのに対して,企業や労働組合など生産者集団の利益に注目すれば,どのようにして経済政策転換が実現したのかという問題をよく理解することができる。

一般に,経済政策のあり方によって特定の社会集団の利益が尊重され

る一方,他の社会集団の利益が阻害される傾向が見られる。ケインズ主義的経済政策や新自由主義的経済政策は,それぞれ総体的なメリットを有しているが,社会集団の個別的な利害関係と密接に結びついていることは否定できない。イギリスにおいては,労働組合それも公共セクターを基盤とする組合が,国有化,計画化,ケインズ主義を中心とする,いわゆるオールド・レイバーの経済政策を支持してきたのに対して,ビジネスの中でも特に金融セクターを中心とする部分は,民営化,規制緩和,健全財政を中心とする新自由主義的経済政策を求めていた。そして,イギリスにおけるケインズ主義から新自由主義への経済政策転換が,政策形成に対する公共セクター労組の影響力低下と金融セクターの影響力増大と結びついていたと論じることができるように,労働党の経済政策転換についても,これら2つのセクターが有する影響力の相対的な変化と結びついていたと見ることができるのである。[5]

　実は,ブレアが党首に就任する以前から,労働党に対する労働組合の影響力を削減する動きが始まっていた。そうした労働組合の影響力を削減する動きが実を結んだのが,1993年の労働党大会であった。この大会では,それまで大会の採決や下院議員候補者選考などにおいて投じられてきた組合ごとの一括投票（block votes）に代わって,組合を通じて間接的に労働党に加盟している組合員に投票権を与える,いわゆる1人1票制（OMOV: one member, one vote）が導入された。また,労働党党首を選出する選挙人団に占める労働組合の割合が削減される一方,個人党員が30万人を超えた際という条件付きではあったが,それまで9割を超えていた大会における労働組合の票を5割に削減するという決定もなされたのである。さらに,財政面での労組依存脱却の動きも促進され,1997年選挙前後には,労働党の政治資金に占める労働組合の割合は5割を切るところまで減少した[6]（Alderman and Carter 1994）（Farnham 1997）。こうした改革を通じた労働組合の影響力低下と保守党政権の民営化による公共セクター労組の弱体化によって,労働党が経済政策転換を実施する上で好都合な環境が作り出されたと言えるだろう。

労働党に対する労働組合の影響力低下とは対照的に、金融セクターの影響力は増大していた。こうした傾向についても、すでにブレアの党首就任以前から見られていた。1987年選挙から1992年選挙にかけての労働党の経済政策を検討したマーク・ウィカム=ジョーンズ（Mark Wickham-Jones）によれば、1989年末から労働党の経済政策に顕著な変化が生じたとされる。すなわち、完全雇用の達成に代わってインフレ抑制の目標が強調されるようになり、それを実現する手段として、当時ヨーロッパの通貨安定に貢献していた為替相場メカニズム（ERM: Exchange Rate Mechanism）への早期参加方針が打ち出されたのである。この転換に伴って、それまでケインズ主義的な景気刺激策や介入主義的な産業政策の実施を求めてきた影の閣僚は、経済分野の担当から他の分野へと左遷されることになった。そして、インフレ抑制と通貨安定の重要性を強調する労働党の新しい経済政策上の立場をアピールするために、労働党党首をはじめとする影の閣僚たちは、一連のスピーチや政策文書を通じて、積極的にシティーの金融業界に働きかけていったのである。ちなみに、こうした労働党の経済政策に対する金融セクターの利害の反映は、将来、労働党が政権を獲得した場合には、経済運営を円滑に行う上で金融セクターの好意的中立が不可欠であるという労働党指導部の認識に基づいていた[7]（Wickham-Jones 1995）。

四　経済政策転換とアイディアの要因

さて、労働党の経済政策転換は、競争関係にある2つのアイディア、もしくは、政策パラダイムの間の盛衰のドラマとしても見ることができる。言い換えれば、労働党の政策転換は、その経済政策としての魅力において、新自由主義的経済政策がケインズ主義的経済政策に対して優位を占めた結果であるとすることができるのである。

ケインズ主義に加えて、いわゆる社会契約という名のコーポラティズム的枠組に依拠したオールド・レイバーの経済運営が、インフレと失業の増大に明け暮れた1970年代の経済的苦境を解決できなかったために、

労働党では1979年選挙での野党転落以来，1時期，国有化と計画化の比重をいっそう強めた社会主義的経済政策が掲げられた。しかし，そうした急進的な立場が有権者の不信の前に1983年選挙惨敗をもたらした後，労働党は，追求すべき経済政策の方向性に関して難しい状況に追い込まれた。なぜなら，一方で社会主義的な経済政策が有権者によって否定されてしまったのに対して，他方でケインズ主義を中心とする以前までの経済政策の有効性の低下は，1970年代を通じて明らかになっていたからである。こうした状況の下で，それまでとは全く異なる政策パラダイムとしての新自由主義的経済政策が，労働党にとって魅力を増していったと考えられる。

　コリン・レイズ（Colin Leys）によれば，ニュー・レイバーのイデオロギーや政策に顕著な影響を与えたシンクタンクとして，公共政策研究所（IPPR: Institute for Public Policy Research），憲章88（Charter 88），デモス（Demos），ネクサス（Nexus）の4つが挙げられる。(8)（Panitch and Leys 1997）このうち，ニュー・レイバーの経済政策に対する影響が大きいと思われるのが，IPPRである。学界，財界，労働界などで活躍する人々によって1988年に設立されたIPPRは，公式には党派的な関係を持たないシンクタンクであるが，後に労働党政権の閣外相に就任するパトリシア・ヒューイット（Patricia Hewitt）やブレアのブレインを構成することになるデーヴィッド・ミリバンド（David Miliband）らが中心的な役割を果たしていたように，発足時から労働党との関係は非常に深かった。(9) IPPRの主な役割は，労働党が1980年代初めの社会主義的経済政策を放棄した後，それに代わるものとして，詳細な分析に基づく現実的な経済政策を検討することであった。そして，経済のグローバル化の流れをもはや押しとどめられない与件として，イギリスが追求すべきマクロ経済政策の基本は，経済安定重視の正統派財政金融政策でなければならないとするIPPRの提言は，労働党が新自由主義的経済政策の採用に傾く上で少なからぬ働きをしたと考えられる。(10)

五　経済政策転換と制度の要因

　利益やアイディアの要因によって，労働党の経済政策転換については，ある程度説明がつくように思われる。しかしながら，制度の要因を除外した説明は，決して十分なものとは言えないだろう。なぜなら，政治家の利益にしろ，生産者集団の利益にしろ，そのあり方や異なる利益の間の影響力のバランスは，政治や経済にかかわる制度によって大きな影響を受けるからである。また，新しいアイディアの採用に至るプロセスは，政治経済状況によって大きく左右されるわけだが，そうした状況に対して制度の枠組は影響を与えている。制度に対する目配りをすることによって，なぜ特定の利益に有利な影響力バランスが生じたのか，そして，なぜ特定のアイディアが政策として採用されたのか，という問題に関するわれわれの理解は，より豊かなものになると言うことができるのである。

　それでは，労働党の経済政策転換に影響を与えた制度の枠組として，どのようなものが考えられるだろうか。まず第一に，マクロ・レヴェルの制度，すなわち，政治と経済，もしくは，国家と市場の関係についての基本的構造が挙げられる。こうしたマクロ・レヴェルの制度の中でも注目されるのが，1980年代から1990年代にかけての世界経済における大規模な構造変化である。近年急速に進展している構造変化を一言で特徴づければ，経済のグローバル化とすることができよう。そして，経済のグローバル化の重要な構成要素として，企業の国際化（多国籍企業）の増大を指摘できる。その結果，国際貿易が飛躍的に拡大したのみならず，生産の国際化（国境を超えた分業）も，以前とは比較にならないほど進んだのである。国境を超えた活動を行う多国籍企業の重要性の増大は，イギリスのような中規模国家の政府が経済をコントロールする力を大幅に弱めることになった。

　経済のグローバル化のもう1つの重要な構成要素として，金融市場の変化が挙げられる。オイル・マネーやユーロ・ダラーの登場によって，

1970年代からグローバル化する気配を見せていた金融市場であるが，1980年代に入って外国為替管理の撤廃やビッグ・バンなどの規制緩和が行われた結果，膨大な資金が日常的に国境を超えて環流するようになった。こうした金融市場のグローバル化によって，1国の政府が取り得る経済政策の選択肢はいっそう狭まったのである。ちなみに，イギリスにおいては，伝統的にシティーを中心とする金融セクターの影響力が非常に強かったわけだが，それが金融市場のグローバル化とともにさらに強化されたと言うことができる。

1980年代初頭のフランス社会党政権の挫折が示したように，経済のグローバル化の流れに抵抗して，国家介入の強化やケインズ主義的景気刺激策などを実施しようとすれば，即座に多国籍企業や金融市場の信認を失うことになり，企業や資金の国外流出を通じて経済危機に陥るのは目に見えていた。それゆえ，規制緩和や健全財政など，経済のグローバル化に適合的な経済政策が追求されるようになったと見ることができるだろう。

マクロ・レヴェルの制度変化として，グローバル化とともに注目しなければならないのが，着実に進展している欧州統合の流れである。労働党は欧州統合に消極的な立場を転換させて，最近は欧州統合に積極的な立場をとるようになったが，その転換の背景には，経済のグローバル化によって1国が実施する経済政策の限界が認識されるようになり，より広いヨーロッパの枠組の中で経済の安定を求めるようになったことがあった（力久，1996，第7章）。しかしながら，欧州統合の進展は新たな発展の可能性をもたらす一方，各国政府がとりうる経済政策の選択肢をさらに狭めた。すなわち，EU加盟により，各国は自由貿易や外国為替の自由化に反する政策をとれなくなったのに加えて，公正な競争を阻害するような措置（補助金等）も実施できなくなったのである。その他にも，環境保護から消費者保護に至るさまざまな分野において，EUは加盟国が実施することのできる経済政策の幅を狭めている。

そして，特に重要なのが，1999年1月1日の欧州単一通貨ユーロの導

入によって大きく進展した欧州通貨統合である。イギリスはユーロ導入の第一陣には参加しなかったが、労働党政権はユーロ参加に前向きな立場をとっているので、インフレの抑制と財政赤字の抑制が不可欠となっている。そうすると、マクロ経済政策においては、ケインズ主義的経済運営ではなく、引き締め気味の経済運営を実施せざるを得なくなるのである。

こうして、グローバル化と欧州統合というマクロ・レヴェルの制度変化によって、労働党は1国社会主義的な経済政策をとることを事実上不可能にされ、それに代わって、規制緩和や健全財政などの新自由主義的経済政策をとらざるを得なくなったと考えられる。

それでは、政治と経済、国家と市場の関係を特徴づけるメゾ・レヴェルの制度は、労働党の経済政策転換にどのようなインパクトをもたらしたのだろうか。ピーター・ホールによれば、メゾ・レヴェルの制度として注目されるものには、労働組合の組織構造、経営者団体の組織構造、産業セクターのあり方、政党制、行政機構の組織構造などさまざまなものが挙げられるが、ここでは特に小選挙区制を基盤とする2大政党制という政治制度の影響について見ていくことにしよう。(Hall 1992, 96-97)

議席獲得に関して大政党に有利な小選挙区制の作用により、戦後のイギリスにおいては、保守党と労働党の2大政党がそれぞれ単独政権を構成してきた。こうした2大政党制における単独政権の構成というイギリスの政治制度の恩恵を受けて、保守党は、1979年選挙以来、18年間にわたって長期政権を維持することに成功した。すなわち、得票率についてはこの時期43％前後しかなかった保守党であるが、第一党に有利な小選挙区制の効果によって、常に過半数をはるかに超える議席を獲得してきたのである (Butler and Kavanagh 1997, 255)。こうした18年間にわたる保守党政権の統治は、労働党の経済政策転換に少なからぬ影響を持ったと考えられる。

まず第一に、保守党政権の継続それ自体が、労働党の政策見直しを促

進した。すなわち，保守党が4回連続して選挙で勝利を収めたために，労働党の内部で政権復帰を切望する声が強まり，それがラディカルな社会主義的政策を掲げる左派勢力を弱体化させ，経済政策転換を推進する労働党指導部に有利に働いたということを指摘できるのである。

第二に，18年間にわたる保守党政権の統治がもたらしたイギリス社会の変化が，労働党の政策転換に間接的な影響を与えた。すなわち，民営化による株式所有の拡大や公営住宅の売却による持ち家政策の推進（財産所有民主主義），および，たび重なる所得税減税などにより，豊かな労働者や新しい中産階級の間で個人主義的，消費者主義的傾向が強まったことが，労働党に国有化，計画化，ケインズ主義を特徴とするオールド・レイバーの集産主義（collectivist）政策の再考を迫ったのである。また，ストライキ規制の強化などの労働組合立法は，戦闘的な労働組合の活動を効果的に抑制し，労働組合運動の影響力を低下させた。こうした労働組合の弱体化は，一面で労働党の支持基盤の弱体化を意味したが，逆説的に言えば，労働党指導部が経済政策形成に関して労働組合からかなりの程度自律性を持って判断を下せる余地を作ったのである。

第三に，保守党政権が実施した外国為替管理の撤廃やビッグ・バンなどの金融市場の規制緩和によって，イギリス経済が世界経済にいっそう深く組み込まれた影響が挙げられる。いわば，保守党政権の新自由主義的経済改革は，経済のグローバル化に対する対応であるとともに，それをいっそう促進する効果を持ったのである。その結果，労働党の経済政策は，以前とは大きく変化した経済環境への適応を迫られることになった。

むすび——自民党の経済政策転換との対比の視点から

本稿では，1980年代末から1990年代にかけてのイギリス労働党の経済政策転換，すなわち，ケインズ主義的経済政策から新自由主義的経済政策への転換を対象として，政策転換の内容とそれをもたらした要因について検討が行われた。実は，こうした経済政策転換は先進諸国において

数多く見られたのだが,日本においては,自由民主党が1980年代に同様の政策転換を経験していた。そこで,本稿を締めくくるにあたって,経済政策転換に関するイギリス労働党と日本の自民党との簡潔な比較検討を行ってみたい。[13]

長期にわたって政権を維持してきた自民党は,1960年代から1970年代にかけて,社会民主主義的な色合いの強い政策プログラムを推進した。この背景としては,高度成長がもたらした歪みの是正を求める声の高まりとともに,全国で環境保護や福祉の充実を掲げた革新自治体が続々と登場していったことがあった。自民党はこうした革新勢力の攻勢に対して,政策的な譲歩をすることによって対処しようとしたのである。かくて,日本においては,保守主義政党である自民党の手によって,ケインズ主義的積極財政が実施され,老人医療の無料化など福祉の充実が進められた。

ところが,1980年代の鈴木政権から中曽根政権にかけて,自民党は大幅な政策転換を経験することになった。特に中曽根政権の下では,「行財政改革」という名で総称される国鉄,電電公社,専売公社などの民営化,健康保険や国民年金の改革,緊縮財政や規制緩和などさまざまな新自由主義的改革が実現されたのである。1980年代には,広く先進諸国において新自由主義的改革が実施に移されたが,日本の自民党政権は,アメリカのレーガン政権やイギリスのサッチャー政権とならんで,比較的早くから改革に着手したと言うことができる(樋渡 1995)。

1990年代の労働党が掲げるようになった経済政策と1980年代の自民党が追求した経済政策の内容を比較すれば,そこには少なからぬ類似性があることを指摘できる。

1990年代の労働党が,マクロ経済政策の面で経済の安定とインフレ抑制を目標とする正統派財政金融政策を追求し,民営化と規制緩和をも推進するようになったのに対して,1980年代の自民党は,行財政改革の名の下に,「増税なき財政再建」を目標とする緊縮財政を実施し,3公社の民営化や規制緩和を実現していった。このように労働党と自民党は,と

もに新自由主義の影響を強く受けた経済政策を採用するようになったのである。一方，両党の経済政策転換には一定の限界があった点についても類似性が見られる。すなわち，労働党においては，ミクロ経済政策の面で教育と職業訓練について政府の積極的な役割を想定しているところに，社会的公正という社会民主主義の理念が引き継がれていた。これに対して，自民党においては，景気対策としての積極的財政政策への期待が払拭されず，また，民営化や規制緩和を促進する姿勢が十分確立しなかった点で，新自由主義的経済政策の浸透が十分ではなかったと見ることができる。

このような経済政策転換の内容上の類似性のみならず，政策転換をもたらした要因に関しても，労働党と自民党の間には興味深い類似性が見られる。そして，利益・アイディア・制度という3つの要因のそれぞれについて，類似性を指摘することができるのである。

まず，利益の要因についてであるが，労働党の経済政策転換が，政権復帰をめざす選挙戦略としての性格を強く持っていたのに対して，自民党の政策転換の場合には，鈴木や中曽根といった保守傍流の政治リーダーが，党内における自己の政治的基盤を強化する戦略としての性格を持っていたために，政治家の利益という要因の作用を見ることができる。また，生産者集団の利益に焦点を当てれば，自民党の経済政策転換は，労働党の場合と同様に，社会における影響力バランスが労働から資本へと傾斜したことによって大きな影響を受けていた。労働党の政策転換の場合には，資本の中でも，金融セクターの影響力増大のインパクトを強く受けたのに対して，自民党の政策転換の場合には，第二臨調（第二臨時行政調査会）を通じた資本（財界）の圧力，および，連合（日本労働組合総連合会）の結成へと至る労働の中での公共セクター労組から民間セクター労組へのヘゲモニー移行の影響を受けたと見ることができる。

次に，アイディアの要因については，自民党が新自由主義的経済政策の影響を受けるようになった背景として，労働党の場合と同様に，シンクタンクや知識人が少なからぬ役割を果たしたということを指摘できる。

労働党の場合には，IPPR やそれに関連する知識人たちの役割が認められるのに対して，自民党の場合には，第二臨調とその中で主導権を握った加藤寛や屋山太郎らのいわゆる新自由主義的イデオローグの役割が大きかったと見ることができる。

制度の要因については，マクロ・レヴェルでの大規模な制度変化，すなわち，経済のグローバル化と情報化の進行によって，労働党はこうした変化に適合的な経済政策をとらざるを得なくなったわけだが，同様の環境変化は自民党の経済政策転換にも促進的なインパクトを与えたと考えられる。また，マクロ・レヴェルでのインパクトとして，グローバル化と情報化に加えて，労働党の場合には欧州統合の進展が挙げられるが，自民党の場合には，アメリカからの市場開放・規制緩和要求（「外圧」）が，新自由主義的経済政策の採用を強く迫ることになったと言えるだろう。[14]

ただし，制度の要因の中でもメゾ・レヴェルの制度については，労働党と自民党の経済政策転換に対して，いささか異なるインパクトを与えたのではないだろうか。すなわち，労働党の場合には，小選挙区制を基盤とする2大政党制という政治制度の要因が，かなりストレートな形で経済政策転換を推進したと見られるのに対して，自民党の場合には，中選挙区制を基盤とする1党優位政党制の要因は，積極的な意味で政策転換を後押ししたとは言い難いように思われる。つまり，中選挙区制と1党優位政党制によって自民党の中で顕著になったいわゆる族議員の台頭は，特に規制緩和の推進に関して，概してネガティヴなインパクトをもたらしたと思われるのである。

1980年代の自民党の経済政策転換が，サッチャー政権やレーガン政権に見られるような英米の保守主義政党の転換に比べれば十分なものにならなかった一つの原因は，こうしたメゾ・レヴェルの制度がもたらした比較的ネガティヴなインパクトに求めることができるのではないだろうか。一方，1990年代の労働党の経済政策転換については，左翼の社会民主主義政党による新自由主義的経済政策の受容には，右翼の保守主義政

党との何らかの政策的な違いを保つという政党政治上の必要（もしくは，政治家の利益）からして，自ずから限界があったとすることができるように思われる。

（1） ホールによれば，国家と市場の関係を主な考察の対象とする政治経済学には，大きく分けて，利益に焦点を当てるアプローチ，アイディアに焦点を当てるアプローチ，制度に焦点を当てるアプローチがあるとされる。これら3つのアプローチは，それぞれ独立したものであるが，必ずしも相互に排他的であると考える必要はない。それどころか，ホールによれば，政治経済学の最も興味深い研究の多くは，どれか1つのアプローチに基づくと言うよりも，他のアプローチからの洞察を何らかの形で組み込んでいるとされるのである（Hall 1997）。

（2） なお，国有化，計画化，ケインズ主義的需要管理政策の3つに関して，労働党が最も急進的，もしくは，社会主義的な立場を掲げたのは，1983年総選挙に向けたマニフェストにおいてであった（The Labour Party 1983）。

（3） 戦後の労働党の経済政策の基本的な立場を明確に示したものとして，労働党右派のイデオローグで著名な政治家でもあるアンソニー・クロスランド（Anthony Crosland）の著書を挙げることができよう。この中でクロスランドは，ケインズ主義的需要管理政策と累進課税による所得の再配分を実施することによって，労働党のめざす社会的不平等の是正が達成されると論じる一方，社会主義的色彩の強い国有化や計画化を拡大することには消極的な立場をとった。しかしながら，クロスランドにしても，国有化と計画化を全く否定したわけではなく，経済運営に関して一定の役割を認めている（Crosland 1956）。

（4） 1970年代に見られたストライキの多発を防ぐために，労働党は保守党政権によって導入された労働組合立法には手をつけずに，それを尊重するという立場もマニフェストにおいて示されていた（The Labour Party 1997, 17）。

（5） イギリスにおけるケインズ主義から新自由主義への経済政策転換については，次を参照のこと（Hall 1992; 1993）。

（6） 労働党が政権を獲得した際の政府と労働組合との関係について，ブレアは「恩顧ではなく公正（fairness not favours）」に基づいたものにするとして，労働組合に対する特別な取り扱いを否定していた（Blair

1997, 136)。
(7) なお，ERM 参加を中心とする労働党の経済政策の変化についてのウィカム=ジョーンズの分析は，アダム・プシェヴォースキー（Adam Przeworski）とマイケル・ウォーラーステイン（Michael Wallerstein）の主張する，動態的な意味（dynamic sense）での資本に対する国家の構造的依存（structural dependence of the state on capital）の議論に依拠している（Przeworski and Wallerstein 1988）。
(8) なお，サッチャー政権に対して政策提言を行っていたアダム・スミス研究所（Adam Smith Institute）が，ニュー・レイバーの経済政策に対しても，かなりの影響力を持っているという見方もある(Denham and Garnett 1999)。
(9) ヒューイットやミリバンドによって準備された IPPR の研究大会の成果をもとにして，後にニュー・レイバーによって具体化されることになるイギリスの中道左派政治の見取り図が一書にまとめられている（Miliband 1994）。
(10) 特に（The Commission on Public Policy and British Business/Institute for Public Policy Research 1997)の第10章を参照。なお，IPPRとは直接関係していないが，1994年1月に影の大蔵大臣ゴードン・ブラウンのアドヴァイザーに就任した元フィナンシャル・タイムズ記者エド・ボールズ（Ed Balls）も，労働党の経済政策に少なからぬ影響を与えた人物として挙げられる（Pym and Kochan 1998, 38）。
(11) なお，マクロ・レヴェルの制度，メゾ・レヴェルの制度に加えて，行政機構や諸組織の標準作業手続き，および，ルーティンなどのミクロ・レヴェルの制度についても，ホールは政策形成に何らかの影響を与えるとしている（Hall 1997）。
(12) 労働党の政策転換が，18年間の保守党統治を通じて支配的イデオロギーとなったサッチャリズムの単なる受け入れにすぎないと解釈するのか，あるいは，1950年代に開始された労働党現代化の動きが，1980年代から1990年代の新しい社会経済環境に適応したものであると解釈するのかという問題については，イギリス政治研究者の間で活発な論争がなされている（Hay 1994；Smith 1994；力久，1995）。
(13) 労働党と自民党の比較検討というと，若干奇異に見えるかもしれない。しかしながら，さまざまな違いがあるにもかかわらず，労働党と自民党の政策転換の間には興味深い類似性があるので，両者の比較検討には少なからぬ意味があると考える。

(14) 労働党と自民党の経済政策転換をもたらした共通の要素として，党首のリーダーシップを指摘できる。村松岐夫によれば，自民党の場合の中曽根康弘のリーダーシップは，「大統領型首相」と呼ばれるように，それまでのリーダーとはかなり異なっていた。中曽根は，国民の支持を背景に，党内の諸アクターや野党の影響力を抑える一方，官僚制をも抑える上で有効な影響力連合を作り出して，行財政改革を推進したのである。これと同様に，労働党の場合のトニー・ブレアのリーダーシップも，高い支持率を背景に，党内の諸アクターや労働組合の影響力を極小化する一方，中産階級や金融セクターなどの勢力を影響力連合に組み入れる努力を通じて，労働党に新自由主義的経済政策を持ち込むのに成功したと言えるだろう（村松，1987）。

引用文献

Alderman, Keith and Neil Carter (1994), "The Labour Party and the Trade Unions: Loosening the Ties", *Parliamentary Affairs*, Vol. 47, No. 3, pp. 321-337.

Blair, Tony (1996), *Speech by Rt Hon Tony Blair MP, Leader of the Labour Party, at the Labour Party Annual Conference, Tuesday 1st October 1996, Blackpool* (London: The Labour Party).

——(1997), *New Britain: My Vision of a Young Country* (London: Fourth Estate).

Butler, David and Dennis Kavanagh (1997), *The British General Election of 1997* (London: Macmillan).

The Commission on Public Policy and British Business/Institute for Public Policy Research (1997), *Promoting Prosperity: A Business Agenda for Britain* (London: Vintage).

Crosland, C. A. R. (1956), *The Future of Socialism* (London: Jonathan Cape).

Denham, Andrew and Mark Garnett (1999), "Influence without Responsibility? Think-Tanks in Britain", *Parliamentary Affairs*, Vol. 52, No. 1, pp. 46-57.

Driver, Stephen and Luke Martell (1998), *New Labour: Politics after Thatcherism* (Cambridge: Polity Press).

Farnham, David (1997), "New Labour, The New Unions and The New Labour Market ", *Parliamentary Affairs*, Vol. 49, No. 4, pp. 584-598.

Hall, Peter A. (1992), "The Movement from Keynesianism to Monetarism: Institutional Analysis and British Economic Policy in the 1970s", in Sven Steinmo, Kathleen Thelen and Frank Longstreth eds., *Structuring Politics: Historical Institutionalism in Comparative Analysis* (New York: Cambridge University Press), pp. 90-113.

―――(1993), "Policy Paradigms, Social Learning, and the State: The Case of Economic Policymaking in Britain", *Comparative Politics*, Vol. 25, No. 3, pp. 275-296.

―――(1997), "The Role of Interests, Institutions, and Ideas in the Comparative Political Economy of the Industrialized Nations", in Mark Irving Linchbach and Alan S. Zuckerman eds., *Comparative Politics: Rationality, Culture, and Structure* (New York: Cambridge University Press), pp. 174-207.

Hay, Colin (1994), "Labour's Thatcherite Revisionism: Playing the 'Politics of Catch-Up'", *Political Studies*, Vol. 62, No. 4, pp. 700-707.

The Labour Party (1983), *The New Hope for Britain* (London: The Labour Party).

―――(1986), "The Constitution and Standing Orders of the Labour Party", in *Report of the Annual Conference of the Labour Party 1985* (London: The Labour Party), pp. 287-297.

―――(1996), *Labour Party Rule Book: As Approved by the 1995 Annual Labour Party Conference* (London: The Labour Party).

―――(1997), *New Labour: Because Britain Deserves Better* (London: The Labour Party).

Miliband, David ed. (1994), *Reinventing the Left* (Cambridge: Polity Press).

Panitch, Leo and Colin Leys (1997), *The End of Parliamentary Socialism: From New Left to New Labour* (London: Verso).

Pym, Hugh and Nick Kochan (1998), *Gordon Brown: The First Year in Power* (London: Bloomsbury).

Przeworski, Adam and Michael Wallerstein (1988), "Structural Dependence of the State on Capital", *American Political Science Review*, Vol. 82, No. 1, pp. 11-29.

Smith, Martin J. (1994), "Understanding the 'Politics of Catch-Up' :

The Modernization of the Labour Party", *Political Studies*, Vol. 62, No. 4, pp. 708-715.

Wickham - Jones, Mark (1995), "Anticipating Social Democracy, Pre-empting Anticipations: Economic Policy - Making in the British Labor Party, 1987-1992", *Politics and Society*, Vol. 23, No. 4, pp. 465 -494.

――(1997), "How the Conservatives Lost the Economic Argument", in Andrew Geddes and Jonathan Tonge eds., *Labour's Landslide: The British General Election 1997* (Manchester: Manchester University Press), pp. 100-119.

樋渡展洋 (1995)「『五五年』政党制変容の政官関係」日本政治学会編『現代日本政官関係の形成過程』岩波書店, 77-105頁

村松岐夫 (1987)「中曽根政権の政策と政治」『レヴァイアサン』第1号, 木鐸社, 1-30頁

力久昌幸(1995)「イギリス労働党と欧州統合－EC脱退政策から欧州統合に対する積極的支持に至る政策の180度転換－」『北九州大学法政論集』第23巻第3・4合併号, 233-300頁

―― (1996)『イギリスの選択－欧州統合と政党政治－』木鐸社

第Ⅱ部　選挙

中選挙区制と議員行動

建林正彦

はじめに

　選挙制度と政策との関係はいかなるものであろうか。本稿では，中選挙区制の下での自民党議員の政策活動を分析し，政策結果に及ぼした選挙制度の効果について論じる。またそうした分析を通じて，自民党政権の政策パターンをミクロレベルから理解しようと試みる。自民党は長らく安定的な政権政党であったが，同時に極めて組織的凝集力の弱い政党として知られてきた。にもかかわらずこれまでの自民党研究においては，自民党の政策は，政党レベルで検討されるのみであり，派閥や議員個々のレベルの政策指向から分析されることはほとんどなかった。選挙制度と政策の関係を探る本稿は，この様な自民党研究の空白を埋めようとする試みでもある。

　以下では合理的選択制度論アプローチによって，議員行動メカニズムの説明を試みる。すなわち議員は自らの再選とそれに次いで議会での多数派形成を目指して合理的に行動すると仮定し，その上で自民党議員の政策活動における選挙制度の規定力を探ろうとする。中選挙区制の下で過剰な同士討ちによる選挙コストの浪費を避けようとする自民党議員は，様々な形での棲み分け（以下本稿では票割りと呼ぶ）を行い，同僚議員との過当競争を抑制してきたと考える。そして中選挙区制に独特の現象

としてのこうした票割りは，自民党議員の具体的な政策活動内容を規定し，自民党政権の政策パターンを規定してきたのである。

　本稿ではこのような票割りを，中選挙区制における，自民党議員間の一種の協調ゲーム（coordination game）と捉えている。詳しくは後述するが，ここでは選挙区を各候補の地盤に区分する地域割りの票割りと，選挙区全般において政策分野ごとの分業を図るセクター割りの2つの戦略を想定している。このゲームは，同僚議員がお互いに異なる地域，政策分野に特化することで相互に高い利得を得ることができる協調ゲームである。またある議員が地域，政策のいずれかで差別化を図るとき，他の議員はその議員と同じ領域で差別化を図る必要がある。たとえばA議員が特定地盤に集中的に選挙戦を展開していても，B議員が残りの地域を埋めることなく，何らかの政策領域に特化したり，選挙区全体にエネルギーを集中させたならば，同士討ちを回避し，有効に票を分け合うことはできないであろう。そして議員が有効に地域，政策のいずれかで棲み分けを行い得た時，そのような協調解はナッシュ均衡にあるといえる。すなわち特定選挙区で自民党議員が当該選挙区をそれぞれの地盤に有効に区分し，十分な票田を確保しているとき，他のいずれかの議員がそうした戦略を変えない限り，各議員に自らの戦略を変更する誘因は働かないのである。議員がセクター割りを行っている場合も同様な均衡状況にあるといえよう。そしてそれらは純粋協調ゲームの例としてしばしば引用される道路の右側通行，左側通行の場合と同様に，選挙区毎に異なる均衡である。

　要するに中選挙区制の下では，選挙区毎に異なる2種類の均衡，すなわち地域割り戦略均衡とセクター割り戦略均衡が成立しがちであったと考える。そしてこの2つの均衡において，議員はそれぞれ特徴的な政策活動に従事したのである。すなわち地域割り戦略均衡の選挙区では，各議員は競って自らの地盤へサービスを展開した。一方セクター割り戦略均衡の選挙区では，各議員はお互いに専門政策領域を棲み分け，結果的に複数の議員で多様な政策領域をカバーすることになったのである。自

民党議員の政策活動，ひいては自民党政権の政策は，このような2つの均衡を通じてより良く理解できる。すなわち一方では，狭い地域に過剰なサービス配分競争を展開し，ポークバレル政治に邁進する議員が存在する。他方，多様な政策範囲をお互いの分業によってカバーする議員が存在する。自民党は，政権党として広範な政策領域をカバーすると同時に，強いポークバレルへの指向を持っていたのである。

　本稿では，こうした協調均衡と議員の政策活動の関係を具体的なデータをもとに検証しようとする。まず議員得票の地域的集中度を測るRS指数によって地域割り戦略を数量的に把握する。一方自民党議員の政策活動については，自民党各議員の政務調査会部会・調査会の所属状況データから捉えようとする。部会調査会の所属は，国会の委員会に連動するものについては，政務調査会長ら党執行部の配分によるが，それ以外については，議員個人の意向が強く反映したものと考えられるからである。

(1) 先行研究

　自民党議員の政策活動については，猪口と岩井の研究をはじめとする重要な先行研究がある。そこでここでは本稿の研究関心である議員行動のメカニズムを扱った諸研究を取り上げ，その分析方法に注目しつつ検討を加えよう。

　第一は猪口と岩井や田中による政務調査会所属の因子分析である（猪口・岩井 1987；田中 1991）。各議員の政務調査会所属データから因子を抽出し，それぞれの議員がコミットする政策領域相互の関係を見ようとしたのである。その結果，猪口と岩井は「原点周辺を中心に多くの部会がプロットされ，明らかに原点から離れて法務，外交，国防，内閣，社会，労働の各部会」がプロットされていると指摘し，中心から離れた部会を「カネとフダ」に無縁の不人気な部会と特徴づける。しかしながらこれは十分に意味ある因子が見いだされなかったことを裏返した議論であり，彼らが的確に指摘したように「多くの自民党議員が似たり寄った

りの部会所属パターンを持っている」(Ibid., p. 141) ことを示したに留まるものであった。

第二に猪口と岩井は，議員行動の回帰分析を行っている。茨城県選出の国会議員12人について，それぞれの議員活動における時間配分を地方新聞記載事項の内容分析によって数量化し，対次点得票比，当選回数，与野党の区別を独立変数とする回帰分析を行ったのである。その結果，対次点得票比が大きければ大きいほど，当選回数が多ければ多いほど選挙区サービスの比重が下がり，国会活動や各種団体との接触などの比重が増えると分析している。選挙が議員の政策活動と密接に結びついているという指摘は極めて重要なものだが，ケース数が少ないこと，独立変数が与党効果と選挙での強さを示すものに留まっていることなど，十分な説明とはいえないように思われる。

猪口と岩井の研究をはじめとする族議員研究の多くは，議員行動の論理を必ずしも十分に説明するものではなかった。それまでの通説であった政策過程における「官僚優位モデル」の反証を研究の主目的に据えたそうした研究では，極めて豊富なデータから，様々な族議員の政策活動がビビッドに描き出され，政策過程における彼らの重要な役割が明らかにされた。しかしながら議員行動のメカニズムは，族議員現象という反証例を叙述する上での傍証の1つとして用いられるに過ぎなかったのであり，必ずしもつきつめて論じられなかったように思われる。

これに対して第三のローゼンブルースらによる合理的選択アプローチは，議員行動のメカニズムを真正面から議論した研究といえよう。自民党議員の政策活動の特徴を，中選挙区制とそこから導かれる個人投票追求，議員間の票割りから説明しようとしたのである。彼らは日本の政治過程の特徴を次のように描く。すなわち地方では，個人投票を集めるために後援会という個人の支援組織が作られ，そこを中心に政府支出，現金，贈答品，官僚への口利きなどが日常的に行われ，中央では反競争的な規制政策などのビジネス寄りの政策がとられ，それへの見返りとして選挙区に対するサービスの資金がビジネスコミュニティーから自民党議

員へと流れていたというのである (Ramseyer and Rosenbluth, 1993)。このような議員行動の証拠としてマカビンズとローゼンブルースは,政務調査会の部会所属状況を取り上げている。すなわち彼らは中選挙区制の下におかれた自民党議員は,同一選挙区から選出された同僚議員とは,農林部会を除いてその所属部会が重なり合わないように棲み分けをしてきたと主張する。これによって他の議員との差別化を行い,票割りを行うというのである(McCubbins and Rosenbluth, 1996)。

本稿の分析は理論的にも方法的にもローゼンブルースらの研究に近いものである。そこで彼らの研究の問題点を以下でより詳細に検討し,本稿の立場との異同を明らかにしよう。

ローゼンブルースらの仮説は,選挙制度から議員の政策活動の具体的内容を演繹的に導き出す魅力的なものである。しかしながらその実証手法は必ずしも十分ではないように思われる。すなわちまず彼らは,いかなる「票割り」も行われておらず,部会所属がランダムに行われていることを帰無仮説として,この場合に各議員の所属部会が重なり合わない確率を割り出す。仮に各議員の部会所属数が4部会とすれば,自民党議員2人区でそれぞれの議員が全17部会中, 4つの部会にそれぞれ全く重なり合わずに所属する確率はほぼ30%であり,さらにそれぞれが5部会ずつに所属するならば,その確率は12.8%にまで下がると指摘するのである (Ibid., p. 51)。次に1990年における130選挙区中,ランダムに選び出した26選挙区について,実際に見られた部会所属の重複状況を調べ,帰無仮説に基づく重複と比較する。そして実際の重複数がランダムな場合よりも著しく少ないことを発見し,何らかの意図的な棲み分け,部会所属重複の回避が選挙区レベルで行われていると論じるのである。ところが我々のデータでは(データの内容については後述する)延べ自民党議員955人(大臣,政務次官,党幹部などの部会無所属議員を除く)の平均部会所属数は, 3.43部会(最小1,最大8,標準偏差0.94)であった。そして仮に各議員の部会所属数を3として彼らと同様の確率計算を行うと,重複所属がゼロである確率は54%となるのである。要するにローゼ

ンブルースらは，各議員の部会所属数を多めに見積もることで，帰無仮説における部会所属の重複可能性を実際より過大に計算していると思われるのである。

　第二に，彼らは農林部会を例外として部会所属の重複分析から排除している。しかしながらこれについては，単に多くの議員が農林部会に所属したがるということを述べるのみで，例外処理のいかなる理論的根拠も示されないのである。本稿は，選挙区における議員の票割りゲームは，2つの異なるナッシュ均衡，票割り戦略均衡を持つとする仮説を提起している。これに対してローゼンブルースらはこれを1つの均衡と見たのである。自民党議員は一方で後援会を通じて，自らの地盤を固め（地域割り戦略），他方で様々な異なる政策分野のスペシャリストとして同僚議員との差別化を図る（セクター割り戦略）と彼らは指摘する。しかしながらそれぞれを別の均衡と捉えれば，農林部会への重複所属は理論的に説明可能となる。たとえば各議員が地域割り戦略均衡において，選挙区をそれぞれの地盤に有効に区分していたとしよう。そのような状況では，議員はもはや同一地域内での同士討ちの危機にはさらされていないのであり，いかなる政策的分業も考慮する必要はないのである。議員は自らの地盤からできるだけ多くの票を掘り起こそうとする。したがってそこではむしろ地域票総取りを目指した地域密着型の政策活動が各議員共通の関心となる。すなわち地域割り戦略均衡では，議員は地域密着型の政策分野における部会所属の重複を回避しないばかりか，むしろ積極的に重複所属をするものと思われるのである。

(2) 中選挙区制と個人投票

　中選挙区制が与党議員間の競争を容認し，政党への支持票だけでなく，個人への支持票獲得を要する選挙制度であることはよく知られている(Katz 1985; Cain *et.al.* 1987; 三宅 1989)。ケリーとシュガートは，選挙制度を様々な要素に解体することで，政党投票（party vote）誘因と個人投票（personal vote）誘因の強さについて，各国の選挙制度を比較

する分類枠組みを提起した。そして彼らの枠組みに従えば，日本の中選挙区制は，政党リーダーが党公認を行いうるが，選挙民はこれを拒否する選択肢を持ち (ballot control)，いかなる票の委譲もなく (vote pooling)，政党よりも下位レベルへ1票を投じる (type of vote) 極めて個人投票誘因の強い制度であり，実在した選挙制度の中では，コロンビアの特殊な比例代表制，すなわち政党の下位レベルで同一政党における複数のリストが競い合うシステムに次ぐものと位置づけられるのである(Carey and Shugart 1995)。

　このような中選挙区制の下では，個々の議員は選挙民に様々な形で自己の個人的魅力をアピールし，候補者個人への支持を集めなければならなかった（永久 1995）。しかしながら同時に，議会での多数派形成を目指す議員は，選挙区内での同士討ちを避けねばならない。中選挙区制においては，取りすぎた票を同僚議員に譲る (vote pooling) ことが不可能なのである。こうして過剰な選挙コストを避けつつ再選を目指す議員は，同一政党候補者間の競争を何らかの形で調整することになったと考えられる。個人投票獲得活動について何らかの棲み分けを行っていたと思われるのである。これが「票割り」である。各議員は選挙区内の政党支持者の中で，異なるグループから個人的な支持を調達し，過当な競争を回避しつつ選挙戦を勝ち抜こうとしたのである。

(3) 票割り戦略と議員行動

　票割りには様々なパターンがありうる。まず政党による組織的票割りが指摘できる。台湾の国民党などがこのようなケースだが，政党による票割りはあくまでも例外である。なぜならそもそも票割りが必要とされるような個人投票誘因の強い選挙制度では，大政党の組織凝集力は弱体化せざるをえないからである。自民党も参議院地方区選挙については，各都道府県連を中心に地方議員などを振り分ける組織的票割りを行ってきたようである。しかしながらこれは必ずしも十分に機能せず，多くの場合には激しい同士討ちが行われたのである。

本稿の関心は，政党によらない議員同士の調整とこれに対応した政策活動であるが，そうした票割りとして，本稿では地域割り，セクター割りの2つを考える(Verdier 1995; Cox and Thies 1998)。

地域割りとは，選挙区を候補者各自の「地盤」に分割し，これを縄張りとしてお互いにある程度尊重する戦略である。各候補者は，選挙区内の異なる地域の代表として差別化を図るのである。この戦略によって提供されるサービスは，地域に密着した政策である。すなわち道路や線路を敷くといった公共事業，ポークバレル型政策がその典型となるのである。

セクター割り（政策分野割り）とは，各候補者が，相互に異なる政策分野の専門家として特化し，差別化を図る戦略を意味する。それぞれの政策分野，セクターの背後には特定の支持グループが存在するであろう。議員は彼らの利益を代表することの見返りにその強固な支持を受けるのである。

(4) 2つの均衡

図1は選挙区内のA，B2人の候補者による票割りゲームを示したものである。それぞれの利得は以下の約束にもとづいて算出された。
(1) 選挙区は，2地域 (R1, R2) と2政策 (P1, P2) からなる2×2の空間と想定される。それぞれの空間にはA，B両候補が取り合う支持票が均等に分布しているとする。
(2) 議員が当該空間にサービスを展開すれば，見返りとしてそこに存在する支持票が得られる（1×1単位空間あたり1点の効用。両議員が共に同一空間に対してサービスを展開した場合には，0.5点ずつを得る）。
(3) 両議員のサービスを展開する対象，すなわち取りうる戦略は，{(R1,P1), (R1,P2), (R2,P1), (R2,P2), (R1,R2,P1), (R1,R2,P2), (R1,P1,P2), (R2,P1,P2), (R1,R2,P1,P2)} の9戦略である。
(4) 議員のサービス・選挙活動にはコストを伴う。選挙費用は選挙活動の対象とする政策領域や地域が広がれば広がるほど多くなるものと考え

図1 議員間の票割りゲーム

	B候補 R1,R2,P1	R1,R2,P2	R1,P1,P2	R2,P1,P2	R1,R2,P1,P2
A候補 R1,R2,P1	1-2f-2c, 1-2f-2c	2-2c, 2-2c	1.5-f-2c, 1.5-f-2c	1.5-f-2c, 1.5-f-2c	1-2f-2c, 3-2f-4c
R1,R2,P2	2-2c, 2-2c	1-2f-2c, 1-2f-2c	1.5-f-2c, 1.5-f-2c	1.5-f-2c, 1.5-f-2c	1-2f-2c, 3-2f-4c
R1,P1,P2	1.5-f-2c, 1.5-f-2c	1.5-f-2c, 1.5-f-2c	1-2f-2c, 1-2f-2c	2-2c, 2-2c	1-2f-2c, 3-2f-4c
R2,P1,P2	1.5-f-2c, 1.5-f-2c	1.5-f-2c, 1.5-f-2c	2-2c, 2-2c	1-2f-2c, 1-2f-2c	1-2f-2c, 3-2f-4c
R1,R2,P1,P2	3-2f-4c, 1-2f-2c	3-2f-4c, 1-2f-2c	3-2f-4c, 1-2f-2c	3-2f-4c, 1-2f-2c	2-4f-4c, 2-4f-4c

られる（選挙活動コスト（1単位当たり）：c｜0＜c＜1）。また2人の議員が同一の空間に対してサービスを展開した場合には，議員活動間に摩擦が生じる（摩擦コスト（1単位当たり）：f｜0＜f＜0.5）。

純粋戦略の組み合わせは9×9であるが，(R1,P1), (R1,P2), (R2,P1), (R2,P2)はそれぞれ被支配戦略であるため図1では除かれている。さて図1は，議員間のゲームがコストの大きさ次第でその形と均衡点を変えうることを示している。すなわち仮に選挙活動コストと摩擦コストが十分に低ければ（3-2f-4c＞2-2cであれば），非協力によって相手を出し抜く戦略が協調均衡の利得を上回り，一種の「囚人のジレンマゲーム」となる。結果的には両議員が共に裏切り戦略(R1,R2,P1,P2)を採り，少ない利得に甘んじることになるだろう。[3] 実際，こうしたコストは選挙区事情によって異なるものと考えられ，囚人のジレンマ状況に至る選挙区も多く存在したように思われる。しかしながら一般に選挙活動コスト，摩擦コストのそれぞれは極めて高いとされている。数量化による特定は困難な作業であり今後の課題だが，多くの選挙区においては，2種類の協調解，すなわち((R1,R2,P1),(R1,R2,P2))((R1,R2,P2),

(R1, R2, P1))という政策割り協調や((R1, P1, P2), (R2, P1, P2))((R2, P1, P2), (R1, P1, P2))という地域割り協調をナッシュ均衡とする協調ゲームが成立していたものと考えられる。

一 議員レベルデータによる検証

以下でははじめにで提起した票割りモデルの検証を試みる。第一節では，個々の議員レベルのデータをもとに，第二節では，選挙区レベルのデータをもとに，票割りと議員の政策行動の関係を検討しようとする。具体的に第一節では，選挙における議員得票の地域的集中の程度を示すRS指数を用い，これによって各候補の地域割り戦略へのコミットの度合いを把握する。さらに政務調査会部会所属データから各候補の政策選好，政策活動を把握し，地域割り戦略と議員の具体的な政策活動との関連を分析する。第二節では，選挙区レベルの複数議員間の分業に焦点を当てる。すでに述べたように，本稿では「票割り」は選挙区ごとに異なる均衡に至るような一種の協調ゲームであると理解している。ここではRS指数を手がかりに，2つの均衡とそこでの議員の政策活動について示そうとする。

(1) RS指数と地域割り戦略

$$RS = \frac{\sum_{j=1}^{m} q_j \mid p_{ij} - \bar{p}_i \mid}{2\bar{p}_i}$$

m: 当該選挙区内の市町村数
q_j: 市町村 j における有効投票数の選挙区内構成比
p_{ij}: 市町村 j における候補者 i の得票率
$\bar{p}_i$: 候補者 i の選挙区得票率

水崎によって開発されたRS指数は，「特定の候補者の市町村毎の得票率偏差の加重平均(いわゆる平均偏差)を算出した上で，それをさらに

その候補者の選挙区得票率で割」り（水崎，1982），相対化した値である。つまり得票集計の最小単位である市町村レベルデータをもとに，候補者の市町村レベルでの得票率が，選挙区全体を通じた得票率とどれぐらい隔たっているかを，市区町村の人口規模，候補者の得票率などによって補正しつつ，数値化したものである。RS指数によって我々は，選挙戦における各候補者の得票スタイルの違いを推測することができる。RSが高い候補は，選挙区内の特定地域から集中して票を得ており，RSが低い候補は逆に，選挙区の全域で満遍なく票を獲得していることになる。

　高いRS値によって示される地域的集中度の高い得票は，中選挙区制に適合的な一つの典型的な得票スタイルであった。ではそのような得票スタイルは，いったいどのような政策活動と結びついているのであろうか。

（2）データ

　データは，1980年，84年，86年，90年の自民党政務調査会の部会，調査会について，すべての自民党議員の所属状況を調べたものである（但し分析の際には，部会に全く所属していない議員を，ケースから除外している場合がある）。すなわち第36回（1980年6月）から第39回（1990年2月）の4回の衆議院総選挙について，選挙後のメンバーシップをデータ化している。部会や調査会については，選挙後以外にも，随時メンバーの交代が行われ，特に内閣改造の際には大規模な入れ替えが行われる。ただし選挙直後のメンバー交代が最大であり，選挙間はかなり固定している。また本稿の目的が，選挙戦略と議員行動の関係の考察にあることから，選挙後のデータのみを用いることとした。

（3）RS値と部会所属の関係

　表1は，各部会所属議員のRSの延べ人数，平均値，分散を示したものである。この表からは，部会毎に所属議員数のRS値にかなりの違いがあることが窺える。そこで特定の部会所属とRS値の関係を確認するため

表1 各部会所属議員のRS平均値

	内閣	地方行政	国防	法務	外交	財政	文教	社会	労働
延べ人数	95	112	136	81	105	177	172	222	129
RSの平均	0.2184	0.2204	0.2177	0.1834	0.1832	0.1917	0.1797	0.1808	0.1815
分散	0.0130	0.0148	0.0136	0.0090	0.0158	0.0154	0.0134	0.0111	0.0121
	農林	水産	商工	交通	通信	建設	科学技術	環境	合計
延べ人数	453	176	349	212	225	470	79	80	955
RSの平均	0.2333	0.2423	0.1838	0.1761	0.2037	0.2147	0.1856	0.2040	0.2012
分散	0.0138	0.0154	0.0131	0.0123	0.0121	0.0141	0.0136	0.0129	0.0137

(1) 衆議院総選挙後の自民党政務調査会各部会の所属状況について（第36回（1980年），第37回（1983年），第38回（1986年），第39回（1990年）直後のデータ）。資料出所：『自由民主党政務調査会名簿』（昭和55年版，昭和59年版，昭和61年版，平成2年版）。昭和55年版，昭和59年版については，衆議院公報のデータによって補足した。
(2) 合計は自民党政調部会所属議員数を示す。すなわち大臣，政務次官，党役員等で，部会に全く所属しない議員を除いた議員数である。これらを含む延べ自民党総議員数は，1145人である。各議員は複数の部会に所属するため，合計で示された議員数は，各部会所属人数の集計を意味しない。

に，17の各部会所属について（所属＝1，所属せず＝0）のダミー変数を与え，当選回数，次点との得票比，RS指数，データの年度別（それぞれの年度にダミー変数を与えた）を独立変数とするロジスティック回帰分析を行った。

$$\log \frac{p}{1-p} = \beta_1(当選回数) + \beta_2(次点との差) + \beta_3(RS) + \sum \beta_j(年度のダミー)^{ij} + \varepsilon$$

当選回数や次点との得票比，年度ダミー変数はそれぞれコントロール変数である。ここで当選回数は，自民党組織のポスト配分メカニズムの影響度をはかる変数である。自民党は，長期政権の過程で当選回数をもとにした年功序列の役職配分システムを維持してきたのであり，政務調査会各部会への所属形態は，議員の個人的な政策選好を反映したものであると同時に，自民党組織のキャリアパスメカニズムとして理解できる（佐藤・松崎 1986）。たとえば大臣や政務次官，党三役などは，個別部会

には所属しないが，こうした無所属を各議員の政策選好の現れと理解することはできないであろう（但し，所属数0の議員については，そもそも分析の母数から取り除いている）。また各議員の得票を次点者の得票で割った対次点得票比は，選挙での強さを示す指標として取り上げた。猪口と岩井が指摘したように，選挙での強さは，議員の政策活動に重要な影響を及ぼすと考えられる。選挙の強さを示す指標としては，これ以外にも得票率，当選順位などが考えられるが，中選挙区制の下では，これらはいずれも選挙区の議員定数に大きく左右される変数であるため，対次点得票比を選択した。

表2は17の部会所属に関する回帰式のうち，対数尤度の差によって求められる回帰式の予測確率が5％未満の水準で有意であった8部会について，その結果を示したものである。残りの9部会については，上記の回帰式によっては十分に説明できなかった。

表2に示されたそれぞれの部会所属に関しては，RSはかなり強い説明力を持つことが示された。つまり財政部会を除く，7つの部会について1％未満の水準で有意な関係が見いだされたのである。選挙における得票の集中度が，その後の議員の政策活動と強く関係していることが確認できたと思われる。興味深いのは，RSと部会所属との関係が個々の部会毎に異なっていることである。具体的には，農林，水産，建設各部会については，RSが高いほど所属が増える傾向が見られたが，文教，社会，商工，交通の各部会については，RSが高くなるほどそれへの所属が減るという負の関係が見いだされたのである。

次にRS以外の説明変数について検討しよう。当選回数については，強い説明力が予想されたが，部会無所属議員を分析母数から除いたためか，いくつかの部会では，有意な関係が見いだせなかった。関係が見いだされた場合には，その係数はいずれもマイナスであった。すなわち財政，社会，農林，商工，建設の各部会については，当選回数が多くなればなるほど，それへ所属しなくなるという傾向が見られたのである。これらの部会は，各議員にとってさらなるキャリアアップへの経由地とな

表2 部会所属のロジスティック回帰分析

部会	Nagelkerke R²		当選回数	対次点比	RS	80年ダミー	84年ダミー	86年ダミー	定数
1 財政	0.036	B	-0.116***	-0.024	-1.052	0.070	0.211	0.031	-0.768***
		S.E.	0.028	0.063	0.731	0.242	0.243	0.236	0.261
		R	-0.128	0.000	-0.009	0.000	0.000	0.000	
2 文教	0.022	B	-0.035	-0.042	-2.173***	0.426	0.273	0.337	-1.122***
		S.E.	0.026	0.064	0.771	0.246	0.257	0.242	0.270
		R	0.000	0.000	-0.081	0.033	0.000	0.000	
3 社会	0.037	B	-0.079***	-0.056	-2.150***	-0.257	-0.060	-0.097	-0.206
		S.E.	0.025	0.063	0.695	0.222	0.222	0.211	0.240
		R	-0.090	0.000	-0.085	0.000	0.000	0.000	
4 農林	0.124	B	-0.069***	-0.000	4.668***	0.463·	0.764***	0.225	-1.045***
		S.E.	0.020	0.048	0.619	0.195	0.200	0.190	0.217
		R	-0.086	0.000	0.204	0.053	0.097	0.000	
5 水産	0.051	B	-0.050·	-0.050	3.363***	0.091	0.054	0.056	-1.939***
		S.E.	0.026	0.075	0.695	0.243	0.250	0.238	0.280
		R	-0.045	0.000	0.153	0.000	0.000	0.000	
6 商工	0.035	B	-0.059***	0.011	-2.156***	-0.084	0.164	0.268	0.055
		S.E.	0.021	0.048	0.604	0.197	0.199	0.188	0.213
		R	-0.071	0.000	-0.093	0.000	0.000	0.006	
7 交通	0.032	B	-0.018	0.060	-2.398***	-0.496·	-0.297	-0.180	-0.577·
		S.E.	0.023	0.050	0.723	0.227	0.226	0.209	0.236
		R	0.000	0.000	-0.094	-0.052	0.000	0.000	
8 建設	0.066	B	-0.110***	-0.074	1.863***	0.096	-0.097	0.058	0.250
		S.E.	0.020	0.051	0.579	0.189	0.194	0.184	0.209
		R	-0.146	-0.011	0.079	0.000	0.000	0.000	

(1) 955ケース（自民党議員のうち1つ以上の部会に所属している延べ人数（表1を参照））。
(2) ・は $p<0.05$，・・・は $p<0.001$ の有意水準を示す。
(3) 3列目以降の各説明変数についての統計量は、それぞれ第1行：非標準化係数、第2行：標準誤差、第3行：偏相関係数を示す。

っているという解釈が可能かもしれない。逆にこれ以外の部会の場合には，当選回数に関わりなく，より長期的なコミットをしている可能性が考えられる。対次点得票比によって示された選挙の強さの効果に関しては，いずれの部会についても有意な関係は見いだせなかった。前述した茨城県選出の国会議員についての猪口と岩井の研究では，選挙で強い議員は，選挙区サービスにあまり時間を割かず，国会活動や各種団体との接触などをより重視することが示された。本稿の分析は，さらにどのような政策分野が選挙に弱い議員に好まれ，強い議員に好まれるのかという政策分野毎の傾向を探るものであったが，必ずしもそのような一般的な傾向は見いだせなかった。

以上の分析からRS指数によって示された選挙での得票スタイルと，議員の政策活動，政策指向に一定の関係が見いだされた。本稿では議員の高いRS値は，中選挙区制の1つの帰結であると考えており，ここから政策活動における選挙制度効果を見ることができたと考える。たださらに議論を進める前に，社会経済的要因と選挙制度，RS値の関係について本稿の立場を明らかにしておく必要があるように思われる。なぜなら本稿の制度論アプローチに対して，RS値の背後の社会経済的変数，具体的には選挙区の都市一農村度の影響を重視する批判がありうるからである。確かにRS値と都市一農村度にはかなりの相関があり，地域集中型の集票を地縁を重視する農村型投票行動の帰結と理解することは可能である。また一方でそうした選挙区事情が，議員の政策分野を規定したと見ることもできよう。しかしながら，その場合にも社会経済的要因は，選挙制度という決定的な媒介変数と共に有効な議員の得票スタイルを導くものであることを強調したい。すなわちいかなる得票スタイルも，中選挙区制の下での再選戦略として効率的でなければ淘汰されたに違いないのである。本稿は票割りの協調解をナッシュ均衡と理解するが，それは一旦そうした状況に至った場合に，逸脱するインセンティブをプレイヤーが持たないないことを示しているに過ぎず，均衡に至る要因を説明しているわけではない。均衡点は偶然導かれるものかも知れず，選挙区事情を

反映したものであるかも知れない。

(4) RS値とポークバレル政治

　各部会所属の有無を説明するロジスティック回帰分析は，選挙における得票スタイルと個別政策分野との関係に見当をつける上で有効なアプローチだと考える。しかしながらそれは両者の因果関係を必ずしも十分に明らかにするものではなかった。第一に農林，水産，建設といった特定部会への所属，非所属は，議員のポークバレル指向の程度を示す指標として満足のいくものではない。第二にロジスティック回帰分析では，個々の説明変数の貢献が実際にどの程度なのかという結果の解釈を行いにくい。

　そこでロジスティック回帰分析から比較的明確な形で読みとることができたRSとポークバレルへの積極的なコミットメントとの関係をより明確にするために，次のような重回帰分析を行った。すなわちそれぞれの自民党議員が農水，建設関係の部会や調査会にいくつ所属しているかをカウントし，これを従属変数として扱うこととした（カウントの方法については，表3の注に付記した）。農水，建設という地域集中的サービスにいくつも所属している議員は，ポークバレル型政策により強くコミットしていると考えられる。このように部会・調査会への所属数を従属変数とすることで各議員のポークバレル政治に対する積極性の程度をより正確に測ることができる。調査会への所属は，国会の委員会と対応している政調部会の場合と異なり，議員の任意選択に任されるために，議員の自主的な選好をよりよく反映しているのである。独立変数としては，RS，当選回数，対次点得票比，農林漁業従事者人口比，建設業従事者人口比，部会調査会所属総数，年度のダミー変数を取り上げた。

表3　ポークバレルの重回帰分析

	係数	標準誤差	T値
(定数)	0.018	0.363	0.050
当選回数	-0.068	0.012	-5.768 •••
対次点得票比	-0.031	0.029	-1.065
RS	1.749	0.417	4.196 •••
農林漁業人口比	11.169	1.078	10.359 •••
建設業人口比	8.807	5.846	1.507
部会調査会所属数	0.127	0.014	9.072 •••
1980年ダミー	-0.138	0.120	-1.148
1984年ダミー	-0.697	0.120	-5.817 •••
1986年ダミー	0.022	0.112	0.201
自民1人区ダミー	0.125	0.222	0.563
自民2人区ダミー	0.250	0.146	1.715
自民3人区ダミー	0.030	0.138	0.221
ケース数		955	
R^2		0.296	

(1) 従属変数：農林水産関係・建設関係の政調部会調査会所属数（$0 \leq y \leq 8$）
(2) 部会調査会としてカウントしたものを以下に示す（特定の地名，地理条件を冠するもの，通常〇〇委員会として，調査会の下部機関としての位置づけを持つものについてはカウントしなかった）。従属変数としての農林水産・建設関係の部会調査会としてカウントしたものについては【】付きで表示する。調査会には，年度によって設置にばらつきがあるために，従属変数としては，4回のすべてにわたって設置されているもののみ選択した。部会：内閣，地方行政，国防，法務，外交，財政，文教，社会，労働，【農林】，【水産】，商工，交通，通信，【建設】，科学技術，環境
　　調査会：行財政，地方制度（84,86,90），憲法，外交，税制，文教，社会保障，医療基本問題，労働問題，【総合農政】，経済物価問題，中小企業，電気通信問題，【道路】，選挙制度，【都市政策】，安全保障，鉄道問題，石油問題，資源エネルギー対策，【林政】，恩給共済制度，独禁法改正に関する特別，金融問題，情報産業，幼児問題，公的年金等（84,86），公的事業への民間活力の導入に関する特別，電源立地等推進に関する（90），首都機能移転に関する（90），脳死生命倫理及び臓器移植問題に関する（90），ふるさと創生推進（90）【国土開発】，住宅都市対策（80,84,86），刑法改正に関する（80,84,86）国際経済対策特別（84,86），教育改革に関する特別（86）
(3) 農林漁業人口比，建設業人口比は，選挙時以前で最も近い時期の国勢調査を基に算出した。なお国勢調査データは，『レヴァイアサン』データバンクの市町村別衆院選データ（MKKデータ）を利用した。
(4) ••• は $p < 0.001$ の有意水準を示す。

$$Y = \beta_1(当選回数) + \beta_2(対次点得票比) + \beta_3(RS) + \beta_4(農林漁業人口比)$$
$$+ \beta_5(建設業人口比) + \beta_6(部会調査会所属総数) + \sum \beta_j (年度のダミー)^{ij} + \varepsilon$$

　ポークバレル関連に限らず，政策全般に活動的な議員が存在する可能性があり，その効果をコントロールするために，部会調査会所属総数を説明変数の1つに加えた。また農林漁業従事者の総人口比と建設業従事者の総人口比を独立変数の1つに加えた。地域密着型のポークバレル型政策への積極性は，選挙制度や票割りとは無関係に，単に業界の強い圧力の結果としての業界利益の代表である可能性がある。農林漁業人口比，建設業人口比はこうした選挙区特性をコントロールする変数である。

　表3は分析結果を示したものである。このように選挙区事情などをコントロールした上でも，RSの高い議員がより強くポークバレル型政策にコミットしているという関係が読みとれる。RSの分布（表1参照）と従属変数の分布（$0 \leq Y \leq 8$）を考えれば，その係数はかなり高い。農林漁業人口比については予想通り，かなり強い関係が見いだされた。当選回数については，負の関係が見られた。このことは当選回数が増すにつれて，相対的に農林漁業政策，建設政策というポーク関連部会から離れていき，他の政策分野での活動比重を増やす傾向があることを示しているものと考えられる。

二　選挙区単位の分析と検討

　第一節の分析は，選挙区単位の票割りゲームを，個々の議員レベルにおける選挙戦略と政策活動の関係からいわば間接的に捉えたものであった。複数議員の協調行動を直接データから捉えることは容易ではないが，本節では選挙区レベルの分析を行い，第一節での分析と併せてより具体的に2つの票割り均衡を示そうとする。

　表4と表5は，1980年から1990年にかけてのすべての自民党3人区（157ケース）について，3人のRS値の平均をもとにランキングを行い，

表4 RS平均の低い自民党3人区

選挙区	データ年度	議員定数	RS平均	農林漁業人口比	議員名	当選回数	RS	所属部会
東京3区	86	4	0.04	0.2%	小坂 徳三郎	7	0.04	外交 **商工**
					小杉 隆	3	0.09	社会 通信 環境
					越智 通雄	5	0.01	財政 文教 **商工**
静岡3区	90	4	0.08	5.0%	塩谷 立	1	0.06	外交 文教 **建設**
					柳沢 伯夫	3	0.09	**農林** 水産 通信 **建設**
					熊谷 弘	3	0.07	法務 **農林** 商工
福岡1区	84	5	0.09	2.5%	山崎 拓	5	0.07	国防 社会 農林
					辻 英雄	4	0.07	社会 商工 建設
					太田 誠一	2	0.13	法務 文教 社会 農林 水産
宮城1区	86	5	0.10	4.7%	愛知 和男	5	0.08	地行 文教 労働
					伊藤 宗一郎	9	0.15	文教 農林 通信
					三塚 博	6	0.08	文教 農林 交通
鹿児島1区	80	4	0.11	8.9%	山崎 武三郎	3	0.15	法務 財政 商工 **建設**
					長野 祐也	1	0.06	文教 社会 労働 水産
					宮崎 茂一	4	0.11	内閣 国防 交通 通信 **建設**
山口2区	90	5	0.12	5.8%	佐藤 信二	5	0.13	**国防** 商工 交通
					高村 正彦	4	0.11	**国防** 財政 文教 社会
					吹田 愰	5	0.12	通信 建設 環境
青森2区	86	3	0.13	16.8%	田澤 吉郎	10	0.14	**水産** 建設 環境
					竹内 黎一	9	0.13	外交 社会 労働 科技
					木村 守男	2	0.11	社会 農林 **水産** 建設
北海道1区	86	6	0.13	1.8%	箕輪 登	8	0.14	**社会** 労働 水産 交通 通信
					町村 信孝	2	0.10	文教 農林 建設
					佐藤 静雄	1	0.14	国防 **社会** 労働 農林
熊本1区	84	5	0.14	8.8%	松野 頼三	14	0.18	**社会** **農林**
					北口 博	3	0.15	国防 **社会** **農林** 建設
					野田 毅	5	0.08	商工
兵庫4区	86	4	0.14	2.0%	河本 敏夫	15	0.20	環境
					松本 十郎	5	0.11	商工 交通 **建設**
					戸井田 三郎	5	0.12	社会 労働 通信 **建設**

(1) 表中,**太字ゴシック**表示は他の1人の議員と当該部会への所属が重複していることを示し,太字ゴシック 表示は3人とも当該部会に所属していることを示す。

(2) 選び出した選挙区は,延べ157選挙区のうち,同一選挙区の年次の異なるもの,議員のいずれかが部会に全く所属していない選挙区については排除しつつ,各議員のRS平均が高いものから10選挙区,低いものから10選挙区選び出した。同一選挙区の年次別については,最もランクの高いものを記載している。

表5　RS 平均の高い自民党3人区

選挙区	データ年度	議員定数	RS平均	農林漁業人口比	議員名	当選回数	RS	所属部会
宮城2区	80	4	0.44	18.3%	長谷川　峻	10	0.34	文教 労働 交通
					内海　英男	6	0.42	農林 水産 建設
					菊池　福治郎	3	0.56	財政 農林 水産 建設
長野3区	86	4	0.42	8.4%	小川　元	1	0.48	外交 農林 商工
					宮下　創平	4	0.34	内閣 国防 財政 農林 商工 建設
					中島　衛	4	0.45	農林 商工 建設
秋田2区	80	4	0.40	23.1%	根本　龍太郎	13	0.33	農林 建設
					笹山　登生	1	0.39	財政 農林 建設
					村岡　兼造	3	0.48	農林 商工 通信 建設
岐阜2区	84	4	0.40	6.1%	渡辺　栄一	8	0.31	文教 農林 建設
					古屋　亨	7	0.45	内閣 地行 農林 商工
					金子　一平	9	0.43	財政 商工
群馬2区	86	3	0.39	4.9%	笹川　尭	1	0.41	財政 農林 交通
					谷津　義男	1	0.44	内閣 国防 農林 建設
					中島　源太郎	6	0.32	農林 商工 建設
愛知4区	86	4	0.39	3.0%	稲垣　実男	5	0.39	社会 労働 農林 建設
					浦野　烋興	4	0.33	外交 商工 建設
					杉浦　正健	1	0.44	文教 交通 建設 環境
福岡3区	80	5	0.35	10.1%	山崎　平八郎	5	0.37	文教 農林 環境
					楢橋　進	4	0.41	農林 交通 建設
					古賀　誠	1	0.25	社会 労働 農林 建設
静岡1区	84	5	0.34	6.4%	大石　千八	5	0.43	内閣 地行 農林 商工
					原田　昇左右	4	0.30	商工 交通 通信
					戸塚　進也	1	0.31	国防 外交 社会 商工 環境
長崎2区	86	4	0.34	8.6%	虎島　和夫	1	0.43	水産 通信 建設
					松田　九郎	2	0.30	地行 国防 農林 水産 建設
					金子　原二郎	2	0.27	農林 水産 建設
大分1区	80	4	0.33	10.4%	村上　勇	14	0.29	通信 建設 科技
					羽田野　忠文	4	0.22	社会 通信 建設
					畑　英次郎	2	0.48	社会 農林 通信 環境

RS 平均の低いものから順に10選挙区，高いものから順に10選挙区をピックアップして，各議員の所属部会を列挙し，それぞれの部会所属がどの程度重複しているのかを表示したものである。

この表からは，RS 平均の高い選挙区のグループ（表4）と低い選挙区のグループ（表5）で，部会所属の重複数にかなりの違いがあることが読みとれる。RS 平均が高いグループ，つまり各議員の地域的得票集中度が高く，地域的な票割り戦略を採っていると思われる選挙区では，議員の部会所属重複が多く，RS 平均が低いグループでは逆に重複が少ないという傾向が読みとれるのである。また重複所属の政策分野としては農林，水産，建設の3部会が圧倒的に多い。また RS 平均の低い選挙区のいくつかについては，政策分野割りによる票割り，すなわち部会所属の差別化が行われているように思われるものが見られた（たとえば東京3区（1986），鹿児島1区（1980），山口2区（1990）など）。このような集票スタイルと政策活動が，選挙制度と選挙戦略の影響ではなく，むしろ選挙区特性に依存するものである可能性を考慮して，農林漁業従業者人口比を都市―農村度の目安として示したが，2つの表から明らかなように両グループと都市―農村度の対応関係はそれほど強いものではなかった。

このような RS 平均と部会への重複所属，政策分野ごとの票割りの関係を全体について見るために，部会所属の重複数（2人が重複の場合は1点，3人が重複の場合には2点とする）を従属変数とする重回帰分析を行った。独立変数としては，選挙区における RS 平均(部会非所属者を含む選挙区の自民党議員全員の RS 平均)を取り上げ，コントロール変数として都市―農村指標としての農林漁業人口比，部会所属数の選挙区合計（当該選挙区各議員の延べ部会所属数）を含めた（回帰式は省略）。

表6は，その結果を示したものである。RS 平均については，部会所属者2人区，3人区のいずれについても，正の強い関係が見いだされた。つまり RS 平均の高い選挙区では，部会所属の重複数が多くなるのである。前述の個人レベル分析における RS と部会所属の関係を考え併せるなら，こうした重複部会の多くは，農林，水産，建設部会であると推測

表6　部会所属重複の分析

	部会所属者2人区			部会所属者3人区		
	β	S.E.	T値	β	S.E.	T値
(定数)	-1.477	0.264	-5.590 ···	-2.860	0.791	-3.617 ···
自民党全員のRS平均	1.444	0.534	2.702 ··	4.476	1.259	3.555 ···
農林漁業人口比	-0.592	1.097	-0.539	3.606	3.041	1.186
部会所属数選挙区合計	0.313	0.034	9.116 ···	0.426	0.070	6.094 ···
1980年ダミー	0.166	0.135	1.230	-0.321	0.341	-0.941
1984年ダミー	0.296	0.131	2.262 ·	-0.451	0.353	-1.276
1986年ダミー	0.159	0.127	1.251	0.080	0.301	0.267
ケース数		229			95	
R^2		0.322			0.449	

(1) 従属変数：選挙区における部会所属の重複数（2人が重複の場合は1，3人が重複の場合は2とカウントする）。
(2) RSの平均値は，当該選挙区の自民党議員全員のものである（部会無所属者を含む）。
(3) 部会所属者4人区は，16ケースのため省略した。
(4) ・は$p<0.05$，・・は$p<0.01$，・・・は$p<0.001$の有意水準を表す。

される。しかしながら表5は，重複部会のいくつかが，こうしたポークバレル関連以外の部会であることを例証している。地域密着型のポークバレルが地域割り戦略に適合的であることは間違いないが，地域割りによって選挙区を各自の地盤に分割している場合には，政策分野の重複は何ら問題にはならないのである。

またこのような関係は，政策分野割り均衡の存在を示しているように思われる。RS平均の低い選挙区では，相対的に同一部会への重複所属は少ない。つまり部会所属の重複を避けるような何らかの政策分野ごとの差別化が行われているように思われる。ただ表5からも明らかなように，RSの低いグループでも，重複所属が全く存在しないわけではない。マカビンズとローゼンブルースが指摘するような，高いレベルの政策棲み分けは，RSの低い選挙区においても確認できなかったのである。

むすび

中選挙区制の下で，自民党議員は同僚議員との競争を調整しつつ再選を目指さねばならなかった。そのような協調ゲームにあって，「票割り」

はある種の均衡状態であった。本稿は，このような仮説を自民党議員の得票の地域的集中度を表す指標と政務調査会の部会調査会所属状況を手がかりに検証してきた。そして農水政策や建設政策などのポークバレル政治に積極的に取り組むことで，地域割りの票割りを行う議員や選挙区と，政策分野ごとの票割りを行い，部会所属があまり重複しないように，専門分野の差別化を図る議員や選挙区という2つのグループが存在することを明らかにした。また地域割り戦略を取る議員，選挙区の場合には，ポークバレル的な政策以外の分野でも，部会所属の重複が多く見られた。地盤を分けている場合には，政策分野の棲み分けに配慮する必要がないからである。

このような2つの均衡は，中選挙区制における自民党末端議員の一般的政策指向をよりよく説明している。そして個々の議員の政策指向は，分権的な自民党組織を通じて，自民党の政策ラインに集約されてきたように思われる。すなわち一方には，過剰な地域サービスへのコミットがある。公共事業という選挙区をさらに地域的に細分化してサービスを行うような政策活動が選挙戦略として有効だったのである。また他方には，政策割りを通じて，少数の議員がそれぞれの政策分野に張り付いていたように思われる。自民党が安定的な政権政党であることも相俟って，このような票割りは，自民党全体として幅広い政策分野をカバーする能力をもたらすと共に，各政策分野ごとに存在する個別業界の総花的保護に結びついたといえよう。

最後に選挙制度改革がどのような効果をもたらすかについて論じよう。小選挙区比例代表並立制という新たな選挙制度は，単純小選挙区制とは大きく異なる誘因構造を持つが，ここではこのような違いを認識しつつ単純化のために，新制度を小選挙区制と見なして考察を行いたい。小選挙区制は，議院内閣制の下では政党投票誘因の強く働く制度であり，日本でも長期的には政党の拘束力を強めるものと予想される。しかしながら短期的には，各議員は後援会などの，中選挙区制の下で築かれた制度遺産を利用して，個人投票重視の選挙戦を継続するであろう。96年総選

挙においてもそのような選挙戦が展開されたようである。

　では小選挙区制における個人投票戦略とそれに対応した政策活動とはいかなるものであろうか。必ずしも同一ではないが，本稿で議論してきた地域割り戦略に類似したものであるように思われる。すべての議員がいわば強制的に，それぞれの地盤へ振り分けられたのである。このような制度変化によって議員行動に生じると予想される変化は，第一に地域集中型政策サービス，ポークバレル政策へのさらなるコミットであり，第二に中選挙区制の下で政策分野割りによって複数の自民党議員で分担してきた政策分野を1人の議員でカバーしようとすることである。しかしながらすべての分野を1人でカバーすることが事実上不可能な議員は，選挙区内の優先順位に従って，限られた分野で政策活動を行うことが予想される。政策分野の需要はどの選挙区においてもかなり類似したものになると考えられるため，議員の関心は特定の政策分野に集中することになるであろう。言い換えれば，政策分野割りを通じて自民党がこれまで保持してきた幅広い分野での政策能力と総花的分野保護は，その度合いを弱めることになると思われる。

　こうした変化を本稿のデータから確認することは困難である。なぜなら新選挙制度の下で，自民党が議員の部会メンバーシップのコントロールを放棄し，自由参加の開放型組織へと変えてしまったからである。部会長，副部会長以外は，メンバーを特定できないという。ただこうした制度変化は，少なくともそれ自体が予想された議員行動の変化を裏付けているように思われる。自民党が幹部の育成システムとして維持してきた既存の政調部会制度を崩さざるを得なかったのは，特定の政策分野に各議員の関心が強く集中したためではなかろうか。政策分野割りの票割りによる分権的調整によって維持されてきた政策分業のシステムがもはや機能しなくなったということであろう。

謝辞　データの収集に際し，永久寿夫先生，野中尚人先生にご協力いただいた。また草稿の段階で久米郁男先生，品田　裕先生，鈴木基史先生，星

岳雄先生，堀内勇作先生，吉田慎一先生，システム論研究会にご参加の諸先生から貴重なコメントを頂戴した。またデータの処理，分析に際し樋口恵子さんのご協力を受けた。謝意を表したい。尚本稿は，平成11年度文部省科学研究費基盤研究B「新選挙制度が代議士の政治活動と政党再編に与える影響－合理的選択理論に基づく実証研究－」による研究成果の一部である。

(1) 本稿ではポークバレルを地域密着型のサービスとして狭義に用いている。
(2) 佐藤と松崎の『自民党政権』には，部会所属4がほぼ一般的なルールであるかのような記述があり，彼らはこれを基に確率計算を行ったものと考えられる。
(3) 但し選挙戦は通常，同一メンバーによる繰り返しゲームであり，実際にはこの場合でも協調解が成り立つ可能性がある。

参考文献

Cain, Bruce, Ferejohn, John and Fiorina, Morris (1987), *The Personal Vote*, Harvard Univ. Press.

Carey, John and Shugart, Matthew (1995), "Incentives to Cultivate a Personal Vote: A Rank Ordering of Electoral Formulas," *Electoral Studies*, Vol. 14, No. 4.

Cox, Gary, and Theis, Michael (1998), "The Cost of Intraparty Competition: The Single, Nontransferable Vote and Money Politics in Japan," *Comparative Poltical Studies*, Vol. 31, No. 3.

Katz, Richard S. (1985), "Intraparty Preference Voting," in Grofman, B. and Lijphart, A. eds., *Electoral Laws and their Political Consequences*, Agathon Press.

McCubbins, Mathew, and Rosenbluth Frances (1996), "Party Provision for Personal Politics : Dividing the Vote in Japan," in Cowey, Peter, and McCubbins, Matthew, eds., *Structure and Policy in Japan and the United States*, Cambridge University Press.

Verdier, Daniel (1995), "The Politics of Public Aid to Private Industry: The Role of Policy Network," *Comparative Political Studies*, Vol. 28, No. 1.

猪口　孝・岩井奉信 (1987)『「族議員」の研究』日本経済新聞社

佐藤誠三郎・松崎哲久 (1986)『自民党政権』中央公論社
田中善一郎 (1991)「議院内閣制における政権党と官僚制」『組織と政策Ⅴ－行政体系の編成と管理』行政管理研究センター
永久寿夫 (1995)『ゲーム理論の政治経済学』PHP研究所
水崎節文 (1982)「得票の地域偏差よりみた選挙区特性」『岐阜大学教養部研究報告』，第18号
三宅一郎 (1989)『投票行動』東京大学出版会

緑風会の消滅過程
――合理的選択制度論からの考察――

待鳥聡史

はじめに

本稿においては，参議院の緑風会が消滅に至った理由について検討する。緑風会は，1947年から65年まで存在した会派である。緑風会の消滅に関しては，参議院の変質ないし理念の敗北として捉えられることが多い。しかし，緑風会は公選議会において議員を擁する政党として，所属議員の目標達成に必要な機能を果たし得なかったために当然に衰退し，消滅に至ったというのが本稿の議論の骨子である。

参議院の創設は，戦後の国会改革における最大の特徴の1つであった。しかし，議員の選出方法や権限に関して衆議院との差異が小さかったために，参議院の独自の機能や存在意義に関しては，創設後に模索されることとなった。そして，参議院を「良識の府」として位置づけ，衆議院や内閣をめぐる政争やイデオロギー対立を超えた，自由な討論の場であろうとする考え方は，参議院の独自性に関する指導理念であり続けてきた。緑風会の存在は，戦後初期において参議院の独自性を打ち立てようとする試みを代表していたと見なされている（大山 1997，150頁；菊池 1992；読売新聞調査研究本部 1988，130頁など）。

その一方で，現実の緑風会は，党勢衰退の歴史をたどった。緑風会は，1947年の第一回参議院通常選挙（以下，通常選挙に関しては「参議院選

挙」または単に「選挙」と略記し，必要に応じて実施年や回数を加える）の直後に無所属議員が中心になって結成された。結成後1ヵ月で在籍議員96名となり，参議院の第一党の地位を確保するが，その後は所属議員数の減少に悩まされることになる。1950年，53年，56年，59年，62年の参議院選挙にはいずれも公認候補を立てたが，任期満了の所属議員数を上回る当選者を出すことは一度もなかった（これは無所属当選後の入会者を含めても変わらない）。そして，最後に残った4議員が1965年の任期満了に際して引退し，1965年6月に緑風会は解散したのである。

　緑風会が議員数の減少から解散消滅に至る過程は，参議院の独自性確立という理念が敗れ去った象徴として，しばしば言及される。緑風会の消滅の理由を十分に検討せずには，本来このような議論はできないはずである。しかし実際には，緑風会がなぜ消滅したのかについて，政治学の観点から本格的に論じた研究はほとんどない。参議院に関する実証的な研究が著しく少ない上に，緑風会について述べている場合も，1960年代までの新聞などのマスメディアの論調や，党史である『緑風会十八年史』（野島，1968）の記述，さらには戦後初期の研究における議論をそのまま受け入れているものがほとんどである。本稿において筆者は，議員による所属政党の合理的選択という観点から緑風会の消滅理由に関して考察を進め，緑風会さらには参議院についての実証研究の欠を補いたいと考える。

　本稿の構成は次の通りである。まず第一節において，既存の主な研究やマスメディアでの議論について，見解の特徴と問題点を検討する。先行研究においては，緑風会の党勢が衰退した理由について，所属議員の政策選好が保守的であった点が強調されてきたことが明らかになる。第二節では，政党の存在理由について合理的選択制度論に基づく一般理論を述べ，それを緑風会の場合に適用することで，緑風会が消滅に至った理由に関する仮説を提示する。仮説の検証を行うのが第三節である。緑風会に所属した全議員のデータを計量的に分析することで，緑風会の議員数減少の理由は，所属議員の移籍と並んで，落選や引退による退任で

あることが示される。さらに移籍した議員の場合も，緑風会を離脱した理由は，次回選挙での再選など議員の目標追求に緑風会が不適切であったためと解釈するのが妥当であることを示す。最後に，本稿での議論のまとめと，今後なされるべき研究課題の提示を行う。

なお，本論に立ち入る前に，2点について若干の注釈を付け加えておきたい。第一点は，本稿が緑風会を政党として扱っている点である。確かに，結成時の緑風会は院内会派として出発した。しかし，その後は各回の参議院選挙に公認候補を擁立するなど，事実上政党として活動し，当時のマスメディアなどでも政党とほぼ同じ扱いを受けている。活動内容から見て，政党と見なすのが妥当である。第二点は，名称に関してである。緑風会は，正確には，1960年から64年の名称は参議院同志会と名称を変更している。本稿では煩雑さを避けるため，同志会の時期にも緑風会と表記する。

一　既存の諸見解

緑風会が党勢を衰退させ，最終的に消滅に至った理由に関しては，これまでに大きく分けて2つの見解が示されている。1つは，緑風会所属議員の政策選好が保守的であったことに，党勢衰退の原因を求める立場である。もう1つは，緑風会が衆議院や地方議会に所属議員を持たなかったために，党組織が他の政党に比べて脆弱であったという議論である。本節では，それぞれの見解を概観した後，疑問点を指摘することにしよう。

（1）政策選好原因論

緑風会所属議員の政策選好は保守的であり，それが緑風会の独自性を損ね，党勢衰退の原因になったという見解は，さらに2つに分けられる。1つは，緑風会所属議員に貴族院議員経験者や官僚出身者が多く含まれ，彼らがその前歴のために保守的であることを指摘する議論である。この議論を本稿では経歴重視論と呼ぶ。もう1つは，緑風会が全体として保

守政権政党に協力することが多く，次第に中立性や独自性を失って党勢の衰えを招いたという議論である。この立場は，与党協力論と名付けることができよう。

経歴重視論　経歴重視論は，これまでに多くの研究や報道で取られ，緑風会が衰退した理由に関する通説的な地位を占めている。マスメディアにおける議論としては，主に党創設から比較的早い時期については，貴族院との関係が言及されることが多い（例えば，『朝日年鑑』1949年版，236頁）。1947年の第一回参議院選挙の直後，緑風会が創設されるに至る過程は，旧貴族院議員の間に存在した人脈に依存して動き出した面もあり（野島 1968，23-26頁），貴族院との関連を重視する見方は当時としては自然であっただろう。しかし，緑風会における貴族院議員出身者をとくに重視する傾向は次第に弱まっていく。

貴族院議員出身者が多いことから緑風会の保守性を指摘する議論に代わって，新しい経歴重視論として台頭してくるのが，緑風会議員に官僚出身者が多い点に注目する見解である。この立場の代表としては，岡義達による研究（岡 1956）が挙げられる。岡は，緑風会を社会党などのような「中間政党」ではなく，自由党などと同じ「体制政党」として分類した上で，「〈参議院の政党化〉の阻止を党是としてきた緑風会において，官界出身者が目立って多い……。前官者の量的優位の著しい後者〔緑風会〕における親政府的と反政党的志向の結合は示唆的である」（同書，76頁）と述べる。すなわち，緑風会所属議員には官僚出身の議員が多いために，緑風会は参議院において保守系の与党を補完する存在になっているというのである。

岡が行った議論は，その後の緑風会研究に一つの有力な方向付けを与えたように思われる。1970年代以降に発表された，渋谷武（1977）や中久郎（1980）の研究，さらに最近の石川真澄（1984）や増田正（1995）の見解は，岡の議論からさらに進んで，官僚出身議員が保守政党に移籍したことを緑風会衰退の原因として挙げている。

与党協力論　与党協力論は，主に50年代以降のマスメディアによって

示された。とくに，1949年に発足した第二次吉田内閣が保守長期政権となっていくにつれて，緑風会が保守的な議員を多く抱え，内閣と与党が推進する重要法案のほとんどに賛成する準与党的な存在であるとの指摘が増えていく(『朝日年鑑』1951年版など)。緑風会が会の方針として是々非々主義を掲げているものの，結局は自由党を中心とする保守党を補完する勢力であるとの議論である。この見解は，緑風会が1950年，53年，56年の参議院選挙においていずれも勝利を収めることができず，党勢の衰退が明らかになった時点において，その原因としても指摘された。

内田健三は，緑風会消滅後かなり経ってからの研究において，改めてこの見解を取っている（内田 1990）。内田は，1954年の鳩山内閣成立前後から，「良識，中立，自由を標榜して参議院のシンボルの観があった緑風会にも，政党化の波は押し寄せており，緑風会の存在意義はしだいに薄れつつあった」(同書，416頁) と述べる。そうした傾向は，1955年4月の緑風会有志から自由，民主両党に対する保守合同の申し入れ，同年7月の緑風会一部議員の「自主憲法期成議員同盟」への積極的参加，さらに翌56年5月の参議院議長選挙において自民党の松野鶴平の選出に積極的な対抗策を取らなかったことなどを通じ，一層促進される。すなわち，1950年代半ばには，「緑風会は……自由，中正のミドル会派ではなく，まったく自民党寄りの体質に変わって」いた (同書，425頁)。内田の見解では，前職などの社会的属性にあまり関係がなく，緑風会全体が保守的な政策選好を強め，それが緑風会の党勢さらには参議院の存在意義の弱まりにつながったということになる。

(2) 組織原因論

緑風会は参議院議員のみの会派であり，衆議院議員や地方議員は所属していなかった。そのため，日常活動や選挙戦において，その他の政党に比べると動員力が大幅に小さかったであろうことは容易に想像される。それでも，53年選挙までは緑風会所属の議員たちも，マスメディアの報道も，この弱点をある程度までは克服できると考えていたようである。

ところが53年選挙においても，50年に続いて緑風会は完敗したため，それ以後の報道ではしばしば言及されるようになった。当時，参議院の事務局に在任していた河野義克も，後年になって「国会内でどうというよりは，なんとしても選挙に弱い。選挙で政党に対抗できないということが，〔緑風会が〕没落せざるを得ない理由だった」（読売新聞調査研究本部編 1988，130頁）と述べている。

　その一方で，緑風会が他の政党とは異なった組織構造を持っていた点に注目する研究は非常に少ない。数少ない例としては，中道実の見解（中道 1980）が挙げられよう。中道は，緑風会が「衆議院や地方議会に根をもたなかったこと」などから「組織的資源をもたない文化人や学識者の当選が困難になった」ことと，他の政党からの「ポストや政治資金を用意した猛烈な抱き込み工作」の結果として退会者が続出したことを，緑風会の衰退理由として挙げている（同書，149頁）。ただし，緑風会の組織構造自体については検討せず，単に安定的な支持者集団が存在しなかったことを指摘する議論は，他の多くの論者にも取られている（吉田 1991；石川 1984）。

（3）これまでの議論の特徴と疑問点

　ここまでに述べてきたところから，緑風会が活動していた当時のマスメディアの論調や先行する研究における見解が持つ，いくつかの特徴が明らかになった。全体として見れば，緑風会の衰退理由として2つの点が指摘されていた。すなわち，所属議員が保守的な政策選好を持つことと，党として十分な組織や支持母体を持っていないことである。ただし研究者の議論では，緑風会所属議員が保守的な政策選好を持っている点が強調される傾向にあった。そして，保守的な政策選好が生じる原因としては，緑風会に貴族院や官僚出身の議員が多いことが挙げられていた。

　所属議員が保守的な政策選好を持っていることも，組織や支持母体が十分ではないことも，緑風会の党勢が衰退した理由として，恐らく間違いではないだろう。緑風会の結成から解散まで一貫して在籍し続けた議

員の1人である佐藤尚武も,緑風会は「大部分の人たちが保守系の人たち」であったと述べている(野島 1968, 519頁に引用)。佐藤がこの発言に続いて述べているように,「大部分が保守系」議員の緑風会にとって,是々非々主義を貫くことは難しかったであろう。また,衆議院にも地方議会にも議席を持ち,政権与党にもしばしばなる保守政党が別に存在する中で,系列の議員も党員も持たない緑風会所属議員が選挙を勝ち抜くことも,困難であったことは想像できる。

しかし筆者には,先行研究において解明されていない点が,大きく分けて2つ残されているように思われる。まず第一には,先行する諸見解には,十分な実証上の根拠が与えられていない点である。緑風会所属議員の政策選好が保守的であることと,会派としての緑風会の衰退を結びつける議論は,何ら直接の実証を示していない。また,岡義達の議論においては,官僚出身であるがゆえに政党に対して超然的な態度を取るとされていたのが,渋谷武や中久郎の研究では,官僚出身議員はむしろ保守政党への移籍が目立ったと述べられている。このどちらが妥当なのかは,彼らの研究だけからは判断できない。いずれの見解もほとんど検証は行われていないからである。

主にマスメディアが指摘していた緑風会の「組織の弱さ」も,実証上の根拠となると判然としない。衆議院議員や地方組織を持たないことが緑風会所属議員の選挙や日常活動にとって,具体的にどのような問題を生じさせるのかについての言及は全くなされていない。1953年の参議院選挙前には,緑風会は地方区には一定の勝算を得ており,自信がないのは全国区であるという報道も行われている(『朝日新聞』1953年4月2日付夕刊)。むしろ,組織の弱さに関する議論は,緑風会が地方区においてより劣勢であるという結果から推論していた可能性が高い。

疑問の第二点は,より理論的に考えた場合に,政策選好のみで議員が会派移動のような重大な決定を行うであろうかということに関わる。政策選好が保守的なので保守政党に移籍した議員が多数出て,それが緑風会の衰退につながったという議論は,議員は政策選好によって行動を決

定することを前提にしているように見える。それは妥当なのだろうか。議員の行動や議員にとっての政党の役割に関する明確な定式化を行った上で，緑風会所属議員の会派移動を論じるべきなのではないだろうか。

結局のところ，緑風会の衰退理由に関するこれまでの説明は，議員の行動や政党についての理論的な考察と結びついておらず，緑風会所属議員の動きについての実証的な知見も十分に与えていないように思われる。以下の本稿において筆者は，これまでの議論において不十分であった点について検討を試みることとする。

二 本稿の理論と仮説

(1) 議員の行動と政党に関する理論

議員の行動に関する理論として，本稿では合理的選択制度論に依拠する。合理的選択制度論とは，目的合理的なアクターが制度を利用したり，制度による制約を受けていることに注目して，政治におけるアクターの行動を説明する理論である。最も広い意味では，制度が与える文脈の下でのアクターの行動を，合理的選択であるとして説明する理論だと定義できよう。

この理論は，アメリカ連邦議会における議員の行動を説明するために発展してきた（待鳥 1996）。想定する議会や議員行動のモデルは，アメリカ連邦議会の諸特徴を前提としている。このため，議会の慣行や制度，政党システムや選挙制度，さらには政治文化などに違いがある日本の国会研究に合理的選択制度論をそのまま用いることには，疑問が提示されることがある。しかし，基本的な発想において合理的選択制度論は，公選される議員であれば同一ないし類似した目的に対して合理的に行動すると想定している。自由民主主義体制の下における公選議会という基本的な属性を共有するアメリカ連邦議会と日本の国会は，同じ理論から分析可能であるという立場である（Cowhey and McCubbins, 1995; Ramseyer and Rosenbluth, 1993．また基本的な考え方については，Bates, 1997; Levi, 1997)。

さて,合理的選択制度論においては,公選議会の議員はごく少数の目標実現に対して合理的に行動すると仮定される。ごく少数の目標とは,再選の実現,良き公共政策の実現,そして議員あるいは政治家としての自らの影響力拡大の3つを指す(Kohno, 1997; Aldrich, 1995; Sinclair, 1995)。3つの目標の中では再選の実現が最も大切な目標と考えられ,再選の実現のみを議員の目標として仮定する研究も多い(例えば,Cox and McCubbins, 1993)。しかし,再選の実現のみを目標として仮定すると,現実との乖離が大きくなりすぎるため,実証研究の知見との整合性が高い他の2つの目標も含めた分析も増えている(例えば,Sinclair, 1995)。本稿でも,議員は3つの目標を持つと仮定する。

議員は目標実現のために,議会内のさまざまな議事慣行などをつくりだし利用する。合理的選択制度論者は,これらの慣行や仕組みを「制度」と総称している。院内会派を含む政党も,議員にとっては目標実現のために創設し利用する制度の1つである(Aldrich, 1995; Cox and McCubbins, 1993)。政党は,立法過程において議員団がまとまって行動することで,法律の制定あるいは制定阻止などのさまざまな成果を挙げている。その成果によって,政党は有権者から一定の評価が得られる。これらはいずれも,議員が個人として行動していては得られず,しかも政党の構成員すべてに便益を与えるもの,すなわち集合財である。議員は,集合財を政党に供給させることで,自らの再選可能性を高めたり,好ましいと考える政策の実現を図ったりしている。目的合理的な議員にとっての集合財供給のための制度,これが合理的選択制度論の政党モデルである。

ところが,政党が供給する集合財から所属議員が得られる便益より,政党に所属することでその議員にとっての費用の方が大きいことがあり得る。例えば,ある政党Lが生産者米価の決定に際して,積算根拠がはっきりしない上乗せを行った場合を考えてみよう。この場合,政党Lに所属する議員のうち,都市部選出議員の中には,地元支持者からの強い反発を受ける者も多数出現するであろう。類似の事例においてしばしば

見られるように，こうした場合に都市部選出議員が行うのは，党内での抗議と地元での説明の2つである。選挙が間近な場合には，選挙戦でなるべく党イメージと候補者イメージを直結させない戦術を取ることもある。しかし，長期的には党に所属することで得られる便益から，議員の行動は抗議や説明，選挙戦術の変更にとどまるのが普通である。

　だが，政党に所属することによる費用が短期的に極端に大きく，次回選挙での再選という最大かつ最も基本的な目標が実現困難になる場合，あるいは長期的にも便益が費用を上回りそうにないと予測される場合もある。この場合には，議員は抗議ではなく，所属政党という組織からの退出という選択，すなわち会派離脱を行いうる。目的と手段の関係について，議員個々人が完全な情報を持っていれば，この問題は発生しない。しかし，目的と手段の関係についての情報が不完全であったり，目的に対する手段の効用関数を大きく変えるような環境変化が選択後にあるならば，ある時点において選択を誤ることは十分に起こりうる。

　議員の目標に対して，政党が供給できる集合財は，立法活動による政策そのもの，それによる党としての好ましい評判，そして選挙に勝利して与党となることの3つである。これらは個々の議員のレヴェルでは，政策が良き公共政策の実現，評判が再選の実現，選挙の勝利と与党参加が議員としての威信や影響力の拡大にそれぞれ対応している。議員にとって政党所属の便益が費用を下回るということは，3つの集合財のいずれもあるいはいずれかが不十分であったことを意味している。

(2) 緑風会の場合

　合理的選択制度論の政党モデルからは，緑風会の党勢が衰え消滅に至った理由として，所属議員に対する集合財の供給が十分に行い得なかったことが推測される。3つの集合財それぞれについて，より詳しく検討してみよう。

　まず，立法活動による政策の実現という点で，緑風会が非常に不利であったことは容易に想像される。すなわち，参議院にのみ議席を持って

いることから，衆議院の優越を原則とする日本国憲法の下では，予算など重要議案の審議に対する影響力には制度的な限界がある。会派として明示的に与党となったこともなかったので，議案が国会審議に入る以前の段階で影響力を行使できる範囲も制約されていた。さらに，緑風会は少なくとも原則としては，政党間の対立や合従連衡には局外中立を方針としていたため，ある政策決定における協力を取引材料として他の政策決定における影響力を行使することも十分にはできなかった。

次に，党としての評判やアイデンティティの確立に関しては，「一人一党」や「是々非々」を方針とする以上，有権者に確たるイメージを植え付けるのは困難であった。創設当時より緑風会が最も強く主張したのは，参議院の独自性や存在意義，あるいは参議院内部での安定的な審議慣行の確立といった事柄であり，政策面で党としての特徴を打ち出すことに熱心なわけではなかった。朝鮮戦争の勃発以降，国内政治においても急速に保革対立が強まっていた時期だけに，政策面で特徴がないために保守と革新の2大勢力の間に埋没する可能性が高かった。

選挙での勝利による与党参加については，緑風会は会から閣僚と政務次官を出さないことを，1954年1月の申し合わせで決定している。それまでの緑風会は，1947年成立の片山内閣に和田博雄が経済安定本部長官兼物価庁長官として入閣して以降，保守系政権か革新・中道系政権かを問わず，ほぼすべての政権に閣僚を送ってきた。これらはいずれも「個人の資格として」の入閣とされ，緑風会が党として政権に加わったわけではない。党としての理念は，あくまで参議院の独自性を追求し，ときの政権には是々非々の態度で臨むことであった。1954年の申し合わせも，緑風会内部では基本理念の確認あるいは強化として捉えられていた。申し合わせが石黒忠篤の提唱でなされていることからも，それが理想主義的な決定であったことが分かる（野島 1968，273頁）。石黒は，「公への献身が人格化したようなところのある」という評言を得るほどに，参議院議員となる前から硬骨の理念派として知られていた（五百旗頭 1997，252頁。なお，提唱者は河野謙三との説もある）。

今日でも，参議院の独自性保持の観点から，1954年の申し合わせについて好意的に言及されることが多い（菊池 1992；内田 1990，410頁）。しかし，緑風会所属閣僚の存在は，初代の松平恒雄から第三代の河井彌八まで参議院議長を連続して輩出したこととあわせ，緑風会議員が威信を高めるために役立っていたはずである。申し合わせは，合理的選択制度論の観点からは疑いもなく，集合財供給にとって大きなマイナスだったであろう。

これまでの議論から，緑風会が政党の役割である所属議員への集合財供給という点で十分ではなく，緑風会所属議員にとって党所属の便益を費用が上回っていた可能性が高かったことが推測される。次に，集合財供給が不十分であるという緑風会の特徴から，党所属議員数の変動に対してどのような仮説が導かれるのかを検討しよう。

緑風会のように議員にとって必要な集合財供給が不十分な政党の場合，所属議員数の減少が起こることは疑いがない。議員数減少の形態としては2つが考えられる。1つは，選挙における新人および現職公認候補の落選である。保守的な政策選好を持った議員の他政党による引き抜きと並んで，各選挙において落選者が多く，改選議席を確保できなかったことが党勢衰退の一因となっているはずである。

それと同時に，集合財の供給が不十分である場合には，党所属の現職議員の離党が起こりうる。これが議員数減少の第二の形態である。議員にとって政党所属による便益が費用を下回る場合でも，議員は即座に離党するわけではない。いわゆる「造反」を含む党指導部への抗議や，党指導部メンバーの変更を行うという選択も可能だからである。しかし，こうした選択を行う余地が議員にないならば，その議員は離党を選択せざるを得ない。選択の余地がないとは，具体的には，次回選挙での再選そのものが危うくなっている場合である。つまり，選挙での脆弱性が高い議員ほど，離党を選択する可能性も高まる。緑風会の場合，地方議員がおらず地方組織がないという会派の性格から考えて，地方区選出議員の選挙における脆弱度は大きい。したがって，全国区選出議員より地方

区選出議員の方が、より離党の可能性は高いと考えられる。とくに、地方区の中でも1人区、すなわち改選定数が1名である選挙区から選出されている議員は、緑風会離脱の可能性が最も高い。また、全国区であれ地方区であれ、前回選挙での当選が僅差によるものであった議員も、離党可能性は高いであろう。

また、これらの落選者あるいは離党者の増大傾向は、1954年1月の入閣拒否の申し合わせ以降、より強まったはずである。それまでも集合財の供給は恐らく十分ではなかったであろうが、入閣による議員としての影響力や威信の増大を緑風会が満たし得なくなった時点で、緑風会所属による費用と便益の差は、ますます拡大したと推測されるからである。

三 緑風会解体過程の分析

本節では、前節で提示した理論仮説を、いくつかのデータから検証する。検証は主に3点に関わる。まず第一が、緑風会の党勢が衰退し消滅に至る過程で、現職および新人の選挙での落選と、党所属議員の離党の割合はそれぞれどの程度だったかという点である。第二は、離党者の離党理由として、選挙での脆弱さの影響がどの程度あったのかという点である。そして第三は、離党者や落選者が増大した時期はいつかという点である。

(1) 落選者・引退者と離党者

緑風会には、1947年の会派結成から1965年の解散までの間に、143名の参議院議員が在籍した。その全員について、異動状況をまとめたのが表1である。この表からまず明らかになるのは、緑風会に所属した議員のうち約7割に当たる議員が、議員としての最終所属会派は緑風会であったということである。緑風会を退会し、他政党あるいは無所属の議員となったのは、全体の3割強に過ぎない。

緑風会所属のまま議員を退任したメンバーのなかでは、最大の退任理由は落選である。全体の約3割の議員が、緑風会公認で再選を目指した

表1　緑風会議員の異動とその時期

	1947-49	1950-53	1954-59	1960-	合計
在任のまま死去	4	2	2	1	9(6.3%)
退任	7	51	22	4	84(58.7%)
引退	0	21	11	2	34(23.8%)
落選	0	28	10	2	40(28.0%)
議員資格喪失*	7	2	1	0	10(7.0%)
移籍	18	8	17	3	46(32.2%)
緑風会消滅まで在任	—	—	—	—	4(2.8%)
合計	29	61	41	8	143(100%)

注　＊1953年選挙につき，当選無効後の再選挙で落選した楠見義男議員を含む。なお「議員資格喪失」とは，当選無効，辞任，公職追放による任期満了前の退任を指す。
出典　野島 (1968) 附録2「緑風会所属議員異動表」より筆者作成。但し，明白な誤りは補訂の上で利用した。同書を典拠とする場合に関しては，以下同じ。

ものの落選し，議員退任を余儀なくされている。自発的な引退に分類されている議員の中にも，当選可能性が低かったために再選出馬を断念した事例もあると考えられるため，緑風会所属での再選を目指しながら実現しなかった議員の数は，離党して所属会派を変更した議員の数にほぼ匹敵するとみなすことができるだろう。

　退任者および移籍者の時期的な分布についても見ておこう。退任者は，落選と引退の双方が1950年から53年の期間に集中してみられるが，これは1950年と53年の選挙で落選したり，任期満了で引退した議員が多いためである。とくに，1950年選挙において，全国区から再選を目指した13名全員が落選したのが大きい。これに対して移籍者の場合，結党直後と1954年から59年の時期に多くなっている。1954年以降の離党者の増大には，入閣拒否の申し合わせと，自民党という巨大な保守政党が成立したために，集合財供給という点で緑風会がいっそう不利な立場に追い込まれたことが影響しているものと考えられる。この時期には地方区での再選率も低下し，選挙において擁立する候補者数自体も減少しているところから，緑風会が議員やその志望者，さらに有権者にとっても魅力がなくなっていたことが分かる。

　3割の議員が移籍している以上，移籍による党勢へのダメージが完全

に否定されるとはいえない。しかし，先行研究で言及されているような，保守政党からの引き抜きによる移籍者の出現が，党勢に対して決定的な影響を与えたとまではいえないように思われる。また，移籍者が保守的な政策選好を持っていたことを強調できるかどうかも疑問のまま残されている。これらの点について，移籍者をより詳細に分析することで，議論を深めることにしよう。

(2) 移籍者の分析

表1において「移籍」に分類されていた46名の議員について，移籍先と会派離脱時期をまとめたのが表2である。移籍した議員の移籍先として最も大きいのは自民党である。しかし，その数は移籍者の中で約4割，党所属議員全体で見ると1割強に過ぎない。自民党の前身政党である自由党，民自党，民主党を併せても，その割合は2割程度まで上昇するにとどまる。緑風会から保守政党への移籍というルートは，これまでの研究からイメージされるほど強力ではないように思われる。議員の動きから見る限り，緑風会所属議員の政策選好が保守的であったことは否定できないかも知れないが，それは彼らの行動を決定づける要因とまではいえないのではないだろうか。

この知見は，議員の会派離脱時期からも支持される。会派離脱が目立って多いのは，1947年から49年の時期と，54年から59年の時期である。このうち，保守政党への移籍が目立つのは54年から59年の時期である。保守的な政策選好から会派所属を決定する議員が多いというのであれば，こうした時期的な偏りは説明が困難だと思われる。54年以降に保守政党への移籍が増えた理由は，54年1月の申し合わせによって緑風会に所属することによる便益が一層減少したことと，自民党の成立によるのであろう。議員が所属政党を選択する際に，政策選好以外に，政党所属による再選への効用を評価に含めていることはほぼ疑いがない。

次に，移籍者が地方区と全国区のどちらに多いのか，選挙での脆弱性はどの程度だったのか，そして移籍後の選挙で再選されているかどうか

表2　緑風会から離脱した議員の移籍先と移籍時期

	1947-49	1950-53	1954-59	1960-	合計
民主党	2	0	1	—	3(6.5%)
自由党／民自党	2	7	0	—	9(19.6%)
自民党	—	—	15	3	18(39.1%)
社会党	5	0	0	0	5(10.9%)
諸派その他	9	1	1	0	11(23.9%)
合計	18	8	17	3	46(100%)

注　自民党のデータには，ごく短期間の無所属を経て自民党入りした広瀬久忠議員を含む。
出典　表1と同じ。

表3　移籍者の選挙区および惜敗率・全国区当選順位による分類

地方区選出議員

	0.00-24.99	25.00-49.99	50.00-74.99	75.00-99.99	合計
民主党	0	0	1	2	3
自由党／民自党	0	3	1	3	7
自民党	2	2	3	2	9
社会党	1	0	0	1	2
諸派その他	0	3	4	1	8
合計	3(10.3%)	8(27.6%)	9(31.0%)	9(31.0%)	29(100%)
緑風会全体	8(11.9%)	14(20.9%)	24(35.8%)	21(31.3%)	67(100%)

全国区選出議員

	1-24	25-49	50-74	75-	合計
民主党	0	0	0	0	0
自由党／民自党	0	1	1	0	2
自民党	5	4	0	0	9
社会党	1	1	1	0	3
諸派その他	1	1	0	1	3
合計	7(41.2%)	7(41.2%)	2(11.8%)	1(5.9%)	17(100%)
緑風会全体	29(38.2%)	20(26.3%)	13(17.1%)	14(18.4%)	76(100%)
任期3年議員	0	0	10	14	24
任期6年議員	29	20	3	0	52

(1)　第一回参議院選挙に全国区から当選し，第二回選挙では奈良地方区に鞍替えして再選された新谷寅三郎議員については，地方区に含めている。
(2)　本表を含め，緑風会議員の当選順位や得票率データの算出に不可欠な第一回参議院議員選挙の結果データの所在については，神戸大学の品田裕教授にご教示を賜った。
出典　参議院事務局（1951），『朝日年鑑』，朝日新聞調査本部編（1997）より筆者作成。

表4 地方区選出の緑風会議員の移動と選出区改選数

改選定数	移籍者数／緑風会議員数	移籍率
3人区以上（6県）	4/12	33.33%
2人区（16県）	9/23	39.13%
1人区（24県）	16/32	50.00%
合　　計	29/67	43.28%

改選定数と移籍率の相関 -0.869 （p<0.05）
出典 『朝日年鑑』，野島 (1968) より筆者作成。

について見ていこう。これらについてまとめたのが表3である。移籍した46名の議員のうち，6割以上に当たる29名が地方区選出であることが分かる。この比率は，党全体の地方区選出議員比率が46.15%であることと著しい対照を見せていると同時に，地方区選出議員に移籍者がより多く出現するであろうという本稿の仮説に合致する。

地方区の改選議席数と移籍者の出現率の関係はどうなっているだろうか。緑風会に所属した地方区選出議員について，緑風会所属のまま落選した者と移籍した者を選挙区の改選数ごとにまとめたのが表4である。これを見ていくと，地方区改選議席数と移籍率の間には非常に強い負の相関関係が存在する。すなわち，地方区の改選議席数が大きくなるほど，移籍率が低下する傾向が見られる。一般に，定数が1名の小選挙区制の下では，2大政党以外の候補者の当選確率は非常に低くなることは，デュヴェルジェの理論的研究（Duverger 1954）や多くの実証研究によって明らかになっている。参議院地方区の1人区は小選挙区制と，3人区や4人区は中選挙区制と同じであると見なすことができるから，1人区選出の議員がより高い移籍率を示すのは，再選を考慮した極めて合理的な行動であるといえよう。

ただ，緑風会所属の地方区選出議員全体と地方区選出の移籍議員，同じく緑風会所属の全国区選出議員全体と全国区選出の移籍議員を比較して，移籍した議員の方が選挙においてより脆弱であることまでは確認できなかった。地方区に関しては，移籍者と党全体の惜敗率（ここでは，当該選挙区での最高得票落選者の得票数を当該議員の得票数で割り，そ

の値に100をかけたもの)の間にほとんど差がなかった。人数の分布も党全体と極めて似ていた。これは恐らく，前回選挙で圧勝したか辛勝したかという状況依存的な要因よりも，自分の選挙区の改選議席数という制度的な要因の方が，議員の行動を決定する上で大きな意味を持つためであろう。議員の任期が6年と長い参議院の場合，前回選挙での脆弱度が議員の行動に与える影響が小さいのは，ある程度まで当然かも知れない。

全国区の場合，移籍者と党全体の当選順位の平均値で見ると，むしろ移籍者の方がやや高位当選者であるという傾向が見られた。しかし，全国区の場合には，第一回選挙を中心に下位当選の任期3年議員が多数いて，党全体の当選順位の平均値に影響を与えている。移籍者には1954年以降の会派移動が多く，この時点で任期3年の下位当選議員はほとんどいなかったから，この点を考えておく必要がある。順位分布を1位から49位に限定して見ていくと，25位から49位までの当選，すなわち任期6年議員のなかでは下位当選に属する議員グループから，より高い比率で移籍議員が出ている。24位から49位までで当選した議員は，党所属の全国区所属議員の27.27%だが，移籍議員の中では47.06%を占める。

移籍した議員の移籍後の動向についてまとめたのが，表5である。移籍直後の選挙に地方区から出馬したのは18名で，再選されているのは13名，再選率は72.22%にのぼる。この数値は，緑風会所属のままで地方区から再選を目指した議員の再選率（54.55%）よりもかなり高い。さらに，移籍後2回目，3回目の選挙での再選率も依然として高く，移籍によって議員としての生存率は上昇していることが分かる。とりわけこの傾向は，自由党・民自党，自民党に移籍した議員において顕著である。民主党まで含めた保守系3政党に限ってみると，移籍直後の再選率は78.57%に達している。この点でも，緑風会から他政党への移籍が，再選可能性と関連していることが明らかになっている。

最後に，官僚出身議員が移籍したのかどうかについても検討を加えておこう。前職と移籍先をクロス表としたのが，表6である。移籍者総数46名のうち，日本興業銀行と南満州鉄道を含む官僚出身者は14名で，比

表5 緑風会から移籍した地方区議員の生存率

	移籍後の初選挙	2回目の選挙	3回目の選挙	4回目の選挙
民主党	1/1(100%)	0/0(－)	0/0(－)	0/0(－)
自由党／民自党	3/4(75.0%)	2/3(66.7%)	1/1(100%)	0/0(－)
自民党	7/9(77.8%)	6/6(100%)	2/3(66.7%)	2/2(100%)
社会党	1/2(50.0%)	0/0(－)	0/0(－)	0/0(－)
諸派その他	1/2(50.0%)	0/0(－)	0/0(－)	0/0(－)
合計	13/18(72.2%)	8/9(88.9%)	3/4(75.0%)	2/2(100%)

(1) 表内の数字は，当選者数／立候補者数（立候補者に対する当選率）である。
(2) 自由党／民自党のデータには，全国区で当選し，移籍直後の選挙では山口地方区に鞍替えして再選を果たした中川以良議員を含んでいない。
(3) 自民党のデータに含まれる新谷寅三郎議員は，移籍後5回の当選を果たしている。緑風会に籍を置いた議員の中で，移籍後5回目の選挙に出馬したのは彼だけである。
(4) 諸派のデータには，富山地方区で当選し，移籍直後の選挙に全国区から出馬して再選された小川久義議員を含んでいない。
出典　朝日新聞選挙本部（1997），野島（1968）より筆者作成。

表6 緑風会から移籍した議員の前職

	官僚	貴族院議員	地方名望家その他	合計
民主党	2	0	1	3
地方区	2	0	1	3
全国区	0	0	0	0
自由党／民自党	1	2	6	9
地方区	0	2	5	7
全国区	1	0	1	2
自民党	10	0	8	18
地方区	6	0	3	9
全国区	4	0	5	9
社会党	1	0	4	5
地方区	0	0	2	2
全国区	1	0	2	3
諸派その他	0	1	10	11
地方区	0	1	7	8
全国区	0	0	3	3
合計（%）	14(30.4%)	3(6.5%)	29(63.0%)	46(100%)

(1) 議員の前職に関しては，衆議院・参議院（1961）の参議院議員名鑑より，最も主要と思われる前職を選んだ。
(2) 日本興業銀行と南満州鉄道に関しては，「官僚」に含めた。
出典　衆議院・参議院（1961），野島（1968），『朝日年鑑』より筆者作成。

率は30.43%である。この数字を，岡義達が示していた緑風会全体の官僚出身議員の割合と比べると，むしろ移籍者に官僚出身者は少ないことが分かる。この傾向は，保守政党への移籍者30名に限定してみても変わらない。すなわち，保守政党への移籍者に占める官僚出身者の割合は43.33%まで上昇するものの，岡データによる1950年代前半の数値（45.8%）と並ぶ程度なのである。官僚出身者が緑風会から保守政党に移籍する可能性の高い集団だとはいえず，官僚出身という経歴と会派離脱の間の明白な相関関係を見出すことはできない。

(3) 知見の要約

本節での知見を改めて整理すれば，緑風会が消滅に至った理由として，従来の諸見解とは若干異なったいくつかの点が明らかになる。

まず，緑風会所属議員の数が減少し，最終的に党が解体した原因としては，移籍者の存在と並んで，選挙での落選者と任期満了による引退者が多かったことに求められる。多くの研究において言及されていた保守政党への移籍者は，緑風会所属議員の約3割を占めるにとどまり，落選か引退によって退任した人数の5割強に過ぎない。とりわけ，1954年に緑風会が入閣拒否の党内申し合わせを行う以前の議員数減少は，基本的に所属議員の退任によってもたらされた面が大きい。

第二に，移籍した議員の場合も，移籍の理由は再選あるいは議員としての威信や影響力の拡大を考慮した結果であることが強く推測された。移籍した議員は地方区選出，それも小選挙区制型の選挙となる改選定数1名の選挙区選出の議員が多い。また彼らは，移籍後の選挙ではかなり高い確率で再選されている。しかも，移籍の時期は1954年以降が多くなっている。緑風会から保守政党への移籍は，吉田内閣の下で官僚出身者が保守政党に大量進出したこととは時期的に一致せず，緑風会に「吉田の自由党……の勧誘に応じる者が多くなった」（石川 1984, 167頁）わけではない。むしろ，新たに結成された自民党が集合財の供給という点で，それまでの自由党や民主党よりすぐれていた一方，緑風会は入閣拒否に

より議員にとっての便益が低下したため,移籍者が増えたのであろう。

最後に,移籍議員に占める官僚出身者の割合は,党全体での官僚出身者の割合と比べて,むしろ小さかった。官僚出身者は移籍者の多かった1950年代には緑風会所属議員の半数程度の出身母体であった。しかし移籍者の場合には,その比率は3割から4割程度に下がる。この事実は,官僚出身者がいたために緑風会が保守寄りになったという議論までは否定しないものの,官僚出身議員がとりわけ緑風会から保守政党に移籍する傾向にあったという議論が妥当ではないことを明らかにした。

おわりに

本稿では,参議院緑風会が消滅に至った理由について,合理的選択制度論の観点から考察を行った。先行する議論においては,多くの緑風会所属議員が保守的な政策選好を持ち,そのため最終的に保守政党への移籍を選択したとされていた。しかし,本稿での理論と実証の双方からの検討の結果,緑風会の党勢が衰退した主な理由はむしろ緑風会所属のままで退任した議員が多数いたこと,そして移籍した議員の場合も再選実現や議員としての影響力拡大といった政策選好以外の動機が大きかった可能性が高いことが示された。

参議院議員が公選職である以上,議員が政策選好や理念のみによっては行動しないことは極めて自然である。それは現代政治の一部門としての現実であり,公選議会の理念を反映しているとも思われる。しかし,これまでになされてきた参議院に関する議論は,参議院が持つ第二院としての理念から現実を裁断しようとする傾向がなかっただろうか。参議院をどう評価するにせよ,現実に生じている現象とそこにある論理を緻密に認識することから出発しなくてはなるまい。他の政党や小会派における議員行動の分析など,参議院に関するさらなる実証研究を積み重ねる必要があろう。

理論的には,本稿における移籍議員の分析は,合理的選択制度論が想定する政党が十分な集合財を所属議員に供給し得ない場合に,議員が党

からの離脱を選択することもあるという点について論じたものである。筆者は従来，アメリカ連邦議会を素材として，こうした場合に議員が党の方針からの逸脱行動を取りうるかどうかを検討してきた。会派離脱は，逸脱行動の最も重大な例であると考えられるが，そうした観点からの分析は決して多くない。筆者としては，今後もアメリカ連邦議会や日本の国会だけではなく，地方議会などさまざまな議会における議員の各種の逸脱行動について検討を加えていきたいと考えている。

参考文献

Aldrich, John H. (1995), *Why Parties?* Chicago: University of Chicago Press.

Bates, Robert H. (1997), "Area Studies and the Discipline." *PS: Political Science and Politics.* 30 (2): 166-169.

Cowhey, Peter F. and Mathew D. McCubbins (1995), *Structure and Policy in Japan and the United States.* New York: Cambridge University Press.

Cox, Gary W. and Mathew D. McCubbins (1993), *Legislative Leviathan.* Berkeley: University of California Press.

Duverger, Maurice (1954), *Political Parties.* London: Macmillan.

Kohno, Masaru (1997), *Japan's Postwar Party Politics.* Stanford: Stanford University Press.

Levi, Margaret (1997), "A Model, a Method, and a Map." In Mark Irving Lichbach and Alan S. Zuckerman, eds., *Comparative Politics.* New York: Cambridge University Press.

Ramseyer, J. Mark and Frances McCall Rosenbluth (1993), *Japan's Political Market Place.* Cambridge: Harvard University Press.

Sinclair, Barbara (1995), *Legislators, Leaders, and Lawmaking.* Baltimore: Johns Hopkins University Press.

『朝日新聞』（縮刷版）
『朝日年鑑』（各年版）
朝日新聞選挙本部編（1997）『朝日選挙大観』朝日新聞社
石川真澄（1984）『データ戦後政治史』岩波書店

五百旗頭真（1997）『占領期――首相たちの新日本』読売新聞社
内田健三（1990）「初期参議院の形成と役割」内田健三・金原左門・古屋哲夫編『日本議会史録4』第一法規出版
大山礼子（1997）『国会学入門』三省堂
岡　義達（1956）「政党と政党政治」岡義武編『現代日本の政治過程』岩波書店
菊池　守（1992）「緑風会時代の参議院」『議会政治研究』21号
参議院事務局総務部資料課編（1951）『第一回参議院議員選挙一覧』参議院事務局
渋谷　武（1977）「参議院選挙の史的状況」杣正夫編『国政選挙と政党政治』政治広報センター
衆議院・参議院編（1961）『議会制度七十年史（貴族院・参議院議員名鑑）』大蔵省印刷局
中　久郎（1980）「議員構成の変化からみた政党の変遷」中久郎編『国会議員の構成と変化』政治広報センター
中道　実（1980）「参議院における全国区と地方区」中久郎編『国会議員の構成と変化』政治広報センター
野島貞一郎編（1968）『緑風会十八年史』緑風会史編纂委員会
増田　正（1995）「第二院の役割と参議院改革」堀江湛・笠原英彦編『国会改革の政治学』PHP研究所
待鳥聡史（1996）「アメリカ連邦議会研究における合理的選択制度論」『阪大法学』46巻3号
吉田善明（1991）「参議院改革構想について」『法律論叢』63巻4・5号
読売新聞調査研究本部編（1988）『日本の国会』読売新聞社

90年代日本の選挙公約

品田　裕

一　はじめに

（1）本稿の目的

　90年代の日本政治は激動を経験した。空前の経済繁栄の一方，続出するスキャンダルで幕を開け，その後の自民党の分裂下野，非自民政権下の政治改革，連立政権の崩壊，自社さ連立政権と情勢はめまぐるしく変わり，再び自民党政権に戻った時には長引く経済不況のもとあらゆる分野での構造改革が迫られている。この変化の時代に政治家たちが何を考えたかという点に関し選挙公約を通じて明らかにすること，そして選挙公約の変容の分析を通じ，政治過程において何が変わったのかを検討することが本稿の目的である。

　最初に選挙公約を分析することの意味を簡単に検討しておきたい。選挙公約に関する先行研究は，その受け手である有権者への影響に関するもの（それも僅かであるが）以外には殆どない。1つには，内容面での信憑性や有意性，あるいはデータ作成手続き上の信頼性に関して，さまざまな疑問や批判が選挙公約研究には存在するからである。しかし，本稿では以下の3点について意義があると考える。第一に選挙公約とは政治家が口にする必要があるとみなした政策課題であって，公言する必要性を政治家が感じたという点で政治過程において何らかの意味が有る。単

に政治家の「したい」と希望していることではなく，「しなければならない」と認識していることが本稿の分析対象である。言い換えれば公約は総選挙直前の日本における政治的需要と政治家が認識するもののリストであり，選挙後の政治のプログラムである。本稿では90年代に「政治家が取り上げるべきと考える政策課題」がどのように変化したかが主要な関心であり，その追究は政治過程全体の理解に資する。

第二に政治過程における選挙公約の位置に意味がある。選挙において政治家は自らの考えと有権者の選好を秤にかけながら公約を表明し，有権者は投票によりその適否を述べ，選挙結果は後の政策面の基本的な方向と正統性を創出していく。つまり有権者の選好を政治エリート間の勢力関係に転換する結節点が選挙であり，公約はそのような転換を政策面で担保する役割を果たす。しかし政治過程の実証的分析において蓄積がなされてきたのは専ら選挙研究とエリート研究であり，この転換部分に関する検証は急務である。ちなみに従来の投票行動に関する二大潮流である社会心理学（ミシガン）モデルと合理的選択モデルは，政策過程において有権者とエリートの一方が他方に従属するという理論的前提をとることで，いずれもこの転換プロセスを無視してきた。合理的選択モデルにおいては政治家は有権者の選好に適応していくマーケッターであり，ミシガンモデルにおいては心理的に結びついた有権者を率いて政策を提唱実現していくリーダーである。しかしいずれのモデルも極端な理想形である以上，現実を丹念に分析していく努力もまた必要である。

第三に本稿では，政治家の自由な言説ともいえる選挙公約を定型化し実証可能なものにすることにより，公約研究に対し実証的根拠を提供する。「対受け手効果」に関する議論を別にすれば（本稿は「送り手」としての政治家の言葉に直接注目している)，選挙公約とその研究に対し現在見られる軽視と批判は漠とした印象論に過ぎない。少なくとも議論の根拠を提供するというメリットが本稿にはある。以上のように選挙公約は90年代の日本政治の変動を知るための客観的分析の対象として十分に魅力的である。ではどのような点に注目して分析を進めるべきかという点

につき，先行研究の助けを借りながら，次に検討しておきたい。これは分析の課題を具体化する作業である。

(2) 本稿の課題

選挙公約の分析を通じて90年代日本の政治過程全体の変化を探ることが本稿の目的であるが，変化を問題にする以上（データの制約から実際に比較することはできないが），対照するべき基準が一応必要である。そこで55年体制下の政治過程を価値体系の違いをめぐり野党勢力が影響力を持つ「イデオロギー過程」と保守政党が独占的に既存の価値の権威的配分を行う「政策過程」の二重構造であると論じた村松(1981)を出発点としたい。ただ，これは主に70年代までの観察によるから，その後の変化——保守回帰，自民党の包括政党化と1党優位——も考慮に入れておく必要がある。

最初の問題は，この2つの過程が90年代まで連続しているかということである。「イデオロギー過程」のその後を考えるに際し手がかりとなるのは，蒲島(1996)の保革イデオロギー研究である。それによると（有権者レベルでの議論ではあるが，）70年代に安保・旧体制と福祉・参加・平等の2軸で対立した保革イデオロギーも，時間の経過と共に脱イデオロギー化が進行している。具体的には，さまざまな争点に関する態度を保革イデオロギーが規定する拘束力が落ち，政策次元が多元化し，中道（やや右寄り）への収斂による対立の鈍化が起こったとされる。特に90年代においては福祉・参加・平等の軸での対立が見られなくなり，安保・旧体制は軍事的国際貢献などの問題と絡めて再編成された。すると安保などの軍事外交問題と社会保障や政治倫理などの福祉・参加・平等に関する問題が公約にどの程度表れているか，また後者について保革間に差があるかという点に本稿の関心は向かう。

他方，自民党の独壇場であった「政策過程」は70年代後半以降の保守回帰を考えれば充実拡大したはずである。包括政党化した自民党の強さを選挙政治の面から説明する有力な仮説として「組織化仮説」（三宅

1985) あるいは「職業利益団体編成モデル」(三宅 1989) がある。自民党は個別利益を独占的に予算過程において集約し，各利益につながる団体や人々を組織化することに成功したという見方である。組織化・系列化は職業・地縁・宗教などをめぐり与野党ともに行うが，ここでは各党が地元利益および職業などの集団利益を誰に向かってどの程度まで訴えかけたのかが注目すべき点である。地元利益は投票行動の基準として年々増加しており，自民党は地元利益や職業利益を材料に社会ネットワークをたぐりよせることで支持基盤を拡大することに成功し，他方，野党も系列化によりこれに対抗してきた (三宅 1985, 287-88頁)。

　第二の問題として上記の2つの過程と異なるタイプの政治過程が生じた可能性も考えなければならない。村松 (1981) は既に，包括的かつ利益指向的な争点をめぐる政治過程 (イデオロギー過程は包括的だがイデオロギー指向であり，逆に政策過程は利益指向だが個別的である) を指摘している。ここでは保革あるいは与野党ともに参加し競争するのだが，公害 (環境)・福祉問題 (当初，野党に有利であった) も含め自民党の勝利を重視すれば，その (とりわけ都市部での) 1党優位状況を説明するもう1つの有力な仮説 (猪口(1983)「政策適応仮説」) となる。ただこのタイプは，野党にも競争力がありえるだけに自民党にとっては諸刃の剣であり，90年代に浮上した包括的かつ利益 (非イデオロギー的) 指向の問題とその主張者 (ここでは諸改革問題とこの時期輩出した新党と新人を想定している) には十分注意することとしたい。

　第三に選挙制度の改革を念頭においておく必要がある。中選挙区制から小選挙区並立制への移行が政治家の競争形態に大きな影響を与えることが予想される。中選挙区では一定程度の「系列」の支持者を囲い込めば良かったが，小選挙区では選挙民の多数を押さえるために広く支持を得る必要がある。地元多数の利益に訴えるにせよ少数派糾合戦略に出るにせよ，選挙公約に変化が生じる可能性は強い。ただ，制度の影響が明瞭に表れるには時間がかかり，しかも比例区との併用・重複立候補がその影響を相殺するかもしれないから，本稿では兆候の有無の確認に止ま

らざるを得ないのが残念ではある。

以上の点をまとめると本稿の課題として検討しなければならない点は次の通りである。

①イデオロギー過程に特有な政策内容を含む選挙公約の量
②福祉・参加・平等に関わる内容を持つ選挙公約の保革バイアス
③政策過程に関連し，地元向けに地域利益を訴える選挙公約の量
④同じく，特定の集団（主に職業集団）に対しその集団の利益を訴える選挙公約の量
⑤新しいタイプとして包括的・非イデオロギー的な内容を持つ選挙公約の量とその担い手
⑥選挙制度改革のインパクト

以下では，上記の課題に応えるために作成したデータについて説明を行う。その後，一見ばらばらで煩雑な公約の背後にあって，各政治家の言及量を決定している対立軸を発見するために因子分析を行う。さらに他の変数との関連を調べることにより，これらの軸の性格を浮き彫りにしていきたい。90年代の3回の総選挙について，選挙公約を規定している要素を明らかにすれば，この時代の政治変動をよりよく理解できると考える。

（3）本稿で使用するデータ

本稿で使用する選挙公約のデータは，1990年代に行われた3回の総選挙で各候補者が提出した選挙公報から作成したものである。全選挙区のデータを作成するのは資源的に当面無理であったので，青森・栃木・神奈川・岐阜・福井・兵庫・広島・徳島・福岡・宮崎の10県分を先行して作成した。10県の選定は，社会経済的条件を考慮しながらほぼランダムに行った。地理的にやや西日本に偏ったが，ほぼ全国に散らばっている。データ作成の対象となったのは各選挙区においてその得票が法定得票ラインを上回った候補者である。ただし全国規模で活動する主要政党の候補者については例外的に含めることにした。もっとも，今回実際分析に

使用したのは,実質的な競争参加者に限っている。

　さて各候補者が選挙公報に記載した事項のうち,推薦文や経歴の部分を除き,政策・具体的実績の部分を選挙公約としてデータ化した。具体的には,各候補者の政策に関する主張をその対象,内容,方向(賛否)という3つの観点からコードを付けた。「政策対象番号」,「政策分類記号」,「政策賛否記号」である。ある政治家が政策を主張し公約をする場合には,その政策の対象となるのはどんな人々であるか,どんな分野の政策であるか,その政策をどの方向へもっていこうとしているのか,という3つの方向から性格付けをすることができるというのが,ここでの基本的な発想である。政策には対象・分野・方向性があると考える訳である。公約の多くは単語ではなく文の形を取っている。最も簡単な文を考えてみると「私は○○のみなさんに××を△△することをお約束いたします。」となる。政治家の公約であるから主語と述語は決まっている。問題は○○(政策の対象)・××(政策の内容)・△△(政策の方向)のヴァリエーションである。これらがそれぞれ「政策対象番号」,「政策分類記号」,「政策賛否記号」のコードに対応する。とりわけ対象と内容の両方についてコードを付加することにより,本稿の課題により丁寧に応えることができる。前に述べたように,公約を訴えかける相手とその内容が重要だからである。

　政策対象になるのは,有権者といった広いものから高齢者,青少年,農漁業従事者などのように年齢・性・職業などでカテゴライズされたグループまでさまざまである。中には大企業,地元(地域公約)などといった人間以外のものもある。実際には,特に対象を特定せず漠然と訴えかけている公約も多い。コードの各値に対応する政策対象は,2つの基準から用意された。1つは,ことばの使い分けなどの研究関心から将来の分析に利用することを想定した場合で,2番目は実際に頻出する単語・概念をピックアップした場合である。前者は「労働者」と「勤労者・サラリーマンなど」あるいは「国民」と「市民」というように,イデオロギーや政党色によることばの使い分けが予想されるもので当該単語が

使用されている場合に限って厳密にコードをふった。後者のコードはデータの内容に依存しているが，ほぼ頻出するものは全てカバーしている。

「政策分類記号」は，それぞれの政策の分野と内容を示す。政治家が述べる公約の範囲は多岐にわたり日本の政治・行政の隅々にまで及ぶが，この膨大な政策群をまず大きな分野に別け，次にその中で細分化するという2段階分類を行った。省庁の設置を根拠付ける法律にそれぞれの職掌が記してある点に注目し，各省庁ごとに政策分野をまず大分類し，次に法律に従いイシューごとにサブカテゴリーに細分類するというひな形を採用した。もちろん現実の世界で主張される政策の中には，このような分類から零れ落ちるものが多数あるが，それも大きく3つに整理できる。1つは，情報公開や行政改革など政府に期待される仕事でありながら担当官庁が不明確なもので，これは内閣直轄として1つにまとめた。他方，法務省のように公約の圧力にほとんどさらされることのない官庁については独立した大分類を立てても煩雑になるばかりで意味がないので，こちらに関する仕事（例えば人権擁護）も内閣のところにまとめた。2番目に省庁ではなく議会・政党・政治家そのものに期待される政策（政治倫理，選挙制度改革など）については「政治」という大分野を立てた。第三にあいまいな政策（くらし，社会など）は，その他として1つにまとめた。ただし，実際の分析では，さらにリコードを行い「中」分類程度にまとめたものを投入した。「政策賛否記号」は候補者の政策に対する立場（賛成－反対，推進－変革）を表す記号であるが，今回の分析には使用しなかったので言及しない。以上のように複数のコードを組み合わせることによって一見不定形な各公約を記号化することができた。コードの内容等，データの具体的な作成方法については品田（1998）で詳述している。

　データとして，各人の各公約をケース，3つのコードが変数となっているものをまず作成した。さらにこれを候補者単位にアグリゲートして加工したものが本稿で主に使用したデータである。ここでは「政策対象」と「政策分類」の各カテゴリーが変数となっており，各候補者がそのカ

テゴリーについてどれぐらいのウェイトで言及しているかが百分率で示されている (「政策賛否記号」は省略されている)。このデータには, さらに各候補者の所属政党, 年齢などの個人情報, 得票状況, 当落, 新人・現職の区別などの選挙に関する情報, 各選挙区の社会経済状況 (人口集中地区 (DID) 人口比率・人口増加率) を変数として付加した。以上, 本稿の目的・課題・データについて述べたので, 次に分析結果を検討する。

二　データの分析

(1) 概要

　まず「政策分類」と「政策対象」の各カテゴリー, つまり政治家たちの選挙公約の内容と対象について年度別に平均言及率を見ておきたい (表1)。ただし, 公約の内容 (政策分類) に関してはデータに加工を施した。大分類では大きすぎ小分類では煩雑すぎるからである。そこで2つのレベルについて各分類カテゴリーの内容と頻出度を考慮し以下のようにした。「内閣」関連からは憲法, 人権, 女性の社会進出, 景気, 行(財)政改革の各問題を, また自治関連では, 地方自治, 地方振興の両問題を独立して用いた。また「政治」関連では政治倫理問題, 政権交代問題を独立させ, 残りを政治改革問題として一まとめにした。大蔵関連は増減税問題, 制度改革問題, 金融などその他の大蔵行政問題と三分した。同様に通産関連は規制緩和問題・経済構造改革問題の2つをまとめて経済改革問題として独立させ, 残りを通産関連とした。安保外交・文部科学技術 (以下, 文教と略)・厚生・労働・農水・運輸・郵政・建設・環境関連については, そのまま大分類を採用した。最後に「その他」関連は, 漠然と変化を意識するもの, 平和や民主主義といった理念を訴えるもの, 高齢化社会問題というように3分類した(「その他(論理型)」および「その他 (非論理型)」は排除した)。この政策分類の年度別平均言及率であるが, 90年総選挙において最もよく言及されたのは「政治」に関連することで15.6%であった。次いで厚生関連 (11.3%), 大蔵関連 (9.9%),

表1 選挙公約における政策内容の概要

		1990	1993	1996
内 閣	憲法	−	1.6	−
	人権	−	1.0	−
	社会進出	1.5	1.6	1.5
	景気	−	2.4	2.2
	行政改革＋行財政改革	0.5	1.0	10.0
	その他	0.4	0.5	2.3
自 治	地方自治	−	3.1	3.3
	地方振興	3.5	2.0	2.4
	その他	0.4	0.6	0.7
外 交	軍縮	1.3	−	−
	非軍事協力	−	1.3	−
	その他	3.0	3.9	2.8
大 蔵	税	6.8	2.1	5.1
	制度改革	3.0	0.3	3.2
	その他	0.1	0.6	1.1
文 教	教育改革	3.7	3.2	4.2
	その他	5.0	3.9	4.0
厚 生	介護	−	−	2.3
	医療	1.5	1.8	1.4
	年金	2.3	1.5	−
	その他	7.5	6.1	6.8
労 働		2.4	1.9	1.5
農 水	食糧自給	3.5	1.9	−
	その他	5.4	4.2	3.0
通 産	規制緩和＋経済改革	−	0.6	3.3
	その他	5.4	4.1	5.4
運 輸		3.2	2.5	2.9
郵 政		−	0.2	0.4
建 設	道路	3.5	2.3	2.8
	まちづくり	−	−	1.3
	その他	5.5	3.3	3.2
環 境		2.7	4.4	2.6
政 治	政治倫理	4.8	8.0	−
	政権交代	1.9	3.6	−
	その他	8.9	14.8	7.1
その他	平和と民主主義	0.9	0.6	0.6
	改革志向	4.4	3.8	3.9
	高齢化社会	1.1	0.8	1.6

表2 選挙公約における政策対象の概要

	1990	1993	1996
その他（対象なし）	48.8	57.2	58.5
国民，民意	3.2	4.7	2.9
市民	0.6	0.5	1.7
生活者	0.7	1.4	0.4
地域公約	20.9	14.1	15.6
有権者	0.1	0.1	0
庶民	0.3	0.2	0.1
消費者	0.3	−	0
住民	−	0	0.3
被災者	0	0	2.1
高齢者	2.6	2.6	1.9
女性	2.2	2.2	1.9
子ども（教育対象）	5.0	4.8	6.1
青少年（後継者）	0.7	0.5	0.8
社会人	0.5	0.1	0.3
障害者	1.1	0.8	0.3
低所得者	0.1	−	0.1
外国人	0.1	−	−
被爆者	0.2	−	0
労働者	0.1	0.2	0
勤労者一般	0.9	0.7	0.7
パート労働者	0.9	0.3	0
働く女性	0.5	0.6	0.2
福祉従事者	0	0.2	−
中小企業	1.3	2.3	1.7
農・漁業従事者	6.1	4.6	2.2
大企業	0.1	−	0.4
同和地区	0.2	0.2	0.1
商店街	0.1	−	0.3
戦争被害者	0.5	0.2	−
社会的弱者	0.7	0.3	0.3
ベンチャー企業	0	0	0.2
産炭地	0.5	0.3	0.1
その他（対象あり）	0.6	0.5	0.6

建設関連(9.0%)と続き，農水 (8.9%)・文教 (8.7%) 関連も多い。大蔵関連が多いのは消費税問題 (4.9%) による。反対に郵政関連は無視に近く労働・環境関連も言及は少なかった。93年には「政治」関連は26.4％にさらに増加した。政治改革全般に関する言及 (10.1%) に加え，政治倫理 (8.0%)，政権交代 (3.6%)，選挙制度改革 (2.2%) も増えた。厚生関連 (9.4%) も依然多いが，大蔵・農水関連は減少した。大蔵関連では消費税問題，農水関連では食糧自給問題の言及が減少したためである。この年に増加したのは「内閣」関連 (8.1%) である。景気問題 (2.4%)，憲法問題 (1.6%) などが増えたことによる。他方言及が少ない方では環境関連が増加したぐらいで変化はない。96年になると「政治」関連 (7.1%) が4分の1近くに減少する一方で「内閣」関連 (16.0%) が倍増するという変化が見られた。今回の「内閣」関連の増加は専ら行(財)政改革問題 (10.0%) による。また大蔵関連 (9.4%) も消費税問題 (3.6%) の再登場と税制・財政などの制度改革 (3.2%，表中では「制度改革」) のため再び増加している。厚生関連 (10.5%)，文教関連 (8.2%) はこの年も安定して言及率は高い。通産関連 (8.7%) が増えているのは規制緩和問題や経済構造改革問題の増加に伴うものである。農水関連は食糧自給問題の言及率低下に伴いさらに減少した。このように見ると，90年代は「改革の時代」であり，その時勢効果が選挙公約の変化を演出している観がある。他方，この時勢効果を除いて考えると各分野のシェアは安定している。厚生・文教・建設関連のウェイトは常に大きく，世上を賑わした印象の強いPKO問題や日米安保問題などの安全保障外交関連のシェアは実際にはそれほど大きくない。

「政策対象」の平均言及率(表2)に関し最も多いのは，常に「対象なし」である。これは政策対象を特定せず広く全体を対象としている。その割合は年々増加しており90年には5割弱だったものが96年には6割に迫ろうとしている(3回の平均で54.8%)。次いで多いのが選挙区の全部または一部地域に向けて行われる「地域公約」(同16.9%)で，地元志向も強い。この2つで7割前後を占めるので，残りのカテゴリーは小さい。

比較的大きいのは子ども（同5.3%），農林水産業従事者（同4.3%）である。ただ後者はやはり言及が減少している。次いで，国民（同3.6%），高齢者（同2.4%），女性（同2.1%），中小企業（同1.8%）が続く。後継者としての青少年や勤労者一般についても比較的言及がある。96年総選挙から増えたものとしては被災者（2.1%），市民（1.7%）がある。前者は阪神大震災の，後者は民主党の登場と関連がある。90年では障害者への言及（1.1%）が見られたが，これはその後低下した。以上の点からすると，選挙公約の対象に関しては全体向けが安定して多いが，地元志向も根強いこと，特定の集団への言及は性別・年代別のような中立的な大規模集団と一部の職業集団にまとめられる。とりわけ後者は農林水産業従事者・中小企業という自民党の支持基盤であり，職業利益をめぐる政策過程との関連が示唆される。

（2）因子分析

上では90年代の選挙公約の概要を見たが，次にこれら多岐にわたる公約の内容および対象の背後にどのような対立軸が潜んでいるのかを因子分析によって検討していきたい。公約の対象（政策対象）についてはリコードを伴うような加工はしなかったが，あまりに言及が少ないいくつかのカテゴリーについては分析に投入しなかった。分析は最初に主成分を抽出した後，バリマックス回転を行ってその成分行列を検討した。軸の抽出は固有値・スカリープロットを検討した結果，どの選挙についてもほぼ最初の四つを取り上げることにした。

(1) **90年総選挙の選挙公約の構造**（表3）

〈内容〉 90年総選挙の公約の内容に関する構造は，表3に示すように4ないし5の軸からなっている。第一の軸では環境・安保外交・政治改革問題と農水・通産・文教・地方振興・景気問題が対置している。前者は，これからの日本政治の課題であり，もう一方はルーティンの現実的問題であるから，未来指向－現状維持の軸といえる。さらにいえば環境・安保外交（核軍縮）が極めて大きな値であるから脱工業社会的価値と

表3　90年総選挙における選挙公約の構造
1990

[内容]						[対象]				
1	環境	0.717		農水	-0.434	1	地域公約　0.906		その他(対象なし)	
	安保外交	0.683	⇔	地方振興	-0.334			⇔		-0.823
	政治改革	0.476		通産	-0.326					
				文教	-0.255					
2	運輸	0.751		厚生	-0.418	2	農・漁業従事者0.771		子ども(教育対象)	
	建設	0.745	⇔	文教	-0.227		青少年(後継者)0.673	⇔		-0.510
	地方振興	0.311		政権交代	-0.213					
3	憲法	0.779				3	生活者　0.823		その他(対象なし)	
	財税改革	0.776	⇔	建設	-0.212		女性　　0.792	⇔		-0.185
	政権交代	0.376		厚生	-0.192				労働者	-0.177
	高齢化社会	0.201								
4	経済改革	0.866		地方振興	-0.132	4	商店街　0.776		その他(対象なし)	
	大蔵	0.817	⇔	改革指向	-0.110		社会的弱者0.604	⇔		-0.295
5	政治倫理	0.857		厚生	-0.393		高齢者　0.386		労働者	-0.205
	政権交代	0.594	⇔	景気	-0.215		障害者　0.274			

産業社会的価値（経済・開発政策や業績主義社会を維持するための文教政策）の対立軸と見ることもできる。第二の軸は，運輸・建設・地方振興と厚生・文教・政権交代・地方自治が，正負それぞれの符号について大きな値をとっている。これは，個別利益が訴えられた地方と包括的利益が好まれる都市の対立軸である。第三の軸では，憲法（護憲）問題，財政税制改革，政権交代と建設・厚生問題が対立している。第四の軸は，少数のケースに引っ張られた特殊な例なので省略する。第五軸は政治倫理・政権交代が負の方で突出し，これに厚生・景気問題が正の方で対抗している。第三軸・第五軸は当時の保革対立を表すものであるが，それぞれが得意とする争点分野はイデオロギー指向と利益指向に分化している。保守の方が厚生問題のような包括的利益も押さえている分有利ではある。以上のように，90年総選挙では来るべき変化の予兆を先取りするような対立軸が既に見られること，都市－地方の利益対立も大きいこと，

利益を約束する自民党と観念的イデオロギー的な話題を得意とする野党側という55年体制の政党対立のパターンが根強く見られることが明らかになった。

〈対象〉　対象に関する第一軸は，対象なし対地域公約である。対象なしというのは特定の対象がなく全体を対象とするものであるから，この軸は全体向け対特定地域向けということになる。第二軸については，子どもと青少年（後継者としての）および農林水産業従事者が対置される。子どもの将来に関する軸であり，都市－農村の対立とも大体において重なる。第三軸は，生活者，女性が突出した正の値をとり，負の方には全体，労働者，地域が対置される。身の回りの生活対全体の軸である。89年参議院選挙での消費税問題に代表されるような，この頃のポケットブック型の投票行動との関連が窺え興味深い。第四軸では商店街・社会的弱者・高齢者・障害者・子どもと全体・労働者が相対立している。弱者集団対全体という軸である。以上のように90年総選挙での選挙公約の対象に関しては，全体的な公約をする政治家に対し地域，生活，弱者といった特殊利益を訴える一群の政治家が存在すること，特に地域利益の訴えが強力であること，子どもの将来という未来あるいは時間に関する軸が内容面と同様に見られることがわかった。

　次に，内容面での4軸（第四軸を除く）と対象面での4軸の相関を表6で見ておきたい。対象面での第一軸（全体－地域）は，内容面の四軸全てと相関がある。内容面の第二軸（都市－地方）との関連は当然であるが，全体を対象として公約をいう政治家は価値観やイデオロギーと結びついた問題を述べ，比較的未来への指向を示すのに対し，地域に語りかける政治家は経済など具体的実質的な政策を公約する傾向にある。また対象面での第二軸（子どもの将来）は内容面の第一軸（未来指向－現状維持）と相関がある。これは政策目標の時間的差違が政治家の間にあることを意味している。90年の段階では，将来の変化を予感し未来に目が向けられ始めていた。しかし，未だ地方を中心に従来からの利益配分つまり「政策過程」を維持することへの指向が強く，これに対抗する勢

表4　93年総選挙における選挙公約の構造
1993

[内容]					[対象]			
1	運輸 0.591 建設 0.585 通産 0.328 文教 0.278	⇔	政治倫理 -0.723 人権 -0.524 政権交代 -0.487	1	地域公約 0.720 農・漁業従事者 0.634 青少年(後継者) 0.554	⇔	その他(対象なし) -0.775 市民 -0.274
2	労働 0.518 厚生 0.506 人権 0.423 農水 0.318	⇔	政治改革 -0.783 経済改革 -0.294	2	同和地区 0.865 障害者 0.736 労働者 0.633	⇔	その他(対象なし) -0.117
3	地方自治 0.651 行政改革 0.635 環境 0.333	⇔	景気 -0.494 建設 -0.362 厚生 -0.331 文教 -0.236	3	子ども(教育対象) 0.709 社会的弱者 0.660 戦争被害者 0.514 女性 0.388	⇔	その他(対象なし) -0.316 青少年(後継者) -0.194 労働者 -0.166 パート労働者 -0.128
4	平和民主主義 0.826 環境 0.554 文教 0.496 政権交代 0.341	⇔	政治改革 -0.205 政治倫理 -0.184	4	働く女性 0.779 女性 0.641 パート労働者 0.533 市民 0.274 子ども(教育対象) 0.272	⇔	その他(対象なし) -0.193

力が言及する政策も従来どおりの「イデオロギー過程」に埋没しがちだった。

(2) **93年総選挙の選挙公約の構造**（表4）

〈内容〉　93年総選挙は新党が叢出し自民党が下野することになった選挙である。一連の不祥事の後，政治改革が最大の問題であった。内容面で得られた四軸も政治改革に関するものばかりである。内容面の第一軸は，運輸・建設・通産・農水問題と政治倫理・人権政権交代問題が対置される。利益と実績を強調する保守勢力と従来通り政治倫理の観点から政権交代を要求する革新勢力との対抗関係を示す利益対倫理の軸である。第二軸は，労働・厚生・人権・農水問題が正の値をとり，政治改革・経済改革が負の値をとる。前者は野党が得意とする政策分野であるが，これにも改革の圧力がかかっている。野党政策対改革の軸である。第三軸

は地方自治・行政改革・環境問題対景気・建設・厚生・文教問題である。前者は新党さきがけに代表される保守（中道）勢力内の理想主義的なグループが示した改革の理想であり，後者は日常的政策課題である。改革の理想と政治の現実が対抗している。第四軸は理想主義的改革派と現実的改革派の対比で，90年の第一軸（脱工業社会的価値と産業社会的価値観の違い）が改革派の中に持ち込まれている。以上のように93年総選挙では政治改革が内容的に極めて重要であり，質量両面で従来のイデオロギー過程や政策過程の印象を薄くしてしまった。しかし，内実は複雑である。第一に全国が政治改革一辺倒ではなく，利益配分に関わる日常的な政策課題を訴え続けている候補者が与野党ともに根強くいる。第二に改革派の方も以前からの対立関係をそのまま引き摺り，まだ一方向には収斂していない。つまり93年総選挙での政治改革への圧力は極めて強力ではあったが，多くの候補者が過去のしがらみから自由たりえず，改革派も未来へ向けての方向性という点でまとまりに欠けており，混沌とした，いかにも過渡期という状況であった。

〈対象〉　第一軸は，対象なしと地域が対抗しており，90年の場合と同様に全体向け－地域向けの軸である。ただし90年には第二軸として別れていた農林水産業従事者・青少年が，今回は地域の側に付いており，より都市－農村の色彩が強くなっている。第二軸では 被差別部落・障害者・労働者など旧野党（社会党）系列の弱者が全体向け（政治改革）の主張と弁別されている。旧野党系弱者対全体の軸である。第三軸も同じく弱者を全体から区別しているが，こちらは子ども，社会的弱者，戦争被害者と全体，青少年，労働者，パートタイマーが対置されており，経済社会における周縁－中核の軸と考える。第四軸は比較的明快で，働く女性，女性，パートタイマーなど女性－全体の軸である。以上のように対象面では，90年と比べ大きな変化は見られない。地方を主とした地域利益の主張はやはり強力である。女性も含め弱者集団に対する公約を重視する候補者も依然いる。ただ弱者集団が旧来の党派的な系列で2つに分かれ，いずれも全体と対峙していることから，政治改革の嵐の前に，従

表 5　96年総選挙における選挙公約の構造
1996

[内容]				[対象]				
1	通産 0.751 労働 0.586 厚生 0.275 農水 0.258	⇔	政治改革 -0.579 改革指向 -0.434 地方自治 -0.232	1	地域公約 0.885	⇔	その他(対象なし) 　　　　　-0.855	
2	建設 0.813 運輸 0.749 地方振興 0.216 農水 0.207	⇔	行政改革 -0.353 地方自治 -0.296 景気 -0.271 社会進出 -0.202	2	農・漁業従事者 　　　　　0.761 青少年(後継者) 　　　　　0.706	⇔	被災者 -0.332 働く女性 -0.307 市民 -0.304	
3	平和民主主義 　　　　　0.867 憲法 0.759 安保外交 0.432	⇔	行政改革 -0.310	3	大企業 0.805 被災者 0.598 中小企業 0.499 勤労者一般 0.276	⇔	その他(対象なし) 　　　　　-0.198 生活者 -0.176	
4	景気 0.640 厚生 0.639 文教 0.208 社会進出 0.189	⇔	財税改革 -0.567 安保外交 -0.338 政治改革 -0.316 地方自治 -0.224	4	生活者 0.848 勤労者一般 0.820	⇔	住民 -0.120	

来からの顧客である弱者集団へのアピールを明瞭にした候補者が保革を問わず多くいたと推測できる。確かに中選挙区制度の下では，少数派でも特定の集団から凝集した支持を受けることは強力な武器となりうるから，改革旋風に乗り遅れた，あるいは乗らなかった政治家にとっては合理的な戦術である。

　93年についても内容面・対象面の軸同士の相関を見ておきたい。対象面の第一軸（全体－地域）は内容面の四軸全てと相関がある。全体を対象にして選挙公約を行う候補者は，政治改革や政権交代を説き，政策的にも環境問題のように包括的な問題を語り，比較的理想主義的な傾向を示すのに対し，地域向けに公約をする候補者は自分の支持基盤の利益を確保するべく日常的かつ実質的な問題を取り上げる傾向にある。対象面での第二軸（既成野党系弱者－全体）は，内容面の第一軸と正の，また第二軸と負の相関があった。既成野党としては旧来の延長で自民党の政

治腐敗を攻撃するが，新しい改革のうねりの前では，馴染みの顧客の利益を確保し陣営の立て直しを図っていた。対象面の第三軸（経済的周縁－社会的中核）は内容面の第一・第三・第四の各軸と相関があった。経済的に社会の周縁に位置する弱者に関心を示す候補者は，政治倫理や政治改革を主張するよりは文教政策や建設政策を重視する傾向にある。対象面の第四軸（女性－全体）と相関があったのは内容面の第二軸（野党政策対改革）である。女性向けに公約をする候補者は既成野党が得意な政策分野について多く発言する。このように93年には内容面と対象面の各軸の間で相関が数多く見られた。政治改革問題が争点として極めて強力なインパクトを持ったため，従来の与野党対立とあいまって，政治家たちの主張がいくつかの潮流に収斂したからである。その結果，93年総選挙においては改革を説く改革系，政治改革よりも部分利益を掲げる利益系，とりあえず政治倫理問題で与党攻撃をしながら旧来からの利益確保も行う既成野党系，改革も地域利益も一応主張する中間系というように政治家たちの主張を整理できる。

(3) 96年総選挙の選挙公約の構造（表5）

〈内容〉　この年から新選挙制度が採用された。一方，日本社会を取り巻く環境は急変し，あらゆる分野での改革が声高に主張されるようになった。第一軸では，通産・労働・農水に政治改革改革指向・地方自治が対応している。経済あるいは生活の要求と政治とりわけ改革への情熱は

表6　政策対象因子と政策内容因子の相関

		内容											
		1990年				1993年				1996年			
		1	2	3	4	1	2	3	4	1	2	3	4
対象	1	-0.287	0.530	-0.295	-0.228	0.559	0.249	-0.175*	-0.184*		0.690		0.209
	2	-0.223				-0.303	0.395			0.244			
	3					0.174*		-0.213	0.261	0.393		0.189*	
	4						0.169*						

* は危険率5%で有意

反比例の関係にある。第二軸では，建設・運輸が突出し地方振興・農水が追随しているが，対極には行政改革・地方自治・景気・財税制改革・政治改革が位置する。これは旧来からの地方利益と全国的全面的な改革指向の対立を意味する。利益対改革の軸である。第三軸では平和と民主主義・憲法・安保外交が行政改革と対置される。改革は旧来型のイデオロギー指向とも対立する。行政改革への指向を新保守主義の発露と見るならば，新旧2つのイデオロギー対立という性格も読み取れる。第四軸では景気・厚生・文教問題と財税制改革・安保外交・政治改革・行革問題が正負それぞれで大きな値をとる。どの年でも言及の多い日常的な政策課題と今日的な改革全般が対抗しているので，ルーティン対改革の軸である。以上のように96年総選挙においては，全面的な改革への指向が強く存在する一方，あえて改革以外のことに重点を置く候補者もいた。基本的には改革への態度によって，この選挙における候補者の政策的位置づけが可能である。ただ改革に対抗する勢力の中でもその主張にはいくつかの傾向が存在する。改革への強い圧力にさらされた時，それに同調できなかった政治家は，それぞれの得意な分野を強く訴えることで生き残りを狙ったようである。逆にいうと90年代後半の全面的な改革論議には，それだけ乗り越えなければならない障害があった訳である。経済の論理，地方の論理，古いイデオロギーの論理，行政の論理である。これはまた最近の改革それ自体の性格も浮き彫りにする。改革は従来からの制度，利益，イデオロギーの全てを破壊しようとする。さらにいえばそれ自体が新しい制度，利益，イデオロギーを生み出すようなエネルギーの塊なのかもしれない。ただ96年の時点では，まだ改革それ自体が目的であって，その内容や行く末は反対勢力を通じて間接的に把握されるに過ぎない。むしろ改革論議が盛り上がるほどその非日常的性格が強くなるので，改革勢力にとっては日常生活の円滑な運営に失敗することこそが最も危険なように思われる。

〈対象〉　対象面の第一軸は引き続き，対象なしと地域公約が明瞭に対抗している。全体向け－地域向けの軸である。第二軸では正の方向で農林

水産業従事者・青少年が大きな値を取り，負の方に被災者・働く女性・市民がある。農村・過疎地域と都市が対抗する軸と考えられる。第三軸に関し目立つのは大企業・被災者・中小企業で，反対側では対象なし・生活者が対応する。大企業と中小企業が混在するのは一見奇異であるが，大企業に対する言及には否定的攻撃的なものが多く，実際には中小企業者への保護の約束が多いから，これは中小企業のような生産現場での弱者対全体（それも消費生活に傾斜した意味合いの強い）の軸である。第四軸では生活者・勤労者が正の方向で突出しており，負の方で市民が対置される。前者は旧中道政党が比較的多用するのに対し，後者は民主党の愛用する言葉である。背景には何か意味があると思われるが，とりあえず市民－生活者の軸としておく。このように対象面では前２回と比べ，大きな変化はない。やはり地域利益の主張は強力に一般向け公約に対抗している。今回，再び第二軸が分離しているが，90年と異なり，子どもが含まれておらず未来への視点は見られないので，都市－農村の軸としての性格がより明瞭に表れている。今回の変化で注目されるのは，少数派集団への言及が目立たないことである。第二軸での農林水産業従事者への，また第三軸での左派的な言及程度で，市民・生活者・勤労者といった表現が目につく。これは直接的には民主党の出現によるが，背景に小選挙区制度の下での少数派糾合戦略の難しさがあると考えられる。

　最後に96年についても対象面と内容面の相関を見ておく（表６）。まず対象面の第一軸（全体－地域）は，内容面の第二軸および第四軸と相関がある。新選挙制度下でも地域向けに選挙公約を行う政治家は政治改革よりも地元向けの利益配分を伴う具体的な政策に言及する。対象面の第二軸（都市－農村）は内容面の第一軸（経済－改革）と相関がある。これは農水関係の要素が双方に含まれているからである。対象面の第三軸（経済弱者－全体）は内容面の第一軸および第三軸と相関がある。経済弱者への関心は経済現場での問題と結びつくと同時に旧来のイデオロギー指向とも合致する。改革旋風に対する左からの反対の存在を示している。対象面の第四軸は内容面とは相関がない。市民あるいは生活者とい

った言葉は内容的には空疎であった。以上の点からすれば96年選挙では，以前とは異なり，全体向けに改革を訴える公約が主で，これに旧来の政策過程（地元利益や弱小職業集団利益）や縮小先鋭化したイデオロギー過程が何とか対抗しているという図式があてはまる。

(3) 因子の意味する政治的差違

　上述のように一見煩雑な政治家の選挙公約にもその背後にいくつかの対立軸を発見することができた。次に，それらの軸が政治的にどのような意味を有しているのか検討したい。これらの軸は，選挙公約の内容や対象の言及量の多寡についてのパターンを抽出したものであるが，そのパターンがどのような政治的差違あるいは対立から生じたものであるかを調べることで各軸の性格をより理解することが目的である。ここで取り上げるべき政治的差違は，先に掲げた本稿の課題からいえば保守－革新および既成政党－新党という党派的差違，新人－現（元）職の候補者属性の差違，選挙区間の社会経済的差違である。「イデオロギー過程」や「政策過程」の進展を見るためには，保革の党派的な違いは重要である。あるいは新しい争点，政治過程との関連で言えば，新党・新人のインパクトに関心が持たれる。また選挙区の間でも社会経済的発展状況が異なれば，主要な政策目標・争点に不一致が生じうる。以下では，各因子を従属変数に，またこれらの政治的差違を独立変数にした回帰分析を行った。保革の別は保守政党候補者に１，革新陣営に－１，中道に０を与えた簡単なインデックス，新党および新人にはダミー変数，社会経済状況には人口集中地区（DID）人口比を用いた。その結果得られた有意な標準化係数を表７に示す。なお，同様の趣旨で単変数ずつ平均値の差を検定したが，ほぼ同じ結果を得た。

　まず，表７では保革の区別が多くの軸に効果をもっている。ただ中では変化がある。90年には「地方利益－都市利益」・「地域－全体」軸で有意な係数が見られるように，保守は地方の利益を重視し個別に公約をする傾向があり，革新側は逆に全体向けに訴えている。93年も同様に保守

表7 選挙公約に影響を与える政治的差違（回帰分析）の効果

政策内容			保守-革新	既成政党-新党	新人-現職	DID人口比
1996	1	経済 +〈⇒〉- 改革	-0.341	-0.307		-0.213
	2	利益 +〈⇒〉- 改革				
	3	イデオロギー +〈⇒〉- 行政改革	-0.378	-0.357		
	4	ルーティン +〈⇒〉- 改革	0.235			
1993	1	利益 +〈⇒〉- 倫理	0.365	0.259		
	2	野党政策 +〈⇒〉- 改革			0.284	
	3	リベラルな改革 +〈⇒〉- ルーティン		0.273		
	4	改革理想 +〈⇒〉- 改革現実				
1990	1	未来志向 +〈⇒〉- 現状維持				0.273
	2	地方利益 +〈⇒〉- 都市利益	0.259			
	3	左 +〈⇒〉- 右	-0.267			-0.286
	5	野党(抽象) +〈⇒〉- 与党(具体)				

政策対象

			保守-革新	既成政党-新党	新人-現職	DID人口比
1996	1	地域 +〈⇒〉- 全体				
	2	農村 +〈⇒〉- 都市				-0.482
	3	経済弱者 +〈⇒〉- 全体	-0.613	-0.577		
	4	生活者 +〈⇒〉- 市民	-0.217	-0.274		
1993	1	地域 +〈⇒〉- 全体	0.232			-0.417
	2	野党系弱者 +〈⇒〉- 全体	-0.292			
	3	経済的周縁 +〈⇒〉- 中核	0.200			
	4	女性 +〈⇒〉- 全体				0.259
1990	1	地域 +〈⇒〉- 全体	0.294			
	2	農村 +〈⇒〉- 都市				
	3	生活 +〈⇒〉- 全体				
	4	弱者 +〈⇒〉- 全体				

数値は標準化係数・有意水準5％

が地域向け利益を，革新が全体に対し倫理を語るが，加えて保革とも自らの顧客層へのアピールを行っていることが，(一元配置分散分析で中道政党が内容面で独自の姿勢を見せていることも含め) この年の新しい点である。96年で目立つのは，イデオロギーを安保でも経済的平等でも打ち出して独自色を狙う少数の革新側の突出した主張である。他方，保守＝地域向け利益指向という従来からのパターンは見られなくなった。

　新党・新人効果については，90年はない(新党はそもそもない)。93年に有意な効果が見られたのは「利益－倫理」・「リベラルな改革－ルーティン」軸であった。前者は新党が従来からのイデオロギー過程に乗っていないことを，後者は新党の政策内容をよく表している。新人効果は意外と少なく，93年の「野党政策－改革」軸に見られるだけである。平均値の差の検定では「全体－地域」・「旧野党系弱者対全体」軸でも有意な差があったから93年については新旧候補者間で旧来の政党間対立を超えて選挙公約上の対立があったといえる。96年には新進・民主両大型新党の参戦で新党効果が観察された。いずれの軸でもイデオロギーに固執する既成革新政党と新党は対照的である。また一元配置分散分析では「ルーティン－改革」軸で既成保守とも区別された。以上の点から90年の時点では従来のシステムが堅牢で新党・新人効果は存在しなかったが，93年には急遽大量に出馬した政治改革一辺倒の新勢力と政治改革ブームに戸惑いながら従来の線で陣営を引き締める既成勢力との間に差が生じ，96年には新党の改革指向が定着したといえる。次に社会経済状況であるが，都市度を表す DID 人口比率は，当然，対象面の「地域－全体」・「都市－農村」と，相関を持つ。単相関であれば常に，また重回帰分析でも93年・96年では効果が見られる。地方には党派や立場を問わず個別に公約を語らなければならない事情がある。これ以外では，90年の「脱工業社会－産業社会」，93年の「女性－全体」軸，96年の「経済的平等－改革」の各軸で効果があった。都市的選挙区ほど未来指向で新しい価値（保革とは無関係である）や改革を全体向けに訴える公約が多く，また女性に呼びかける候補者も多い。都市の話題は包括的で非イデオロギー的であ

ることは興味深い。

(4) まとめ

　ここまで，政治家の選挙公約の構成比に関し，内容および対象の両面にわたり，そのパターンを分析してきた。最後にそれらの知見をまとめておく。

　①90年においては，地域向けに訴えることの多い利益指向と一般的抽象的な主張が対抗関係にあった。概ね，前者は自民党，後者は野党に多かった。同時にそれは都市と地方の差違という性格も含んでいた。しかし，選挙区間の差違という点でむしろ注目すべきは，特に政党間対立には反映されなかった都市部での未来指向の公約内容であった。これを，ひき続く選挙で見られた改革問題などの包括的非イデオロギー的争点の予兆と考えることができる。

　②93年には政治改革が最大の話題となった。ただし中身は複雑で，新人に代表される政治改革に1点集中する傾向と既成野党に見られるような旧来からの自民批判，一部新党に見られる理想指向が混在していた。既成の現職政治家の中には自らの得意分野で従来からの顧客に向けて訴えることで改革ブームに対抗する者も与野党を問わず多かった。

　③96年には全般的な改革が主要な問題となった。改革に対しては，地域向けの既存型利益や行政能力，経済弱者への配慮，イデオロギー的に突出した革新政党の主張が対置される。保革の区別は一部革新勢力の公約を弁別するには有用だが，個別利益への言及には影響がない。

　④90年代の3回の選挙に共通している傾向は，対象面での地域向け，内容面での運輸・建設（・農水・地方振興）の利益指向型公約が主要な軸にあり，互いに相関しているということである。地方を中心に確かに地元利益意識に基づく選挙政治が存在している。この底流に対し，93年の政治改革，96年の構造改革のように一時的に集中して取り上げられるものもある。これらの包括的非イデオロギー的争点は都市で多く訴えられる傾向にある。

三 おわりに

ここまで90年代日本の選挙公約を分析してきたが，最後にその知見を通じて先に掲げた本稿の課題に答えておきたい。

①イデオロギー過程に特有の政策内容というと安保問題と福祉・参加・平等問題であるが，どちらも90年代において主役とは言い難いが，依然，革新陣営からの言及はある。②福祉参加・平等関連の選挙公約の保革バイアスに関しては，まず福祉問題に保革の別はない。確かに革新側の言及も多いが，保守側も行政の一環として十分に対応している。むしろ，倫理・人権に代表される平等問題は革新側の得意分野であり，96年には少数尖鋭化した革新側が経済的な側面での平等を主張している。この点蒲島（1998）と異なるが，政治家はよりイデオローグ色が強い（蒲島 1998，269および359頁）。③政策過程の関連では，地元向けに地域利益を約束する一群の政治家が一貫して存在しており，地元利益は現代の政治過程のいわば底流をなしている。しかも93年までは専ら保守側の特徴であったが，96年には全体に広がっている。④これに対し集団利益はそれほど目立たない。中選挙区の下では系列の弱者集団向け言及があったが，96年には減少した。農漁業者向けの公約も独自に存在しているが，量的には減っている。⑤包括的・非イデオロギー的な内容を持つ選挙公約としては，93年の政治改革，96年の諸改革が圧倒的な量を占めた。これらは当初，既成政党が対応できず，新党・新人政治家によって主に都市部で訴えられた。ただ96年には保守政党は改革を打ち出し（他方，革新側は自らのイデオロギー過程に引籠もってしまった）たので，新党ブームが落ち着けば今後は福祉や文教問題同様，自民党が実績・能力ゆえに有利な分野とする可能性が高い。巨大なエネルギーをもつ改革ブームであったが，新しいイデオロギー対立を生むには合意争点となりすぎた（蒲島 1998，287-9頁）。⑥最後に選挙制度改革のインパクトであるが，比例区中心の戦術を取る政党を除き，小選挙区で多数の支持を得る努力は既に始まっている。地元利益でまとまる地方では地域公約がますます

有力になる一方,都市部では全体向けの包括的な話題が提供される。結論には時期尚早であるが,この傾向は今後も強まると予想できる。

以上のように,データ的にも方法的にも限られた範囲内での分析ではあったが,90年代日本の政治過程を選挙公約を通じ明らかにする試みの結果,90年には「イデオロギー過程」と「政策過程」という55年体制下の特徴が残っていたこと,その後93・96年と包括的非イデオロギー的な改革問題という横波がやってきたこと,「イデオロギー過程」は存在するものの緩やかな衰退傾向にあること,他方「政策過程」は地元利益を核に根強いこと,改革問題も今まで包括的非イデオロギー的な争点と同様に消化される可能性が高いことを明らかにできた。今後は,選挙公約の決定要因の追究や選挙後の政治過程で公約が果たす役割を検証することで理解を深めて行きたいと考えている。

　付記　本稿で使用したデータは平成9・10年度文部省科学研究費補助金(課題番号基盤研究B「新選挙制度が代議士の政治活動と政党再編に与える影響－合理的選択理論に基づく実証研究－」)によるものである。

参考文献
猪口 孝　(1983)『現代日本政治経済の構図』東洋経済新報社
蒲島郁夫・竹中佳彦 (1996)『現代日本のイデオロギー』東京大学出版会
蒲島郁夫 (1998)『政権交代と有権者の態度変容』木鐸社
三宅一郎 (1989)『投票行動』東京大学出版会
三宅一郎 (1998)『政党支持の構造』木鐸社
三宅一郎・村松岐夫ほか (1985)『日本政治の座標』有斐閣
村上泰亮 (1984)『新中間大衆の時代』中央公論社
村松岐夫 (1981)『戦後日本の官僚制』東洋経済新報社
Gamson, W. A. (1992), *Talking Politics,* Cambridge University Press
久米郁男 (1998)『社民勢力と政界再編：公約分析を手がかりとして』『神戸法学年報』14号 227-249頁
品田 裕 (1998)「選挙公約政策データについて」『神戸法学雑誌』第48巻2号 541-572頁。

第III部　政策

構造的外圧
―― 国際金融と日本の政治変化 ――

T. J. Pempel
翻訳　中村悦大

はじめに

　現代の政治経済学における最も奥の深い論争の1つは，強力に収斂を引き起こすかに見える国際化の諸力に直面して，国家ごとに異なる政治経済組織のパターンはどの程度維持されうるのかということに関わっている。膨張する世界貿易，生産の多国籍化，規制体制の自由化と民営化，広く行き渡った情報技術の力，コミュニケーションスピードと輸送の簡便さの増大，世界市場で競争する企業間における「最適手法」の相互学習の増大などは収斂を加速するのだろうか。(e. g. Albert 1993 ; Berger and Dore 1996 ; Crouch and Streeck 1997; Garrett 1998; Kurzer 1993; Strange 1996; Webb 1993; inter alia)

　国家の多様性に挑戦する力として最も広範に合意されているものが，資本の地理的移動とそのスピードの増大である。すなわち，急速に移動する資本は，政治的配慮もなしに，容赦なく高い利潤を追求する過程で，個々の国民国家の中に存在してきた経済的に非効率な仕組みを解体していくというのである。

　国家の独自性対資本主義の国際化という論争には深い歴史的ルーツがあり，論点も多岐にわたってきたが，ここ10年におけるこの議論の再燃を特徴付けるのは，資本主義体制の同質性よりも国民経済が同一の外的

条件に対して別々の反応を示す点に焦点を当ててきた初期の比較資本主義体制研究からの関心の転回である (e. g. Castles 1989; Goldthorpe 1984; Gourevitch 1986; Katzenstein 1977, 1985; Schmitter 1979; Zysman 1983, inter alia)。

　これらの理論的論争に関する実証研究はほとんどなされてこなかった。なかでも，経済の国際化が政党政治に及ぼす影響については十分な研究がない。現在までになされた研究の多くは，制度化されていた組織労働者や政治的左派の権力が増大する資本移動によって弱体化され，あるいは少なくとも挑戦されているその様子に関心を集中してきた。たとえば，レーガニズムやサッチャリズムのような新自由主義経済学は，それ以前にイギリスにおいてもアメリカにおいても制度化されていた社会契約の明白な逆転と結びつけられた (Krieger 1986; 大嶽，1994; Pempel 1998)。 大陸ヨーロッパでは単一通貨の採用が，それに付随する政府の金融，財政の自律性に対する制限と共に，社会民主主義モデルの中核的要素，特に長期にわたる低失業政策や団体交渉，社会福祉などを継続することへの挑戦として立ち現れてきた (Albert 1993; Pontusson 1997; Scharpf 1991; Streeck 1997)。

　しかし，すべての証拠が国家なるものの総体的な脆弱性を指し示しているわけではない。多くの研究において政治制度，特に社会民主主義的制度に埋め込まれた強い抵抗の存在が示されている (Garrett 1998; Garrett and Lange 1995; Hollingsworth, Schmitter, and Streeck 1994; Huber and Stephens 1998; Kitschelt et al. 1999; March and Olsen 1989; Pauly and Reich 1997; Steinmo Thelen and Longstreth 1992; inter alia)。上述の分析は市場が生み出す普遍化の力への単なる適応ではなく，むしろ国家ごとに異なったシステムの存続可能性を示唆する。

　日本のケースは上記の論点を検討する特に鋭敏なレンズを提供する。戦後長い間，日本はもっとも特殊な資本主義政治経済体制であると分類されてきた (Dore 1973; Pempel 1998; Yamamura and Yasuba 1987)。

しかし，1990年代には，そのシステムの中核的要素はかなり変化した。経済界では，かつて世界に君臨した金融機関が，不良債権に苦しみ，経営破綻や，国際市場の縮小という苦境に陥った。系列の忠誠関係は解体した。外資系企業は多数の日本の金融，製造企業の経営権を得た。多数の日本企業は生産ラインを海外に移した。かつて賞賛の的であった長期雇用保証は攻撃にさらされている。政治においては，自民党の長期1党支配体制が1993年に終わり，永年日本の野党第一党であり，自民党のイデオロギー的対抗拠点であった社会党は衰退し，その政治生命を終えた。新しい選挙制度，右肩上りに増加する無党派層，再編され，高度に流動的となった政党システムもまた，大きな変化を証明している。官僚に利用可能な政策手段が著しく減少すると同時に，大蔵省も行政改革の一環として組織を二分されることとなった。

　日本1国のみを分析対象とする文献において，この変化の原因と程度についてかなり多くの議論がなされてきた（Asher 1996；Calder 1997; 経済企画庁 1998；Mabuchi 1997；中谷 1996；Pempel 1998; Rosenbluth 1996）。多くの人はその背後にある原動力は自民党と選挙政治であるか（Rosenbluth 1996）あるいはまた大蔵省である（Calder 1997）と見ている。

　国内政治は以下で分析されるような変化と無関係であったとはいえない。しかし本稿は，自民党と大蔵省は共に，資本の自由化を容認するよりも，むしろ最も一貫してそのような変化に反対してきたことを示す。日本においてより大きな経済の開放性を積極的に受け入れたものは，むしろ個々の日本企業や彼らに協力する外国企業であった。その上，そのような開放性の受容は，国際的圧力から独立して生まれたものではなく，その圧力と共鳴したところに生まれたのであった。

　最後に，シルビア・マクスフィールドが示したように(Sylvia Maxfield 1997)，高度に民族主義的な銀行，資本制度をとっている多くの中所得国は，近年資本移動の結果として大きな変化を経験することを余儀なくされている。しかしながら1979年以降のイギリス，1992年以降のスウェー

デン，1995年以降のメキシコあるいは1999年のブラジルと異なり，日本は非常に大きな貿易黒字と外貨準備を持った長期にわたる債権国である。上記のすべての国は，日本同様資本移動を受け入れるのに相当消極的であった。そうでありながら，彼らは長期にわたる対外債務，国際収支問題，外貨準備の激減，自国通貨安，資本逃避などの結果として資本の開放を行った。対照的に，日本の政治経済は国際資本の圧力の結果としてシフトしてきたとはいえ，日本の変化を媒介したものはまったく異なる。国家の外国資本の受け入れに対する消極性を，国家債務の増加，外貨準備の急減，通貨価値の暴落と主として結びつけて論じる仮説は，日本の事例に照らして再検討する必要がある。

　本稿では国際化に関する文献から発展させられた4つの主要な仮説と取り組む。第一に，国際経済は国内政治に勝る。第二に，この国際経済が国内政治をしのぐプロセスは初めに国内経済配列を変化させることから始まり，続いてそれが政治に反映される。第三にこのプロセスを引き起こす主要な原動力は資本逃避に対する脅威である。第四に資本移動の増加に対する主たる政治的反対者は国内の労働者と組織化された左翼である。

　本稿は程度の差こそあれこの4つの仮説すべてに挑戦する。それは日本の経験の分析を通じてなされる。このプロセスにおいて，同時に，日本における変化は国際的圧力に対するストレートな反応でもなく，国内政治過程の帰結でもなかったことが示される。当然のことであるが，日本の変化は国際，国内両方の圧力の複雑な多段階の相互作用の帰結であった。

　分析を進める前に，「外圧」という概念に関する説明をしておかなくてはならない。日本の政治や経済に関する研究は外圧という現象，すなわち外国あるいは海外からの圧力，に非常に注目してきた。通常そのような分析は貿易問題，特に「輸出自主規制」，市場開放，マーケットシェアの取決（negotiated market share）や，自動車，たばこ，柑橘類，医薬品，通信，繊維のような特定政策領域における日本の行政施策に対する

アメリカからの要求に集中している。もっともなことであるが、このような外国からの圧力に対して、日本国内、とりわけ業界や企業、政府官僚の中に、それを変化への契機にしようとして歓迎する同盟者が存在してきた（草野 1984; Pempel 1987; Schoppa 1997）。

　国際資本の力は、少なくとも3つの根本的な点において異なる外圧を示す。第一に、これまでの外圧の研究では2国間の政府間交渉に焦点が当てられてきた。対照的に、国際資本の圧力は外国政府からではなく、政治に媒介されることの少ない国際資本及び市場の力に由来する。このため、たとえ日本において国際資本の圧力が広範に感じられるとしても、その影響力は特別日本にのみ向けられているのではない。第二に、貿易問題は比較的時間経過に沿った、あるいは個々の決定ごとに特有の性質を持つ傾向がある。貿易における外圧過程は、比較的明確な要求の提示、時間の限られた交渉、変化に対する合意という一定のサイクルによって典型的に特徴付けられる。対照的に、国際資本移動の圧力はより捕えがたく、かつ広く継続的である。そして第三に、明白に波及効果があるにもかかわらず、貿易関連の外圧はほぼ単一の経済セクターの中で最も強く経験され、何らかの政府の協定あるいは公式発表に結実していく。対照的に、貨幣、通貨コントロール、資本移動、投資決定などの変化は通常、政府が自ら操作するのがかなり困難な、多数の企業や金融機関の行動の中において起こる。本稿が国際資本移動の日本に及ぼす影響力を捉えるために、「構造的外圧」という用語を使うのは、この2種類の外圧を区別するためである。

　本稿は4つの節からなる。第一節は日本の「黄金時代」たる1960年代と70年代における資本市場の閉鎖的な性格を示す。第二節では、資本移動の多様な形態が、時間とともに相互にどのように関連していったかを示す。重要なことは、これらの変化ははじめ、政治的領域でよりも経済の領域において意識されていた点である。日本の政治は国内資本市場と海外市場の統合圧力に棹さすのではなく、それを押しとどめるように動いた。第三節では、国際資本の圧力が、長く存続してきた日本の政治経

済体制のさまざまな側面に及ぼした帰結を探る。最後に第四節では，これらの経済変化に対する政党と選挙政治の反応を探る。日本においては資本移動に抵抗する多くの社会民主主義国とは異なり，最も重要な政治的抵抗は福祉国家を守り，資本移動を阻害することを願う政治的左派と組織労働者からおこったのではなく，むしろ，名目上は「保守」の政治家，大蔵省を含む多くの官僚機構，銀行や証券会社，保険会社を含む保護され，カルテル化していた経済セクターからおこったのであった。しかし，この原稿を書いている時点では，政治の混乱は未だ，日本において現在生じつつある経済的な二極分化を反映する新しい政党政治をもたらしてはいない。

したがって，現在までのところ，日本においては経済が政治に対して完全には勝利を収めていない。むしろ，かつては100％日本資本であった日本企業の欧米のパートナー，そこには現在資本側の「管制高地」に位置するに至った欧米のパートナーを含むのだが，これら欧米のパートナーが日本の政治的動脈硬化に，最大量の血漿を投与することもありそうである。

一 閉じた資本市場，経済成長，保守の政治支配

アメリカ占領から1980年代まで，日本の政治経済はその非常に高い成長率と選挙におけるきわめて安定した保守支配のユニークな結合によって先進産業民主主義国中でも目立つ存在であった。経済と政治は見事に結びついていた。しかし，アメリカやイギリスのように国内での強力な政治的支持を得つつ国際化した金融セクターを持っていた国と異なり，また海外からの輸入や投資を歓迎する長い歴史を持った多くのヨーロッパ大陸の国々とも異なり，日本のシステムは国内資本市場の隔離，資本移動の自由と対内直接投資の制限，多くのセクターでの輸入自由化への抵抗に基礎をおくものであった。

経済自由主義者による国籍なき企業，剝き出しの価格競争，容易な市場参入，短期的な個々の消費者の経済厚生への崇拝とは異なり，消費者

の犠牲の下であっても，日本の政治経済は市場の予測可能性，ネットワーク関係，寡占状況，市場シェアの拡大，国内企業の収益等に価値をおいた。保守の政治支配はこの志向を下支えした。その結果は「埋め込まれた重商主義」であった。その下で長期支配を行う自民党は，国内市場保護の継続を望む良く制度化された既得利益を発達させた。野党勢力や保守支配の往時の批判者は閉じた資本市場や重商主義的保護政策という基盤にほとんど異議を申し立てなかった (Pempel 1998)。日本の体制はほとんどの北米，ヨーロッパ諸国の政治経済を通して広まっている埋め込まれた自由主義と鋭い対照を成す (Ruggie 1982)。

資本移動のコントロールはその体制の一体性維持にとって不可欠であった。戦後すぐに日本政府は株式や債権を通じての直接金融に対する幅広い障壁を作った．これらの障壁は，非常に限られた量の譲渡可能債権と共に，日本銀行と大蔵省に事実上すべての日本の貨幣と債権がそこを通らなくてはならない蛇口の役割を与えた。このように乏しい資本は，ほぼ政府の決めた優先順位にしたがって配分された。

システム内において有意なすべての資本はほとんどが国内資本であった。個々の預金者にとって利用可能な預金手段はほぼ排他的に国内のものであり，厳しく規制されていた。結果として，たいていの日本の家計は郵便貯金に預金し簡易保険に加入した。前者の口座に対する利子は通常非課税であり，合法的に利用可能な最高金利であった。しかし実質金利はしばしばマイナスであり，大蔵省とその財政投融資計画を通じて公共事業だけでなく企業に対する選択的低利融資に利用可能な大量の資金がこれらのシステムの中に蓄えられていた(Calder 1990; Ishi 1993；野口 1995；舘 1991)。

1950から70年代の日本企業は資本の大部分を証券や株式よりも金融機関からの貸付と企業間信用によって調達していた。例えば64〜68年の間に非金融部門においては株式，証券から8.6％の外部資金を取りいれていた一方, 86.6％を貸付と企業間信用から取り入れていた (Hamada and Horiuchi, 1987, p. 225)。この高いDER (株主資本に対する負債比率)

は金融と製造の深いつながりを一層強化していた。つまり，私的部門の行動が，政府の金融政策のわずかな変化にも敏感に反応した。ほかの国であれば市場に影響が出るまで数ヵ月かかるようなわずかな公定歩合の変化が日本においてはほぼ同時に効果をもたらした。日本政府と主要銀行はこのようにして多くの負債を抱えた日本企業に驚くべき力を行使した。

不自然なほど安い円も日本の資本コントロールに重要だった。1949年からブレトンウッズ体制が1971年に終焉するまで，大蔵省はアメリカドルに対して1ドル360円の固定レートを維持しつづけた。日本の貿易収支が黒字になるにつれ，円はさらに過小評価されていった。このことが日本の輸入業者と共に消費者の購買力を低下させたとはいえ，それは同時に外国製品の輸入に追加的な障壁を提供し，日本の輸出企業に恩恵をもたらした。

民間金融部門は高度にカルテル化されており，寡占的であった。銀行，証券会社，保険会社は相互に排他的な業務領域を享受した。また長期と短期の貸出や普通銀行業務と信託業務も隔離されていた。「護送船団方式」，つまりそれによってすべての船が最も遅い船(すなわち最も非革新的で，利益率の低い金融機関)のペースで動く海軍の戦略に基づいて行われる一連の政府規制によって，すべての金融機関の競争は厳しく制限されていた。新規参入は制限され，個別金融機関の破綻は生じなかった。金融システムの変化は遅かったが，しかし参加を認められた金融機関には大きな利益が約束されていた。強い既得権益を持つものが資本競争に関する保護の継続を望んだのは当然である。

一方では，1949年から50年に制定された外国為替及び外国貿易管理法と外資法は共に外資系企業の進出に対する障壁を作り，同時に多くの日本企業による対外直接投資を妨げた。1951年から1971年まで，日本の対外直接投資の総額はたった40億ドルにしかならず，そのうちおよそ60％は同時期の最後の3年になされたものであった (Krause 1972 pp. 166-68)。

日本国内への海外からの投資に対しては，より厳しい制限が課された。法的な障壁に加え，広範な日本企業の株式持合いが敵対的（典型的には海外からの）乗っ取りの機会を最小限に押さえた。このようにして，世界のどこでもアメリカの多国籍企業が急速にその海外業務を拡大させた一方，日本は，その他のどの産業国よりも魅力のない投資先であり，そのさまはコロンビア，ペルー，フィリピンなどあまり経済的に魅力のない市場と同様であった（Encarnation 1992 pp. 49-50）。

資本規制と負債金融は系列として知られる，企業の水平的，垂直的結びつきからなる広範で複雑な産業グループを作り出した。水平的には，異なった経済部門で比較的平等な関係にある企業が，相互の株式持合によってだけでなく，共通のメインバンク，信託銀行，保険会社や主要な商社との資本関係によって結びついている。一方，下請け，孫請け，卸，小売のような小企業からなる多数の層がより大きな企業と垂直的に，資金，技術，人員派遣，長期契約やさまざまな慣行によって結びついている。このようにして，多くの中小企業だけでなく異なった業種の企業も経済的，構造的に運命を共有するにいたった。

そのような広範なリンケージは継続する高成長と共に，しばしば他国においては諸企業を小企業と大企業，輸出企業と輸入企業，都市と農村，金融と製造，セクター対セクターに分裂させてきた厳しい経済的相違を緩和させた (cf. Frieden 1991; Frieden and Rogowski 1996; Rogowski 1989)。それらはまた個別の企業が閉じた資本市場というシステムに頑強に抵抗する誘惑を減少させた。

この埋め込まれた重商主義の結果として，諸企業は経済的に必要な量よりもしばしば多くの労働力を雇用しているにもかかわらず収益を上げることができた。また寡占状況により価格競争を最小化し，カルテル協定に追随する大きなインセンティブが提供された。そして企業は系列のパートナー，下請け，部品メーカー，小売との間で短期的利益の極大化は求めず妥協した。

継続する国民経済成長によって，明白に特定のセクター，企業，労働

者を冷遇することになる困難な政治的選択を迫る経済圧力は緩和された。国民経済はこの30年間，多くの主要なプレイヤーの利益を保証するのに「十分な成功」を達成してきた。経済的リソースが拡大することで，対立を秘めた官僚，ビジネスリーダー，政治家間の緊張も緩和された。日本の農家，中小企業，食品業界，建設業界，化学，および国際競争力を欠いてしまった（あるいは始めから一度も競争力を持ったことのない）多数の業界は政治と市場へのアクセスの規制を通じて経済的保護を与えられた。発展的な経済状況でなければゼロサムとなってしまうような対立も，特定のグループ，業界，有権者集団，地域に対する利益供与や補助金，交換取引で容易に緩和された。その帰結は1950年代中ごろから1980年代の中，後期まで広く行き渡っていた「敗者なき政治」(kume 1992) であった。政治的に有力なアクターの中で支配的な経済慣行に挑戦しようという強い誘因を持つものはほとんどいなかった。逆に，経済的競争力に欠ける組織，業界，企業，また非競争的慣行が，閉じた経済システム内の制度に深く根を張り，それを維持しようとする既得権益をますます強大にしていった。

　日本の資本市場の国際化は，その進行にともない，この複雑なシステムの多くの部分をつないでいた漆喰を侵食した。かつては高度成長と閉じた資本市場の下であいまいであった経済的な選好の相違が，次第に政治的に，あるいは経済的に表面化してきた。そのような変化は制度と政策に変化を引き起こし始めた。

二　資本移動と構造的「外圧」

　日本が次第に国際資本市場に統合されることで，最終的に上述の結合の多くが解体していった。この因果連鎖はいくつかの分析的に独立した段階を含んでいた。その中でも特に3つが重要である。そしてハニングが論じたように，国家よりも金融－産業関係や企業の私的選好を因果連鎖の最初に置く必要がある (Henning 1994, p. 59)。この3つの全ての段階で，資本市場は日本の政治経済に異なった種類の「構造的外圧」を

かける。その結果，この3つの段階は根源的かつ広範な構造的変化を生み出す。

　第一に，日本円は次第に国際通貨市場に統合されてきた。これは1970年代初期に始まり，円がより強くなることで，日本企業の海外業務はかなり増加した。それゆえ日本企業が新しく海外の資本源にアクセスすることが可能となった。そのうちに第二のプロセスが明らかになってきた。メインバンクの中心的役割の減退と日本政府による資金の割り当てを通じての企業行動支配の後退である。第三の決定的な段階は，潜在的にマイナスの効果をもたらす，日本の金融自由化の帰結を相殺しようという1985年からの政府の努力と共に始まる。これらが結局は1985年から90年の資産バブルを招いた（野口 1992）。この一連の段階を通じて，日本における政治的圧力はより広く資本の開放を受け入れるというよりはそれに抵抗するほうに強く働いた。

（1）変動する円と対外投資

　日本の重商主義経済は固定為替相場のブレトンウッズ体制が崩壊した1970年代初頭に，その最初の大きな挑戦を経験した。円は長い間360円のレートでドルに連動していたのだが，国際的に変動するようになった。1971年から1974年の間，それは360円から290円に跳ね上がった。続く20年以上の間，日本円は多かれ少なかれ自由に世界市場で変動し，3回の急騰が起こった。1977年の初めの290円から1978年10月までに170円になった。1985年9月のG5プラザ合意の結果として，110円台になり，1995年には1ドル80円弱になった。この期間を通じて，円は産業化後の世界の中で飛びぬけて急速な通貨価値の高騰を経験した。このように急速な円高が，日本国内の政治経済において広範な変化を促進する構造的外圧の根源的かつ継続的部分となった。1995から98年になって円は初めて急速に値を戻しはじめた（1998年の夏までには140円から145円の間にあった）。しかし，いったん円が自由に変動するようになると，それ以前の重商主義的アレンジメントの重要な1要素は消失したのである。

多くの企業が海外へ投資しないことは経済的自殺であると結論した。円建てで測ってみれば，海外の土地，労働，企業本体の価格は特売価格といえるレベルまで低下した一方，国内で生産しつづけることはますます割高となった。企業からの圧力に対応して，政府は海外投資に関する規制を緩和した。その著しいものは1980年の外為法改正であり，1996年10月に決定した金融ビッグバン改革において頂点を迎えた。

多くの日本企業は彼らの新しいビジネスチャンスを利用した。資本は日本から流出し，海外製造事業，ポートフォリオ投資，不動産に流れ込んだ。1970年代の終わりには主要国の対外直接投資の6％，株式の2％，債券の15％，短期銀行資金の12％が日本の投資家の手によっていたに過ぎなかったのが，10年後にはこれらの数字は3から10倍になり，対外直接投資の20％を占めて，25％の株式，55％の債券，50％の短期資金が日本人投資家の手によるに至った (Frieden 1993, p. 434)。1996年までには日本の累積海外投資額はおよそ総計5000億ドルにのぼり，それによって日本は世界第二位の対外投資国となり世界最大の債権国となった (*Economist*, Nov. 9, 1996, p. 123)。

しかしながら日本からのそのような資金流出は標準的な「資本逃避」の例ではなかった。通貨は強くなっていったし，日本国内における投資水準と生産性は依然高いままであった。国際競争力を持つ企業は純国内的生産ネットワークを超えてより進んだ国際業務展開を行った。彼らは傾きつつある国内業務を捨てることはまずなかった。それでもなお，資本移動は日本の国内経済にさらに重大な帰結を招いた。

（2）国内資本に対する統制力低下

海外投資が促進されることで，日本企業が，海外金融市場における資金調達，外債の発行，多様なヘッジ戦略遂行，他の日本企業と非円建て取引に入ることを含む，かつては禁止されていた金融取引を自由に行うことが可能になった。同時に急成長からの収益によって次第に多くの企業がメインバンクからの借入よりも内部留保によって新規活動の大部分

に資金手当を行うことができるようになった。

　60年代をつうじて、日本企業は必要な資金の大半を主にメインバンクからの借入によって調達していた (中谷 1996, pp. 161-197)。1965年の日本企業の株式負債比率は新規の資金流入ではおよそ90％に及んでいた。1995年までにはこれは70％足らずに落ち込んだ (Japan Securities Research Institute 1998, p. 3)。銀行からの借入は1965から69年の間に、企業金融の総額の約77％を占めていたが、1990から91年には、42.5％に低下した。同時期に債券の発行は10％足らずから42.5％にまで跳ね上がった (野村総研からの聞き取りによる)。日本の製造業企業の金融セクターに対する従属の度合いは低下し、それと共に系列内部の一貫性も失われはじめた。

　これらの企業の資金調達機会はすべて、結果として資金不足を政治的監督の武器として利用してきた政府機関の権力を減少させ、それによって政府の経済手段からきわめて強力な武器を奪った。ある企業に対し資本を引き上げると脅すことは、主として日本銀行にコントロールされた一本のパイプを通じて資金が流れている間においてのみ説得力ある脅しであった。多くの日本企業は、企業の外部からの政府の指示あるいは産業政策的な規制からよりも、当該企業に固有の内的要請に従ってその戦略を決定することが可能となってきた。同時に、企業の資金調達オプションが増すことは、いわゆるメインバンクの主たる収益源を減らし、金融と製造の結合を弱めた。

（3）バブルの政治経済学

　この文脈の中でこそ日本のバブル（おおまかには1985年から1990年）を正しく把握できる。バブルは一連の国際金融の圧力と国内の反応に関する第三の分水嶺であった。少なくとも2つの要素が重要である。まず、円はプラザ合意以降高騰した。アメリカ政府は、自国の貿易赤字を減らすために、ドルの切下げを支持するように日本にもドイツにも圧力をかけていた。公式には日本は強い円を支持していたが、大蔵省は日本の輸

出にマイナスの影響が及ぶことを恐れ，さらに経済の減速によって自民党が選挙で報復されることを心配して，財政パッケージと郵貯資金の拡大投資を経由して大量の新規支出を経済に注入する一方，日銀に貨幣の水門を開くように指示した(Asher 1996, p. 2)。予想通り，プライムレートが戦後の最低水準の2.5%まで低くなると，土地，株式共に資産市場は急騰した。

続いて，同じく重要なのは，主要製造業企業は資本をメインバンクにますます頼らなくなっていったので，日本の金融機関はその通常の顧客である法人顧客を失う一方，潤沢な貸出資金を持つことになった。その結果，銀行やその他住専のような資金の貸し手は，いよいよ怪しげな借り手に資金を貸し込み始めた。容易に銀行から貸付を得ることができるようになったものの中には，小さな子会社，財政的に健全ではない企業，土地投機家，不動産会社，ノンバンク，政治家，組織犯罪のメンバーなども含まれていた。株式と不動産投資は新しい金融緩和によって沸き立った。不動産融資は，1970年代後半の7%の年率増加から，1980年代前半には年率18%へ加速され，80年代後半には20%に至った(Lincoln 1998, p. 5)。より多くの貸付がなされるほど，金融機関はより利益をあげているように見えた。しかし，明らかな成功には堅固な国際競争力の基盤が欠けていた。

固定株式売買委託手数料と有力な海外の売買仲介機関がなかったことによって株式バブルの拡大は証券会社に高い収益をもたらした。少なくとも帳簿上，事態はうまく進んでいた。実際にはすべての主要証券会社は（違法な）損失補塡保証を上客には提示していた。同時に止まることを知らないように見える強気市場において，主要な証券会社は精力的に自己売買を行った。

結果として1980年代終わりには証券や土地などの資産価格の高騰がみられた。これら膨張している資産の新しい「価値」はさらに大きな貸付と投機のための担保となった。かなりのところ，日本のバブルは日本の資本，土地，株式市場が世界の市場から切り離されている限りにおいて

維持されていた。固定された利子率と株式手数料,閉じられた資産市場はバブルの止まるところのない膨張を促進した。

急速な資産価値の高騰は明らかに利益を得た人(土地や株式ポートフォリオの所有者)と,そうでない人の間に社会経済的な溝を作り始めていた(経済企画庁 1998 pp. 427-435)。しかし,日本経済における隠れた勝者と敗者は「経済の新しいモデル」の下で止まることのないように見える経済成長と繁栄をとりまく広範な勝利のムードの下に隠れたままだった。株式や不動産への大量の投資資金を確保するために低コストで借入することは,バブルが拡大していたので,利益を得るための間違いない方法のように見えた。そして,止まるところを知らない利益と目のくらんだ顧客という幻覚に毒されて,銀行も官僚も自民党の有力政治家も資金の供給を止めようと思わなかった。

日銀総裁三重野が1989年の終わりに公定歩合を一気に引き上げ,その結果それまで拡大していたマネーサプライを減少,最終的にバブルに終止符を打ったとき,資産価格は劇的に急落し,マクロ経済不振の10年が始まった。日本の株式市場はピーク時の1989年12月の大納会での40000円弱から,1993年の1万4千円まで下がった。1999年初頭には1万3千円から5千円の間を漂っていた。地価は60％以上下落した。東京の商業地域の中心では1998年の地価は1990年のたった20％になった。資産価格が下落したことによって,リスクの高い銀行貸出に対して含み資産を基準にしていた担保価値は消え去り,銀行や金融機関には不良債権の山が残った。一方証券会社はそのコストが過大となり,また軽率な投資と犯罪行為が公になったことで,顧客が去った。しかし,証券会社は,自らの収益がなくなるまで,突然の損失を「保証された」口座に補填し続けた。

1990年代を通して,企業,特に小企業および下請けの間での倒産が増えた。産業の生産性は停滞し,製造業において約100万の職が1992年から96年の間に消滅し,さらにもう125万の職が90年代末までに消失すると予想されている。賃金上昇は止まり,失業率はこの20年間において最も高いレベルまで着実に増加した。パートや臨時雇用も減少した。求職者数

は求人数の2倍に上っている。

1970年代の初頭から,国際資本は日本の政治経済に一連の構造的影響力を及ぼし続けた。それは20年間の長きにわたる一連の通貨価値の変化,海外投資の拡大,国内資本の役割低下,バブルの発生とその破裂に最も顕著に示されてきた。次節で示されるように,その結果,かつては日本独特のものであった慣行や制度の多くが消えていった。

三 構造的外圧の経済的帰結

日本の長期に存続してきた経済パターンは少なくとも3つの主要な面で変化を余儀なくされた。第一に,真に国際競争力が高い日本企業および業界と,主として日本の長く続いた資本市場の閉鎖性やさまざまな保護的手段の帰結として利益をあげていた企業,業界の間でのギャップが次第に明確になってきた。第二に,企業配列の構造的要素の多くが修正された。最後に外資系企業が,日本のかつては閉ざされていた国内市場に多く進出してきた。これら3点は過去からの根本的な離脱を示す。

(1) 国際競争力を持つ企業対持たない企業

多くの日本の製造業企業が海外生産を行うことによって,日本企業および業界における最初の分化が始まった。例えばキャノンやソニー,トヨタのような多くの日本企業の世界市場における成功は別にして,実際の日本からの輸出は1990年から1996年第一四半期にかけて,わずか4%しか成長しておらず,これはOECD諸国で最も低いレベルに属する。より象徴的なのは1995年に日本企業は国内からの輸出(39兆6000億ドル)よりも海外における生産(41兆2000億ドル)のほうを多く行っていた(*Far Eastern Economic Review,* July 4, 1996: 45)。つまり,海外進出をしていない日本企業は,比較優位の国際競争力を欠いていたのである。

日本経済には国際競争力を欠いた部門がそこかしこに存在しているということが次第に明確になってきた。例えば,機械,自動車,電子産業の多くの企業は海外に進出することで生産を多様化し,比較的成功しつ

づけていた一方で，セメントや建設のような伝統的産業の非常に多くの企業はそのような移動をする能力も意思もなかった上，日本の政治家のパトロネージを生み出す能力に結びついた公共事業プロジェクトに深く依存していた。同様に，下請け企業のある部分は大企業を追って海外に進出したが，ずっと多くの企業，特に小企業は，海外へ進出しないことが市場のシェアと利益の着実な減少を意味するにもかかわらず，日本にとどまったままであった。

皮肉なことには，日本の金融機関が日本の最も国際競争力を欠く企業であることが明らかになった。これら金融機関の多くは70年代，80年代に海外に業務を拡張した。その当時彼らは世界市場のシェアを食い尽くす世界最強のグループという印象をしばしば海外の競合する企業に与えた。しかし，品質や価格を国際標準にあわせる（そして多くのケースで，国際標準を作り出す）ために製品の変更をしてきた電機や自動車のような日本の製造業企業と異なり，多くの日本の金融機関は日本の取引先の海外拠点にサービスをし，利益よりもマーケットシェアの拡大を重視するべく，従来からの企業慣行を守っていた。その結果，国際競争力のある金融商品を開発するのに失敗し，新しい情報テクノロジーを使用することに後れをとったのである。事実上すべての主要な日本の銀行，保険会社，証券会社は，世界の金融市場から切り離され修道院にでも閉じ込められたかのような市場，固定的な利益，政府規制，カルテルからなる保護主義的な国内システムに縛られていたからである。

ほとんどの金融機関に不良債権の山を残して，株式市場と資産価格が急落すると，日本の金融機関の弱さが白日の下にさらされた。国際化された資本市場における日本の金融機関の脆弱性は，ムーディーズ社やスタンダード・アンド・プアーズ社といった，格付機関によって彼らの格付けが大きく引き下げられたことでさらに明確になった。1995年6月には世界の短期金融市場は日本の銀行への短期資金に対し0.6%のジャパンプレミアムを課した。1998年の中期ごろまでには，それはより信頼できる他国の機関が払っているレートより1%から1.25%高いところまで

上昇していた。もはや国内市場ではない資本市場における格付下落は日本の資金需要者により高い資本コストをもたらした。さらに，資本コストに格差がつけられることで，日本の国際競争力を持つ企業とその他の企業の間の差はより明確になった。

(2) 侵食される過去の支柱

　不良債権が積み上がっていくなか，日本の海外業務を行う金融機関は，国際決済銀行の世界的な自己資本規制基準に合わせるために，保有株式やその他の資産を売る必要に迫られ出した。1999年には，ほとんどの金融機関がその国際業務を縮小することを選択し，国内の貸付を回収していたが，それによって彼らの長期にわたる顧客とのすでに細くなった絆をさらに弱めていった。

　いくつかの主要銀行は，その懸命な努力にもかかわらず，国を覆い尽くす金融危機のさなかに破綻した。日本長期信用銀行は国有化された。1997年央から1998年央の期間だけで，日本の4大証券の1つで100年の歴史をもつ山一證券を含む8つの証券会社が破綻や，自主廃業，営業譲渡へと追い込まれた (Nikkei Weekly, June 8, 1998)。金融における護送船団方式は，いくらかは助けられるが，多くはおぼれたまま放っておかれるノアの箱舟方式とでもいうべきものへと置き換えられた。

　金融機関だけでなく，借入を望む法人も，日本の政治経済が世界から隔離されていたときには経験したことのないような，自らの財務状況の健全性や企業会計基準に対する国際的評価に翻弄されるようになった。低い評価しか受けられない企業は，より高い利子を払わなければならなくなった。ここでも，その帰結は，主に国際格付機関が非常に重要であると見る，例えば企業の労働力の大きさや当面の利益見通しなどの線に沿って，国際競争力のあるものと国際競争力のないものを区分することであった。そのような規範は，不況期にも従業員の雇用を守ることや短期的利益よりもマーケットシェアを追及するといった日本企業の長期的コミットメントに対する挑戦であった。このため，1999年までには，長

らく日本の男子常用労働者を保護してきた終身雇用システムが，リストラ中の多くの企業において解体され，さらに多くの企業でも見直しがなされるにいたった。最近合法化されたストックオプションは多くの企業で経営管理上のインセンティブとして提供されている。企業の取締役会議は縮小され，多くの企業で国際化された。法人資本は短期利益を求めて性急さを増した。

　系列の結びつきもまた分解しはじめた。海外生産の増加によって昔からの下請け企業や代理店の多くは置き去りにされ，それら企業の相当数は倒産を余儀なくされた。金融，非金融企業の資金需要は，株式の帳簿上の価値が減少しただけでなく，海外から資金を調達する個別企業の能力が高まったこととも相まって，株式持合いの大規模な解消につながった。これらはすべて系列の結合力を侵食し，長らく存在してきた企業ネットワークに挑戦した。1987年には東京証券取引所での発行総額の72%は，株式持合いによって占められていたが，1996年にはこれは60%に落ち，そしてそれは年率4%で低下してきている（J.P. Morgan-Tokyo, 1998, p. 21）。

（3） 日本資本の管制高地の国際化

　1990年代の日本経済における恐らく最も重要な一群の変化は，日本への直接投資の増加と日本資本主義経済の管制高地への海外企業による進出である。海外からの直接投資は明らかに，比較的小さなところから出発して，1990年代中期から後期に急速に拡大した。それは1996年度に400%以上の増加を見せ，さらにもう107%の1兆800億円の増加を1998年3月から1999年2月に見せた。加えて重要なのは，最大の資金流入が金融サービスや通信といった経済の基幹部門に起こったということである。

　また非常に多くの欧米の機関が，問題を抱えた日本企業と業務提携を行った。金融業界において最も目立ったものは，日本債権信用銀行とバンカーズ・トラストの提携，長銀とスイス銀行，メリルリンチと山一証券，GEキャピタルと東邦生命，明治生命とドレスナー銀行，日興證券と

トラベラーズ（後に Citi グループ）である。カナディアン・マニュライフ・ファイナンシャルと第百生命は1999年4月から営業を始める合弁企業を作った。窮地に陥った日産自動車はルノーと資本提携した。NTT との買収競争の中で，ケーブル・アンド・ワイアレスは国際デジタル通信の支配権を勝ち得た。ソフトバンクは日本企業に対する投資レーティングを供給するためにオンライン証券取引の E-トレードやモーニングスターと協力した。それに引き続いて，NASDAQ と提携し，日本の投資家にオンラインでアメリカの店頭取引や，日本の証券，債権市場取引に参加できるサービスの提供を目指している。これは，日本の小企業が資金調達や，株式公開を迅速に行うことを可能にするであろう。

　欧米の投資会社はまた不動産と不動産を担保にした証券の購入に動き出した。ゴールドマンサックス，モルガンスタンレー，GE キャピタルなどの会社はその結果，すぐに日本の不動産市場に進出することができた。1998年3月12日までの1年間に，額面価値で216億ドルに上る，およそ30の不動産関連の証券が欧米の投資会社によって買われ，購入価格はこれらの不動産関連の不良債権に対しておよそ1ドルにつき10セントであった（*Nikkei Weekly,* June 1, 1998）。GE キャピタルだけで40億ドルまで，当時すでに国有化されていた日本長期信用銀行から延滞債権を獲得した（*Wall Street Journal,* November 30, 1998）。

　そのような提携は主に製造業においてみられた日本企業との初期の国際的提携とはまったく異なる。そこでは日本のパートナーは典型的には技術，生産の両方またはいずれか一方において優位を享受したが，多くの場合外資系企業は日本市場へのアクセスをほとんど与えられなかった。最近の提携では，欧米のパートナーは通常明白な生産と技術の優位を持ち，それまでは制限されていた日本市場の一定領域に対する比較的保証されたアクセスを持ちうることとなった。

　恐らく最も日本の政治経済全体にとって重要なのは，多くの海外企業と多国籍企業同盟が，資金面で不可欠な役割を担うことについて，日本市場での認知を得たことである。日産とルノーの提携において，日産の

2つのメインバンクである日本興業銀行と富士銀行は日産の顧問に任命されなかった。その代わり、日興ソロモンスミスバーニー証券がその役割を奪った。ケーブル・アンド・ワイアレスが、国際デジタル通信のために690億円を必要とした時、イギリスのシュローダーがその取引を扱った。さらに象徴的なことには、日本の銀行でなくゴールドマンサックスによって、C&Wの競合相手であるNTTも代理されていた。欧米の企業を日本における重要な企業金融の分野でプレイヤーとして受け入れたことは、二つの中核的な日本企業であるトヨタと伊藤忠が、NTTによって示された金額面での条件に不満足であったからでもあるが、喜んで国際デジタル通信のかなりの株をケーブル・アンド・ワイアレスに売ったことによってもまた示された。そのような行動は10年前ならありえなかっただろう。

　日本の、かつては神聖で侵すことのできなかった資本市場に対する欧米企業の進出は、以前には日本国内の金融機関から低率の利益を得るだけに制限されてきた莫大な量の投資資金が、欧米の銀行、証券、保険会社の手になる高率の利益を生む金融商品に向かっていることでも明らかである。1997年から1998年の間だけで、日本の投資家による外国株式の所有は6.3兆から23兆円までほぼ4倍になった。そのような株式保有は信託銀行、投資信託、生命保険会社、損害保険会社の総資産の0から2％を構成しているにすぎなかったが、1998年までにそれらは上記機関の総資産の6から16％を占めるまでになった (J. P. Morgan-Tokyo 1998, p.12)。

　欧米所有の金融機関が日本市場においてその地位を確固たるものにするにつれ、そして日本の機関投資家と個々の消費者が、外資系の金融商品とより古めいたスタイルの日本の預金手段との間での収益の違いへの認識を深めるにつれ、大量の資金が古色蒼然たる日本の金融機関から欧米の運営しているあるいはその影響下にある機関に移動することが理解される。欧米の金融機関の究極の目的は家計貯蓄における1200兆円（10兆ドル）に手を伸ばすことである。その多くは日本の銀行貯金あるいは

郵便貯金から，より高利の投資信託や1998年に合法化された投資信託に移行すると予測できる。特に10年満期で約7％の利子がつく，現在郵便貯金として預金されている100兆円は，短期的に非常に脆弱である。これらは2000年に満期を迎え始め，その多くは現在支配的な利子率である0.3％では続けて運用させてくれないだろう。多くの資金が流出することによって郵便貯金制度と大蔵省の財政投融資の力は大きく削がれるだろう。

このように，以前には「日本人専用」であった資本市場と資産市場は，非日本企業に開放されつつあり，それら企業の多くはほとんどの日本企業とはまったく別のインセンティブを持って活動している。このプロセスで，それ以前の日本の政治経済では安定していた制度的な支柱の多くが変化し始めた。そして次第に，フリーデンとロゴウスキの示唆するように (Frieden and Rogowski, 1996)，日本においては，世界の資本市場との統合が促進されることで利益を得る企業，業界，個人と，そのような統合によって経済的には死刑判決を受けるのと同様の影響を受ける企業，業界，個人との間でますます鋭い分裂を見せるようになった。しかし，フリーデンとロゴウスキの暗黙の前提とは異なり，政策と政治的変化はこれらの経済的分裂に引き続いて変化してきたわけではない。

四　経済の国際化がもたらす政治的緊張

バブルがはじけ，大不況が起こるのに先立ち，自民党はいくらかの重要な支持基盤の経済的利益を侵してでも，一定の経済領域で自由化への漸進的な努力を行っていた。そのような施策は，主に日本の貿易相手国，国際的に大きく成功している日本企業，および政党それ自体の中からの圧力に応えるものだった。好景気が続き，自民党が安定多数を両院において享受していたので，国内経済を少し開放していくには理想的タイミングであった。

このようにして1980年代の中後期においては，農産物市場は部分的に自由化され，1988年の終わりには政府の審議会は，長い間競合するスーパーから小規模の商店を守ってきた法律の見直しを答申した。1989年に

は法人税，所得税への依存から脱しようとして，政府は3％の消費税導入も行った。消費税は，それ以前の税制の下では簡単に小売店や農民が税を逃れることが可能だったのにくらべれば，それを困難とする性質があった。積もり積もっての政治的揺り戻しは圧倒的だった。1989年の参議院選挙においてそれまでは同党の中核的支持者だった者による自民への反乱がおこった。農民と小規模事業主による投票の選好はそれ以前のどの選挙よりも大きく変化した（三宅 1992, 35-39）。そして結党以来初めて，自民党は参議院のコントロールを失った。

選挙による優勢に疑問符が付いたため，自民党は政党としてもはや野心ある若い保守主義者を引きつける議会のキャリアを保証できなくなった。経済問題の多くに関して次第に内部対立を深めてきた自民党は，1993年以来，より若く，より「改革主義的」で「国際主義者」である同党のメンバーが次々去って，ついに，その衆議院の多数を奪われるという一連の分裂を経験した（大嶽 1995）。一連の改革を提案するために，アドホックな議会多数派を寄せ集める必要性が生じたため，経済を立て直すためのいかなる明確な政策方向を追及することも困難であった。それは同時に（既存の）確固たる既得権益の基盤を持つ少数派が，彼らの特定の利益領域を継続して保護するよう要求する力を強化した。

1993年の自民党の分裂以来，日本の政党システムは，1965年から93年まで支配的であったそれとは異なる，連合，再連合の混乱を経験した。しかしながら重要なのは政党再編は経済における二重構造の増進を反映した，或いは日本の将来の経済構造に関する別々の明確な選択を踏まえた選挙での対抗軸に基づいて具体化したものではなかったということである。

そのような二極分岐へ至るにしては，スタートから間違っていた。例えば1993年に政権についた連立8会派は，経済を開放する，都市の自治を重視する，国際化するなどのあいまいな約束は行ったが，堅固な経済的支持基盤も，説得的な政策アジェンダも欠いていた。その上，リーダーの細川護熙は，連立政権成立後すぐ政治資金スキャンダルに巻き込ま

れた。彼が辞職し、連立政権が崩壊すると、連立政権が持っていたかもしれなかった改革主義的経済アジェンダを実行する能力もすぐに奪われてしまった。

小沢一郎も、より自由で開放された経済を目指す自民党からの離反グループを連れて離党した。いくらかの集合離散の動きがあった後、このグループは多くの政府機関や日本における最も重要な経済団体である経団連の中に協力者を得て、新進党を結成した（真渕 1997）。そして議会内で代替的政策ポジションを提示した。しかしながら新進党もまた短命であったので、またしても反保護主義者や規制緩和を目指す勢力は、政治的に有力となり得なかった。

1998年7月の参院選においては、リーダー管直人の下での民主党の成功と自民党の再度の驚くべき敗北がみられた。民主党は数ヶ月の間、反保護主義者、都市派、資本自由移動の支持者の結集軸の役割を果たそうとした。しかし民主党は管が女性スキャンダルに見まわれ、党内の分裂に足を引っ張られている間に、すぐに自民党の保護主義者に出しぬかれてしまい、またしても選挙を通して開放的な経済の実現を主張する提案者の出現が妨げられた。

反保護主義的政党の興亡があり、経済が依然動揺しつづけているあいだに、自民党はそれまでの総花的な支持基盤を捨てて、「中核的」支持層を守り、それに依存する方向へと移動していった。その多くは保護されたセクターであり、より開かれた市場経済の下で被る損害をさけるための保護を約束された。

また、日本の官僚機構もより大きな経済の開放性を受け入れるのに機敏ではなかった。むしろ彼らの多くは、規制的、監督的役割を保持しようとし、彼らの最も保護されかつ良く組織された顧客を守ろうとした。資本の進出をさらに促進することや、市場開放を進めようとするものはほとんどいなかった。唯一注目すべき例外は金融から建設、農業、郵貯に至る十数の保護主義的機関とぶつかりつづけていた通産省と金融監督庁である。保護主義的行政機関は、政治家と結束して、強力でよく組織

された利益団体からの支持を得，資本の開放や国際化にはそれがいかなる形態であれ政治的対抗同盟を結成し反対する。

結果として，国際資本の圧力は覆すことのできない変化を日本の経済制度，個別企業の経営，企業系列に引き起こしてきた。しかし，現在まで，これらの経済的変容は，日本企業や業界内で増大する経済的二極分化を反映するような新たな政党システム，選挙システムをもたらすにはいたっていない。むしろ，日本の政治は，重要な支持層に対して，経済的痛みを最小化するための一連の政治的な動きにより特徴づけられている。例えば公共事業プロジェクト，会計操作，政府資金の株式市場への注入，企業と業界の公的資金による救済，結果として預金者への支払い利子の犠牲および企業や公的年金プランの犠牲にもかかわらず公定歩合を実質マイナス水準まで下げることなどである。

一つの主要な帰結は日本における公的セクターの負債の急激な拡大であり，それは過去からの劇的な変化である。日本は1991年には産業化された諸国で最も低いレベルの赤字国債をもっている国の1つであった（15.5%）。ところが1998年までに，この数字は94.7%にまで急上昇する。これはアメリカの20倍，ドイツの13倍，イギリスの100倍の高い数字である。GNP比で政府の累積債務は1999年には100%を越えるであろう。これはほとんどの産業民主主義国をしのぎ，長期にわたる負債国であるイタリアのレベルを超えそうな数字である。もし公的年金の純支払義務と財政投融資の借入を加えると，累積された公的セクターの負債はGNP比250%にまで達する（Asher 1999, pp. 10, 22; 大蔵省 1998）。

海外資本の圧力に対する日本政府の抵抗は，政治的な保護主義のロジックというものが，市場開放に対する経済の圧力にどこまで耐えうるかという根本的な疑問を抱かせる。近年の経済変化は，究極的には，保護と埋め込まれた重商主義に深く依存している日本の政治慣行および制度をいずれ破綻させるようなものであることが明らかになるかもしれない。しかしながら，現在のところ，それらは疑いもなく印象的な抵抗力を見せている。実際，選挙政治，利益集団，そして議会制度は，「埋め込まれ

た重商主義」の多様なパターンを保持する上で決定的であった。現在までのところ，政治的アリーナにおいて，資本に対してより開かれ，非保護的な政治経済を主唱する力強い声はほとんどない。

このようにして，資本移動は日本社会を「国際主義者」対「保護主義者」という古典的なラインに沿って分割するとともに，経済制度と企業行動において深く，抜きがたい変化を促してきたが，保護主義者の結集は，日本の政治エリートの中でも，またその非常に強力な組織制度の中でも支配的なままである。

市場の力を信じる人たちは，そのような抵抗は必ずや国際資本の奔流の中で結局は消え去るだろうと予言するであろう。しかし，日本の経験によれば，国際資本移動は政党政治に対してよりも，日本企業の経済行動に変化をもたらすほうが早かったのである。たとえ多くの人が国家全体にとって経済的に非合理であると考えるであろう目標追求のためにその力が用いられているとしても，日本の国家と既得経済利益の力は無視できないものなのである。

結論　国際化する世界経済における日本と諸外国

移動性をいや増す国際資本が，以前には隔離されていた日本の政治経済に強襲を続けるにつれ，日本の競合する社会経済グループ間の利益の対立がより明白になってきた。しかし，選挙政治はそのような経済変化を鋭敏に反映してはこなかった。しかもこれら背後にある緊張が，競合する二極の政治的選択肢をもたらすという，目的論的な保証はなにもない。少なくとも旧来のパターンを継続する痛みが耐え切れなくなるまでは，規制，保護，カルテル，資本の制限というよく定着したパターンの急速な崩壊を避ける残滓的な制度的粘着性に基づいた政治が続くように見える。

しかし日本はもはや敗者なき政治経済たりえない。日本は今，国内経済における勝者と敗者を目立たせないように従来のままに経済的な非効率性を生む制度を維持し続けるのか，勝者と敗者を截然と際だたせる危

険を冒しつつ,経済構造改革に向かうかの選択に直面している。

日本のケースのより広い意味は何か。ある国の政治経済が国際金融市場から国内金融市場を隔離することに長らく基礎をおいてきた場合,急速に力を増す国際資本に対し国家アクターが抵抗するのはたしかに非常にむずかしい (Loriaux et al. 1997)。欧州通貨統合は1970年代中頃に始まり,1980年代に確固とした立場を築くまでが徐々に進行してきた結果,そこに参加してきた各国経済は,日本と異なり劇的かつ急速なシステムワイドの変革に対する予防接種を受け免疫を持っていたように見える (McNamara 1998; Cohen, 1998)。また,政治的に左派を好む体制が自由な資本移動に抵抗する唯一のシステムではないことも日本のケースは教えている。日本のような親ビジネス体制でも,現在の特権構造を脅かす資本移動に対しては,非常に大きな政治的抵抗を徹底的に行うのである。

資本の圧力に抵抗する政治的能力は,不況期に選挙民主主義がそのような圧力に直面する場合,一層強化される。日本における持続的な政治的抵抗は,選挙における経済的争点を曖昧にさせる政党・選挙システムによって支えられてきた。それゆえ,資本移動が持つ圧力を政治に伝達する道行きは,劇的に引き延ばされてきたのである。

参考文献

Albert, Michel (1993) *Capitalism vs. Capitalism*. London: Whurr

Asher, David (1996) "Economic Myths Explained: What Became of the Japanese 'Miracle,'" Orbis (Spring) : 1-21.

——(1999) "Japan's Looming Big Bang-kruptcy: Challenges, Opportunities and Historical Parallels," presentation prepared for the Bank Credit Analyst Conference, Miami, February 11-12.

Berger, Suzanne and Ronald Dore eds. (1996) *National Diversity and Global Capitalism*. Ithaca: Cornell University Press.

Calder, Kent E. (1990) "Linking Welfare and the Developmental State: Postal Savings in Japan," *Journal of Japanese Studies* (Winter): 31-

60.
——(1997) "Assault on the Bankers' Kingdom: Politics, Markets, and the Liberalization of Japanese Industrial Finance," in Michael Loriaux et al. (1997) *Capital Ungoverned: Liberalizing Finance in Interventionist States.* Ithaca: Cornell University Press: 17-56

Castles, Francis G. ed. (1989) *The Comparative History of Public Policy.* London: Polity Press.

Cohen, Benjamin J. (1998) *The Geography of Money.* Ithaca: Cornell University Press.

Crouch, Colin and Wolfgang Streeck (1997) *Political Economy of Modern Capitalism.* London: Sage Publications.

Dore, Ronald (1973) *British Factory - Japanese Factory: The Origins of National Diversity in Industrial Relations.* Stanford: Stanford University Press.

The Economist London. (weekly).

Encarnation, Dennis (1992) *Rivals Beyond Trade: America versus Japan in Global Competition.* Ithaca: Cornell University Press.

Far Eastern Economic Review. Hong Kong (weekly).

Financial Times. London, (daily).

Fortune (monthly). New York.

Frieden, Jeffry A. (1991), "Invested Interests: The Politics of National Economies in a World of Global Finance," *International Organization* 45, 4 (Autumn): 425-51.

——(1993) "Domestic Politics and Regional Cooperation: The United States, Japan, and Pacific Money and Finance," in Jeffrey A. Frankel and Miles Kahler eds. (1993) *Regionalism and Rivalry: Japan and the United States in Pacific Asia.* Chicago: University of Chicago Press: 423-444.

——and Ronald Rogowski, (1996) "The Impact of the International Economy on National Politics: An Analytic Overview," in Robert O. Keohane and Helen V. Milner eds. (1996) *Internationalization and Domestic Politics* Cambridge: Cambridge University Press: 25-47.

Garrett, Geoffrey (1998) *Partisan Politics in the Global Economy.* Cambridge: Cambridge University Press.

——and Peter Lange (1995) "Internationalization, Institutions, and

Political Change," *International Organization* 49, 4 (Autumn): 657-688.

Goldthorpe, John H. (1984) *Order and Conflict in Contemporary Capitalism: Studies in the Political Economy of Western European Nations.* Cambridge, Cambridge University Press.

Gourevitch, Peter J. (1986) *Politics in Hard Times: Comparative Responses to International Economic Crises.* Ithaca: Cornell University Press.

Hamada Koichi and Akiyoshi Horiuchi (1987) "The Political Economy of the Financial Market," in Kozo Yamamura and Yasukichi Yasuba eds. (1987) *The Political Economy of Japan, Vol. 1: The Domestic Transformation.* Stanford: Stanford University Press: 223-262.

Henning, C. Randall (1994) *Currencies and Politics in the United States, Germany and Japan.* Washington, Institute for International Economics.

Hollingsworth, J. Rogers, Philippe C. Schmitter and Wolfgang Streeck eds. (1994) *Comparing Capitalist Economies: The Embeddedness of Institutions.* Oxford, Oxford University Press.

Huber, Evelyne and John D. Stephens (1998) "Internationalization and the Social Democratic Model," *Comparative Political Studies* 31, 3 (June), pp. 353-397.

Ishi, Hiromitsu (1993) "The Fiscal investment and Loan Program and Public Enterprise," in Shibata, Tokue ed. (1993) *Japan's Public Sector: How the Government is Financed.* Tokyo: University of Tokyo Press. pp. 82-102;

J.P. Morgan-Tokyo, Economic and Market Research (1998) "Capitalism Coming to Japan." (mimeo)

Japan Digest. Tokyo (daily).

Japan Securities Research Institute (1998) *Securities Market in Japan.* Tokyo: JSRI.

Katzenstein, Peter J. ed. (1977) *Between Power and Plenty: Foreign Economic Policies of Advanced Industrial States.* Madison: University of Wisconsin Press.

——(1985) *Small States in World Markets: Industrial Policy in Europe.*

Ithaca: Cornell University Press.
Keizai Kikakucho (1998) *Keizai Hakusho* [Economic White Paper]. Tokyo, Okurasho Insatsukyoku.
Keohane, Robert O. and Helen V. Milner eds. (1996) *Internationalization and Domestic Politics* Cambridge: Cambridge University Press.
Kitschelt, Herbert, Peter Lange, Gary Marks and John D. Stephens (1999) *Continuity and Change in Contemporary Capitalism.* Cambridge, Cambridge University Press.
Krause, Lawrence B. (1972) "Evolution of Foreign Direct Investment: The United States and Japan," in Jerome Cohen ed. *Pacific Partnership; United States-Japan Trade-Prospects and Recommendations for the Seventies.* New York: Japan Society and Lexington Books: 149-76.
Krieger, Joel (1986) *Reagan, Thatcher and the Politics of Decline.* Oxford: Oxford University Press.
Kume, Ikuo (1992) "Party Politics and Industrial Policy: A Case of Japan," Paper presented to an International Conferences on Government-Industry Relations, May 20-22, Exeter, England.
Kurzer, Paulette (1993) *Business and Banking: Political Change and Economic Integration in Western Europe.* Ithaca: Cornell University Press.
草野厚 (1984)『日米摩擦の構造』東京: PHP 研究所
Lincoln, Edward (1998) "Japan's Economic Mess," *Japan Economic Report* 18A, May 8.
Loriaux, Michael et al. (1997) *Capital Ungoverned: Liberalizing Finance in Interventionist States.* Ithaca: Cornell University Press.
真渕勝 (1997)『大蔵省はなぜ追いつめられたのか：政官関係の変貌』東京：中央公論社
March, James G. and Johan P. Olsen (1989) *Rediscovering Institutions: The Organizational Basis of Politics.* New York: Free Press.
Maxfield, Sylvia (1997) *Gatekeepers of Growth: The International Political Economy of Central Banking in Developing Countries.* Princeton: Princeton University Press.
McNamara, Kathleen R. (1998) *The Currency of Ideas: Monetary Politics in the European Union.* Ithaca: Cornell University Press.

三宅一郎（1992）「89年参議院選挙と『政党再編成』」『レヴァイアサン』10号, 32-61頁
中谷巌（1996）『日本経済の歴史的転換』東京：東洋経済新報社
Nikkei Weekly. (1998, various issues). Tokyo
Noguchi, Yukio (1992) *Baburu no Keizaigaku* [The Economics of the Bubble Economy]. Tokyo: Toyokeizai Shimpousha.
Noguchi, Yukio (1995) "The Role of the Fiscal Investment and Loan Program in Postwar Japanese Economic Growth," in Hyung-ki Kim, Michio Muramatsu, T.J. Pempel, and Kozo Yamamura eds. *The Japanese Civil Service and Economic Development : Catalysts of Change*. Oxford: Oxford University Press: 261-87.
大蔵省（1998）『我が国の財政事情について』東京 大蔵省出版局
大嶽秀夫（1994）『自由主義的改革の時代：1980年代前期の日本政治』中央公論社
―――（1995）「自民党若手改革派と小沢グループ―――「政治改革」を目指した二つの政治勢力」『レヴァイアサン』17号, 7-29頁
Pauly, Louis W. and Simon Reich (1997) "National Structures and Multinational Corporate Behavior: Enduring Differences in the Age of Globalization," *International Organization* 51: 1-30.
Pempel, T. J. (1987) "The Unbundling of 'Japan, Inc.': The Changing Dynamics of Japanese Policy Formation," *Journal of Japanese Studies* 13 (Summer): 271-306.
―――(1998) *Regime Shift: Comparative Dynamics of the Japanese Political Economy*. Ithaca, Cornell University Press.
Pontusson, Jonas (1997) "Between Neo-Liberalism and the German Model: Swedish Capitalism in Transition," in Colin Crouch and Wolfgang Streeck eds. *Political Economy of Modern Capitalism*. London: Sage Publications: 55-70.
Rogowski, Ronald (1989) *Commerce and Coalitions: How Trade Affects Domestic Political Alignments*. Princeton: Princeton University Press.
Rosenbluth, Frances McCall (1996), "Internationalization and Electoral Politics in Japan," in Robert O. Keohane and Helen V. Milner eds. *Internationalization and Domestic Politics* Cambridge: Cambridge University Press: 137-56.

Ruggie, John Gerard (1982). "International Regimes, Transactions and Change," *International Organization* 36: 379-415.

Scharpf, Fritz W. (1991) *Crisis and Choice in European Social Democracy*. Ithaca: Cornell University Press.

Schmitter, Philippe C. (1979) "Still the Century of Corporatism?" in Philippe C. Schmitter and Gerhard Lehmbruch eds. *Trends Toward Corporatist Intermediation*. Beverley Hills: Sage Publications: 7-52.

Schoppa, Leonard (1997) *Bargaining with Japan: What American Pressure Can and Cannot Do*. New York: Columbia University Press.

新藤宗幸 (1989)『財政破綻と税制改革』東京：岩波書店

Simmons, Beth (1999) "The Internationalization of Capital," in Herbert Kitschelt, Peter Lange, Gary Marks and John D. Stephens *Continuity and Change in Contemporary Capitalism*. Cambridge, Cambridge University Press: 36-69.

Steinmo, Sven, Kathleen Thelen and Frank Longstreth eds. (1992) *Structuring Politics: Historical Institutionalism in Comparative Analysis*. Cambridge, Cambridge University Press.

Strange, Susan (1996) *The Retreat of the State: The Diffusion of Power in the World Economy*. Cambridge, Cambridge U. P.

Streeck, Wolfgang (1997) "German Capitalism: Does It Exist? Can It Survive?" in Colin Crouch and Wolfgang Streeck eds. *Political Economy of Modern Capitalism*. London: Sage Publications: 33-54.

館龍一郎 (1991)『日本の経済』東京：東京大学出版会

内田健三・国正武重・曽根泰教 (1996)「日本の岐路を問う」『文芸春秋』74(10) 96-99頁

Wall Street Journal. New York (daily).

Webb, Michael (1995) *The Political Economy of Policy Coordination: International Adjustment Since 1945*. Ithaca: Cornell U. P.

Weiss, Linda (1998) *The Myth of the Powerless State*. Ithaca: Cornell University Press.

Yamamura, Kozo and Yasukichi Yasuba (1987). *The Political Economy of Japan, Vol. 1: The Domestic Transformation*. Stanford: Stanford University Press.

Zysman, John (1983) *Governments, Markets, and Growth: Financial Systems and the Politics of Industrial Change*. Ithaca: Cornell U. P.

連立政権の政策能力

伊藤光利

はじめに

　93年に成立した細川政権以降，小渕内閣の自自連立に至るまでわが国政治は連立政権を基調としている。本稿の関心は，自民党単独政権との比較において連立政権の政策能力を検証することである。一般に，連立政権の政策能力については，疑問が投げかけられるが，細川政権では，自民党単独内閣では実現不可能であったと思われる法案が成立し，いくつかの既得利益が削減された。村山内閣から第一次橋本内閣の自社さ政権では，主要国会で連続4会期にわたり内閣提出法案の成立率が100％を記録した。他方で，連立政権はある領域では既得利益削減に成果をあげながら，他の領域では成果をあげていない。さらに与党間の調整が困難で問題が先送りされたり，対立が政権の崩壊につながることもある。本稿はこうした連立政権の政策能力の多面性ををできるかぎり一貫した視点から説明しようとする試みである。

　一節で，分析枠組，すなわち従属変数たる連立政権の政策能力を説明する独立変数の配置を検討する。二節では，細川政権の政策能力がおもに政府エリートの交代によって説明され，三節では，おもに村山政権の政策パフォーマンスが自民党政権の継続であるか，その継続は官僚優位によってもたらされるものであるかが検討される。四節では，橋本政権

における「政策別連合」による懸案処理が分析され，五節では，法案成立率の高さと問題先送りという一見して矛盾する現象が，90年代のわが国の連立政権の「非近接連合」という特徴にあることを指摘し，それを政府のレジーム・タイプから説明する。

一 分析枠組の概略

(1) 政策能力の指標：従属変数

本稿では，政府の政策能力が従属変数となる。何を政策能力とするかは論者にによって異なる。多様な利益を政策に反映させるというのも政策能力の1つとして考えることができる。しかしながら，本稿でいう政策能力とは，おもに新しい政策の形成，政策革新，負担（コスト）の強力集団への賦課（既得利益削減）の能力などを指している。ただし，政府の政策能力は必ずしも一般的に述べることができるわけではなく，争点に応じて差異がみられたり，また同一政権でも時間の経過とともに変化することもありうる。これらのことを念頭におきながら，分析を進めていきたい。

政策能力を測定する指標としては，内閣提出法案の成立数と成立率，予算配分，税制改正などが利用される。もとより，たんに数量的な変化のみではなく，法案，予算，税制に関する内容の分析も必要となる。さらに，容易ではないが議題設定過程の分析も可能なかぎり行われることが望ましい。多くの課題は，対応するのが困難なために「先送り」され，非決定の領域に放置される。しかしながら，非決定は，顕在化せず，可視的にならない場合が多いので，しばしば分析が不十分にならざるをえない。

(2) 分析枠組：独立変数

政府の政策能力の分析枠組としては，ウィーヴァーら（Weaver and Rockman 1993）の体系的かつ比較論的な研究が有用である。ウィーヴァーらによれば，政府の政策能力，政策帰結をもたらす独立変数は3つの

図1　政府能力の差異の階層的説明

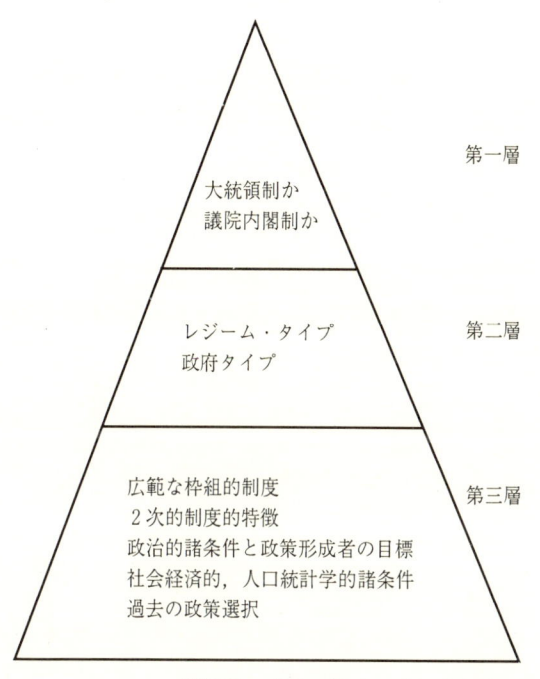

```
          /\
         /  \
        /第一層\       第一層
       /大統領制か\
      /議院内閣制か\
     /──────────\
    /  レジーム・タイプ  \   第二層
   /      政府タイプ      \
  /──────────────\
 / 広範な枠組的制度          \
/  2次的制度的特徴           \  第三層
/  政治的諸条件と政策形成者の目標 \
/  社会経済的，人口統計学的諸条件  \
/  過去の政策選択              \
────────────────
```

出典：Weaver R.K. and Rockman B.A. eds.,1993,p.10

層に分けられる(図1)。本章で重要なのはまず第二層の要因であり，ついで第三層の要因である。第二の層は，レジーム・タイプおよびその下位概念としての政府タイプという2つの制度的要因である(表1)。レジーム・タイプは，持続的であり，かつアクターに機会と制約を与える制度と捉えられており，多党連合，政党政府（本稿ではしばしばウェストミンスター型と呼ぶ），1党優位制の3つに分けられる。

そしてレジーム・タイプと政党タイプが政策形成過程の特徴に影響を及ぼすのである。政策形成過程の特徴のうち重要なのが，政府エリートの結合力，政府内の実効的拒否点の存在，政府エリートの安定性（逆に言えば政府エリートの交代），短期的圧力からの自律性，利益団体のアク

セス・ポイントとその影響力の5つである（図2）（Ibid., pp.20-29)。こ
れらの独立変数は，分析に必要な限りで，そのつど内容を説明すること
にする。

　ウェストミンスター型は，一般に一貫した政策を発展させ，強力な利
益団体に負担を課す能力があり，また政権交代によって政策がしばしば
反転するという意味で大きな政策能力をもつ（Ibid., p.29)。他方，多党
連合の元では，劇的な革新や負担を課す政府能力は弱くなる傾向がある

図2　政府の政策形成能力の規定要因の2層モデル

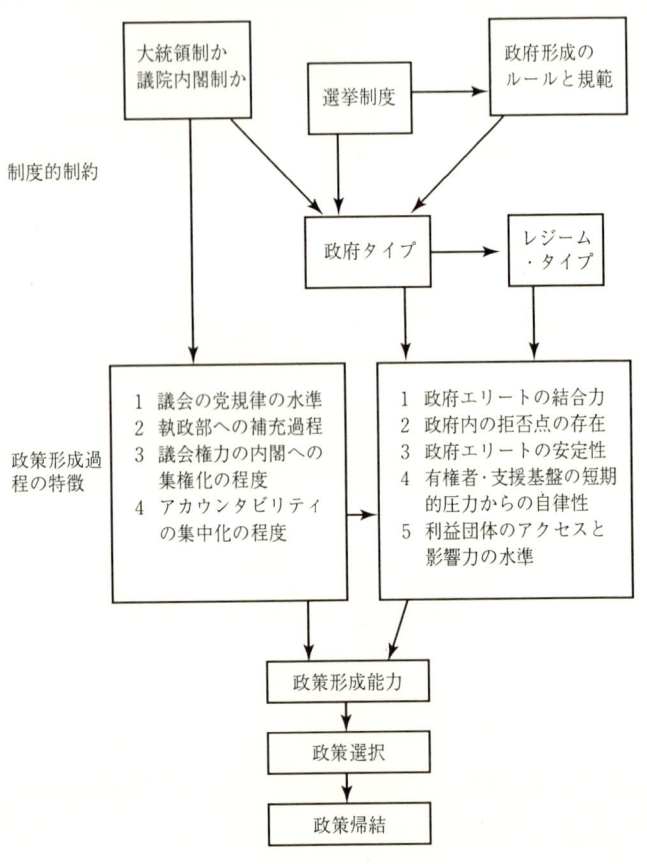

制度的制約

大統領制か議院内閣制か　選挙制度　→　政府形成のルールと規範

↓　　↓　　↓
政府タイプ　→　レジーム・タイプ

政策形成過程の特徴

1　議会の党規律の水準
2　執政部への補充過程
3　議会権力の内閣への集権化の程度
4　アカウンタビリティの集中化の程度

1　政府エリートの結合力
2　政府内の拒否点の存在
3　政府エリートの安定性
4　有権者・支援基盤の短期的圧力からの自律性
5　利益団体のアクセスと影響力の水準

↓
政策形成能力
↓
政策選択
↓
政策帰結

出典：Weaver R.K. and Rockman B.A. eds.,1993,p.25

表1 議院内閣制のレジーム・タイプ

レジーム・タイプと国名	最頻政府タイプ	政策形成の構造と過程の最頻パターン	2次的政府タイプ	促進する選挙制度
多党連合 オランダ ベルギー デンマーク ドイツ イスラエル ワイマール・ドイツ	2－3党の最小勝利連合（選挙後にパートナーを変える）	エリート結合力は高度に多様 多様な拒否点 エリート安定性はきわめて多様	単独少数政府 過大規模連合 単独多数政府	低いハードルの比例代表制
政党政府 イギリス カナダ オーストラリア	政権交代のある2大政党制	エリート結合力一般的に高い わずかな拒否点 選挙間のエリート安定性は高い 利益団体アクセスは限定的	少数政府 多党連合政府	小選挙区制
1党優位制 日本 スウェーデン (1976年以前) イタリア (1970年代以前)	長期の優越政党単独政権あるいはパートナーとの連合	エリート結合力一般に高い わずかな拒否点 エリート安定性は高い 選別された利益団体がアクセスをもつ	優位政党による少数政府 野党連合	小数派に不利で多数派に有利な比例代表制か大選挙区制

出典：Weaver R.K. and Rockman B.A. eds:, 1993, p.18

表2 政府提出法案に対する賛成
（数字は成立法案に対する割合，衆院本会議での態度）

〈賛成政党〉	1987年通常国会	88年通常国会	98年通常国会	90年特別国会	91年通常国会	92年通常国会
全会一致	54.2	45.3	46.7	47.0	57.8	63.8
自	9.7	6.7	13.3	1.5※	0	0
自社公民	30.6	41.3	36.7	45.5	38.6	32.5
自公民	4.2	2.7	0	6.1	3.6	1.2
提出法案(件)	100	83	78	70	93	84
成立法案(件)	72	75	60	66	83	80
成立率(%)	70.2	90.4	76.9	94.3	89.2	95.2

(1) ※印は地方税法改正のみ。参院で修正されて衆院に回付、衆院で全会一致で可決したが全会一致には含めない。
(2) 87年から89年と92年は賛成政党の組み合わせが表以外にもあり、総計は100%にならない。四捨五入のため90年の総計は100%を超す。
(3) 90年の特別国会、92年の通常国会以外は前年12月の召集。
出典：朝日新聞1997年6月18日付より。

表3 内閣提出法案の数と成立率

内閣（与党）	国会回次（日数）	会　期	内閣提出法案成立率（提出数）
竹下（自民） 87.11. 6-89. 6. 3	112通常（150） 113臨時（163） 114通常（175）	87.12.28-88. 5.25 88. 7.19-88.12. 28 88.12.30.89. 6.30	82.4(91) 54.8(31) 70.6(85)
海部1次（自民） 89. 8.10-90. 2.28	116臨時（ 80）	89. 9.28-89.12.16	94.3(70)
海部2次（自民） 90. 2.28-91.11. 5	118特別（120） 120通常（150） 121臨時（ 61）	90. 2.27-90. 6.26 90.12.10-91. 5. 8 91. 8. 5-91.10. 4	94.3(70) 86.5(96) 5.6(18)
宮沢（自民） 91.11. 5-93. 8. 9	123通常（150） 126通常（148）	82. 1. 4-92. 6.21 93. 1.22-93. 6.18	87.0(92) 87.8(82)
細川（非自民8党派） 93. 8. 9-94. 4.28	128臨時（135） 129通常（150）	93. 9.17-94. 1.29 94. 1.31-94. 6.29	89.4(20) 88.5(78)
羽田（会派改新） 94. 4.28-94. 6.30			
村山（自社さ） 94. 6.30-96. 1.11	131臨時（ 71） 132通常（150） 134臨時（ 78）	94. 9.30-94.12. 9 95. 1.20-95. 6.18 95. 9.29-95.12.15	100.0(27) 100.0(102) 100.0(17)
橋本1次（自社さ） 96. 1.11-96.11. 7	136通常（150）	96. 1.22-96. 6.19	100.0(150)
橋本2次（自民） （社さ閣外協力） 96.11. 7-98. 7.30	140通常（150） 141臨時（ 75） 142通常（158） 143臨時（ 79）	97. 1.20-97. 6.18 97. 9.29-97.12.12 98. 1.12-98. 6.18 98. 7.30-98.10.16	94.7(90) 96.0(25) 82.2(118) 23.3(30)

(1) 国会は会期が50日以上のもののみを取り上げた。
(2) 内閣提出法案数は前国会からの継続を含む。
(3) 基本的に衆議院の与党議席率率は総選挙後初めて召集された国会の召集日における会派別の議員数、参議院に与党議席率率は、通常選挙後初めて召集された国会の召集日における会派別の議員数による。ただし、羽田内閣や村山政権は選挙に関わりなく与党枠組みが変化し、また与党枠組みの変化や総選挙による政権交代（細川政権）により、参院の与党の議席率も変化する。

が，いったん政策が決まれば漸変的な変化を実施し，政策の安定性を生み出す能力がある。1党優位制の政策能力は若干複雑である。それは既存の支持基盤の連続性を維持しながら，新しい状況や支持基盤に対応するという柔軟性も必要とされるからである（ペンペルほか 1994,p.21）。そこから，一般に，優越政党は短期的なコストを払いながら，重要な政策を長期的には実現する能力をもつと言うこともできる。たとえば，日本の自民党政府は環境政策強化を望む要求に対して消極的であったが，

衆院与党議席率 (総選挙年月日)	参院与党議席率 (通常選挙年月日)	その他の事項
60.5(86. 7. 6)	57.0(86. 7. 6)	
	43.3(89. 7.23)	
55.9(90. 2.18)		
	42.5(92. 7.26)	
50.9(93. 7.18)	52.0	
	9.5	
57.5	64.7	94.12.10 新進党結成
	60.7(95. 7.23)	
58.5	60.7	96. 9.28 民主党結成
51.2(96.10.20)		96.12　　太陽党結成
		97. 9. 5 自民衆院で単独過半数
		98. 5.30 社さ閣外協力解消

資料：浅野一郎編 (1998)『国会辞典［第3版補訂版］――用語による国会法解説――』有斐閣，および国会資料協会『国会月報』各月号より作成した。

やがてそれが広い利益に適うものであると認識した後には，企業からの環境規制強化反対の要求に逆らって環境政策に積極的に取り組み始めたのである (Ibid., p. 447)。しかしながら，筆者の見解では，日本の1党優位制は80年代後半には利益集団自由主義に類似した多元的停滞に陥り，自民党は政策革新力を弱めていたのである。

　第三の層の独立変数として本章でとくに重視するのは，広範な枠組み制度に含まれる官僚制の自律性，政治的条件に含まれる野党の強さであ

る。

二　細川政権

（1）コンセンサスの拡大とヴィスコシティの低下

　細川連立政権は，与党各党の間の調整が難しいこと，巨大な野党自民党が出現したことを考えれば，自民党単独政権時代と比較して，内閣提出法案の成立率が低下しても不思議ではない。しかしながら，まず，細川政権期の内閣提出法案の成立率は，いわゆる55年体制末期の竹下内閣から宮沢内閣にかけての成立率と大差ない（表2，表3参照）。自民党単独政権時代と比較して，連立政権の内閣提出法案の成立率が低下していないことは，3通りの説明が可能である。第一は与野党の間にコンセンサスが拡大したという説明であり，第二は国会のヴィスコシティが低下したという説明，第三は，官僚優位論である。官僚優位論については（4）項で検討することにして，ここでは前2者について検討する。

　まず，細川・羽田両政権下の第129回国会において，78件の内閣提出法案（継続審議を3件含む）のうち，審議未了1件，継続審議8件で，69件の法案が成立したが，この69件のうち自民党は66件に賛成している。自民党政権時代の社会党の高い賛成率の趨勢の延長上にある。このことは，自民党政権時代から（とくに共産党を除いた場合の）与野党間のコンセンサスの範囲が拡大してきたことを示している。

　次に，ヴィスコシティ（viscosity）とは，野党が国会のルールを駆使して，内閣提出法案の成立を遅らせ，修正させ，時には廃案の瀬戸際に追い込み，あるいはそのことによって与党との取引能力を高めることによって生じる，国会の抵抗力（粘着力）を意味する。そして，その取引がしばしば不透明であり，典型的な「国対政治」として批判されてきた。細川連立政権の国会運営は与野党それぞれの側が国会のヴィスコシティを低下させる動きをしたのである。

　まず与党は，「国対政治」をやめ，与野党折衝の場を国会対策委員長会談よりフォーマルな議院運営委員会に移し，野党に対して基本的に非妥

協的な姿勢で臨んだ（中野 1996, 77頁）。実際，小沢一郎新生党代表は，与党代表者会議で，国会運営について「話し合いがつかなければ，民主主義のルールに従って結論を出すことにする」「そうしないと国対政治が残る」と発言し，これが連立政権のルールとなった（朝日新聞政治部 1994, 61頁）。他方，自民党単独政権時代の90年前後からすでに国対政治やたんなる審議引き延ばしなどを自制する傾向が見られたが，政治改革を求める世論が強まるなかで，野党自民党も，審議の引き延ばしなどの旧来の抵抗手段に訴えにくかったのである。また自民党は野党として国会をどのように活用すべきなのか習熟しておらず，ただ地方議員出身者で長い間革新自治体における野党経験のある政治家がわずかに委員会で与党に政策論争を挑みスキャンダルを追及する程度であった。

　実際，80年代からから90年代にかけての選挙制度（小選挙区制導入）を含めた「政治改革」は明らかにウェストミンスター型をめざしていた。国会改革で言えば，それなりの政策影響力をもつヴィスコシティ型から国民への訴えの場としての「アリーナ型」への転換をめざしていた。その意味で，細川連立時代の国会の変化はヴィスコシティ抑制の点では「改革」の方向に沿っていたといえよう。

　このように，細川政権における内閣提出法案の成立率の高さは，第一にコンセンサス拡大によって説明されるが，ヴィスコシティ低下も無視できない影響をもたらしたと思われる。そして，このことは90年代の全ての連立政権に多かれ少なかれ言えることなのである。

(2) エリート交代と既得利益削減

　細川政権は，自民党単独政権では困難であるか不可能であると思われるコメの部分開放と選挙制度改革という政策を実現した。まず，コメの部分開放はコメ農家の保護というある種の既得権を削減する内容をもつ。自民党が政権の地位にある場合に，ウルグアイラウンドの最終合意期限の93年12月13日までに決着をつけられたかどうかは疑わしい。少なくとも細川政権にはそれができたということは，連立各党が自民党に比べて

相対的に農村を地盤としていなかったことが指摘できる。それゆえ，細川政権がコメの部分開放ができた理由は，連合政権ということではなくて，政権交代によって政権の基盤が変化したこと（換言すれば，エリートの交代によって新しいエリートは先任者と異なる利害をもったこと）にある。ウェストミンスター型のレジーム・タイプにおける政権交代による政策変化の論理が働いたのである。

　選挙制度改革論議は，単純化すれば，なんらかの利益団体の社会経済的利益が直接関連する争点ではなく，中選挙区制に既得利益を見出す自民党（の多数派）と選挙制度改革が広範な国民の期待に応えることであると考えた連立各党（の多数派）が対立した争点であった。しかしながら，細川政権による選挙制度改革の実現は，コメ問題と同様に，政権交代による政策変化の論理が働いた結果であった。

(3) 分配政策と族議員

　個々の地域への予算分配や業界に対する個別の租税特別措置（税の減免）は，いわゆるロウィ（T. Lowi）のいう「分配政策」であり，しばしば既得利益として定着する。これが自民党政権時代における「多元的停滞」の主要原因である。細川政権は，少なくとも目標としては「政官業のトライアングル」を断ち切ることを掲げた。

　連立政権は，まず整備新幹線着工を凍結し，97年以降に先送りした。また，「予算編成大綱」では，生活重視のための政策優先順位の見直しがうたわれた。建設，農水，運輸，厚生の各省所管の生産基盤関連の公共事業が抑制され，生活関連の事業が拡大された。これらの「重点化を累積すると，公共事業の配分比率の変化は，事業別で1.9％の増減，省庁別では0.9％の増減となった。」自民党政権の下で省庁セクショナリズムと族議員によって固定化された，公共事業の配分を見直す作業が，小規模ではあったが緒についたと評価できる。同様に，企業の使途不明金に対して追加課税を行うなどの租税特別措置の整理・合理化がなされた。これらの整理・合理化は大蔵省が長年求めても，自民党税制族の反対によ

って実現しなかったものである（山口 1997, 225-226, 229頁）。

細川政権の政策能力で強調すべきことは，族議員に関わる既存の利益を削減したこと，ウィーヴァーらに従ってより一般的にいえば，政権交代によって政府内における拒否点を排除したことである。先のコメの部分開放も基本的には同じ構図によって実現されたのである。

（4）政官の影響力関係

連立政権の政策パフォーマンスを維持しているのは，自民党単独政権時代と同様に官僚制の大きい影響力であるという見方も存在する。日本の官僚制の影響力が大きいことが前提にされているのである。しかしながらこの見方は，影響力の定義が単純であり事実を正確に認識しているとは思われない。この点について，村松岐夫は，官僚制の影響力を活動量と自律性の2つの要素からなるものとして捉えており，自民党政権下における官僚制を，一般に活動量は大きいが，自律性が低いという特徴をもつとみなしたのである（村松 1981, 4章）。

本稿では村松の見方に着想を得て，政官関係を以下のように捉える。政官関係における影響力関係は，両者の意思の一致と対立の軸と政治家の明示的な関与の有無の軸の2つの軸から，表4のように整理できる。セルaは，両者の意思が基本的に一致し，両者の間で実際に協議によって合意形成が行われるケースである。セルbは，両者の意思が対立し，政治家が自己の意思を明示的に示すケースである。このケースでは，官僚は政治家に従順であることも，抵抗することもある。政治家が意思を明示する（あるいは関与する）ことが多くなったり（セルa），セルbのケースで官僚が政治家に従順であるほど，政党優位であると言われるの

表4　政治家と官僚の影響力

	意思の一致と対立	
	一致	対立
明示的関与の有無　あり	a 明示的合意	b 従順，抵抗
なし	c 予測的対応	d 非決定

である。

　他方で,両者の意思が同一方向にありながら,政治家が積極的な関与をしない場合は(セルc),官僚は通常「予測的対応」によって行動するのである。細川政権において,族議員が排除されて「官僚主導」が目立つといわれた現象の多くは実はこのセルcにおける現象であったと考えられる。こうして,個々の問題に対する政官関係が,セルa, b, cのいずれに入るものであれ,具体的な内閣提出法案の高い成立率の持続は,官僚の影響力が大きいという理由によってではなく,政党政治の側で広範なコンセンサスが維持されていることによって説明されるのである。

　もとより,セルa, b, cにおいて,実際,官僚は,与党の意思の曖昧さや,与党内の意思の相違を利用して,政治家よるコントロールを緩和できる余地,すなわちある程度の自律性をもつことができる(建林 1998, 98頁参照)。しかし,その場合でも官僚の自律性は,政党配置の従属変数と考えられるのである。この視点は,後に三節(3)で改めて検証される。

　両者の意思が対立しながら政治家が積極的に関与しないケース(セルd)の多くは,政治的アジェンダにならないのであるから,いわば「非決定」領域に入る。官僚が情報操作によって全面的に政治家をコントロールしている事実があるとすれば,それはこのセルに入る。そして,その事実はしばしば「官僚優位」と言われる。しかしながら,官僚がたえず与党の意向に配慮することから見ても,「官僚優位」の根拠は弱い。

(5) 政策の遅滞とエリート結合力

　細川連立政権は,もとより全ての課題について高い政策能力を発揮したわけではない。政権は絶えず,与党間の亀裂,とくに社会党と他の政党との亀裂に悩まされた。邦人救出のための自衛隊の海外派遣を可能にする自衛隊法改正(衆院への提出まで進んだ),コメ部分開放,政治改革関連法は全て同様の亀裂に直面して,結局は辛うじて一応の決着を見た。与党間の亀裂の問題は,比較研究のより一般的タームで言えば,エリート結合力の低さの問題である。多党連合は,一般に政権維持のために結

合力を強めようとする求心力と各党のアイデンティティーを確保しようとする遠心力の緊張の中にある。上述の3つの問題では決着までにぎりぎりミニマムの結合力が維持された。政党のアイデンティティーはイデオロギーへの愛着に結びついているが，合理的選択論的な解釈からすれば，再選につながる支持基盤に結びついている。その意味で多かれ少なかれ社会における利益ないしイデオロギーの亀裂を反映しているのである。しかしながら，国民福祉税問題を乗り越えるほど与党間の結合力は強くなかったといえよう。

　細川政権が，西欧で見られる多くの多党連合政府と比べてエリート結合力が低いと思われるのであるが　それははなぜか。それは西欧では与党間のイデオロギーの近い「近接連合」が常態であるのに対して，細川政権が，新自由主義のイデオロギーを強く打ち出す点で自民党の右に位置する保守ともいうべき新生党と左翼の社会党を主な参加政党としており，この両党の間に最大規模の野党自民党が位置していたからである。その意味で細川政権は「非近接連合」であった。この非近接連合は，共産党を除く非自民各党が，半永久的な自民党単独政権に終止符を打つという1点で辛うじて当面は一致したことの歴史的状況の産物であった。

　こうした「変則性」は，一般的には細川政権は確かに「多党連合」ではあったが，他方では1党優位制が完全に崩壊したわけではないという事実によって説明できると思われる。細川政権は多党連合としてよりも，むしろレジーム・タイプとしての1党優位制における野党政権としてとらえることのほうが，現実をより的確に理解できる可能性があるのである。この仮説については，後に改めて五節で展開することになろう。

三　村山政権

（1）コンセンサスの拡大への飛躍とエリート結合力の強化

　村山政権の政策実績でまず目につくのは，実質的な3会期連続で内閣提出法案成立率が100%であることである。第131国会では，小選挙区割り法案，年金改正法案，自衛隊法改正（邦人救出自衛隊海外派遣），税制

関連法案(消費税5％に引き上げ)，被爆者援護法，新食糧法などWHO (世界貿易機関)関連法など，提出された重要法案がすべて成立し，「滞貨一掃国会」と呼ばれた。132回国会では，旧自民の一部とかつての公民を主体とする野党新進党の法案反対はわずか2件（賛成率98.0％）であり，地方分権推進法，育児休業法，包装物リサイクル法が成立し，衆院で戦後50年決議が採択された。

しかし，村山政権における変化はそれほど意味のある変化ではないという見方もある。野中尚人は，消費税率引き上げは，「もはやどうにもならない現実の前に余儀なくされた追認」にすぎず），「『滞貨』の多くの仕事は事実としては決着がつき」「（大多数の国民も既に同意している）」ものであり，それゆえ「自社さ」連立政権は「自民党への先祖帰りを意味する」にすぎないと述べている（野中 1998, 39頁, 45頁）。しかし，この捉え方は，自民党単独政権時代における自社の対立を軽視し，「滞貨」のいくつかについては有権者レベルでも亀裂が存在していたことを無視しており，また社会党が細川政権時になぜ「国民福祉税」に反対したかを十分に説明できない。さらに，仮に「滞貨」の内容に「大多数の国民が既に同意している」としても大衆レベルの態度とエリートレベルの態度にズレがあることが重要なのである。89年参院選挙で反消費税をかかげて大勝し，1992年にPKO協力(国連平和協力)法に反対し，また国民福祉税に反対して細川政権崩壊の一因を担った社会党から，「自社さ」政権の社会党は大きく変化したのであり，その政策帰結への影響は大きいというべきである。このような社会党の変身がなければ，あの時点で自民党が政権に復帰しえたかどうか不明であり，さらに重要法案の「滞貨一掃」も不確かであったのである。村山政権には確かに自民党単独政権時に「先祖帰り」した面があるが，他方では新しい面があるのである。内閣成立率100％と「滞貨一掃」はその後者の面を表している。そこには一種の飛躍があった。こうした帰結をもたらした飛躍とは，村山首相が「自衛隊合憲」「日米安保条約堅持」「日の丸，君が代の尊重」を表明し，社会党の基本政策を180度転換したことである。この転換が，与党間のエ

リート結合力を強める基礎条件になったといえよう。

　与党間のエリート結合力を強めた第二の要因は，細川政権で主要与党が自己主張に固執したことによって自壊したことから学習し，自社が，政権維持が至上命題としたことである。例えば，自民党は，社会党の求める被爆者援護法を受け入れ，他方で，社会党は消費税引き上げを受け入れたように，相互に譲歩して，結合力を強めたのである。

　第三に，村山政権の多くの課題は，細川政権から引き継がれた課題であり，野党は細川政権時代に与党としてそれらの課題を法案化するために準備していたものである。それが野党に転落したからといってそれらの法案に反対することは，首尾一貫しないという無責任さを問われるであろう。こうして，国会を舞台した野党の抵抗が一層弱まったのである。

　第四に，区割り法案の成立（94年12月下旬）後はとくに，野党は，国会運営に力点をおいて政策に影響力を及ぼそうとすることよりも，新選挙制度による次期総選挙への準備を重視するようになった。まず新進党が結成されたが（1994年12月），党内の結合力が弱く，党首選挙（1995年12月）では亀裂を生むなど政党再編により大きなエネルギーを注いだ。また議員たちも欠席や途中退出などであまり積極的に国会委員会に参加しなくなり，法案がスピード審議によって成立していった。

　第五に，自民党の責任者の述べたことによると，自民党単独政権時には，自民党は世論に配慮して単独審議や単独強行採決を自制したが，社さ両党との連立政権によって，(実際にはそれほど強引な国会運営をしたわけではないが，)「単独」による批判をかつてほど懸念せずに強気の国会運営がしやすくなったことが指摘できよう。第三，四，五の理由は，いずれも野党が政策影響力を及ぼす場としての国会のヴィスコシティを一層低下させるものであった。他方では国会における討論が活発になったわけではなく，その意味ではアリーナ国会への転換がなされたともいえなかった。

（2）族議員の復活と抑制

村山政権では，ある程度の既得利益の抑制が行われたが，それ以上に既得利益が復活した。まず前者から述べると，自民党は政権から転落した経験，そして細川政権の自壊過程から学習し，政権維持を最優先にし，政策選好を変えて，与党間で政策業績競争をするケースが増えたのである。その競争がしばしば既得利益削減に結びついた。たとえば，「社会党は消費税を不可欠の財源として位置づけることを受け入れ，その見返りに，広すぎる免税業者の範囲の限定，簡易課税の是正など，より公正な消費税を求め」たのに対して，「自民党は，従来様々な業界団体の利権のもととなっていた租税特別措置の削減の必要を認めるにいたった」のである（山口 1997, 232頁；加藤 1997, 286頁）。

　また，公共事業のシェアの面から見た場合，村山政権は，自民党自身が90年代に入りシェアの見直しを始めた水準を維持しているが，細川政権と比較して政策革新力を弱めた。ここに村山政権における既得利益の抑制力の弱さが示されている。自社の議員は地方への公共事業を通じた個別分配の点では共通の利益を持っていたのである。

　こうして，村山政権では，むしろ既得利益を維持する分配政治が活発化した。まず，政府が目指した米価引き下げは94年度も実現せず，実質的に農家の手取りを増やす決着がなされた。また，政府・与党はウルグアイラウンド合意にともなう6年間の農業農村対策費として6兆100億円の支出を決定した。農村を地盤とする自民，社会両党議員による政治加算の結果であった。また，整備新幹線は，細川政権時代に，未着工区間の扱いは97年以降へと，先送りされていたが，自民党運輸関係議員と社会党地方出身議員の働きかけによって凍結が解除され，実質的な着工へと踏み出された。

　細川政権では，とくに既得利益に結びついていたのは政権全体からみれば少数派にすぎない非都市・農村選出の社会党議員であったから既得利益を抑制することは比較的容易であった。しかし，村山政権では，自民党族議員が復活しただけでなく，社会党議員がかつての野党としての「裏族」から与党としての「表族」に躍り出た。この点では既得利益の抑

制に対する拒否点がむしろ倍加したのである。自民党も社会党も議員政党的な分権的構造をもっていたからであろう。そしてその分権的構造の基礎にあったのは，個人本意の選挙がまだ重要であり，党執行部から個々の議員にある程度の自律性を可能にする，自前の選挙マシーンたる後援会に依拠した選挙制度が依然として有効と考えられたからである。

　既得利益復活を抑制するメカニズムは存在しなかったのだろうか。多くの個別問題では，課題別，省庁別のプロジェクトチームが設置され，チームの構成は，自民党議員が半分で残りの半分を社会党とさきがけの議員が占めるようにし，基本的にはこのレベルで合意が得られない限り上位レベルの決定機関には上げないというボトム・アップの決定システムをつくった。このため，自民党の族議員の影響は半減されるというメカニズムが組み込まれたのである。実際，自民党の有力族議員が社さ両党の若手議員を強引に押さえ込むこともできないのでプロジェクトチームに参加するインセンティブを弱めた。それに代わって，自民党の中堅・若手が政策協議に参加したのである。こうしたメカニズムによって，ある程度の既得利益の抑制がはかられたのである。この既得利益抑制のメカニズムが機能するのは，社さ両党のメンバーの意思が一致して自民党メンバーと対抗できる場合である。しかし，自社両党の既得利益が一致する場合には，既得利益はある意味では自民党単独政権時代より推進された。社会党議員が建て前で自民党の「ばらまき」分配を批判することもなくなり，既得利益推進に参加するからである。ボトム・アップの分権的決定構造は与党間の利益構造に応じて，ある程度分配抑制的にも，過大な既得利益推進構造にも機能しえたのである。

　他方では，3党協議の実質的な最終決定機関である政策調整会議が，3党協議優先を盾にして族議員を抑えることができたのである。実際，自民党政策責任者は，社さの要望に応じて，与党税制プロジェクトチームから自民党の有力議員をはずし，これによって租税特別措置是正が可能になったのである。また政策調整会議の自社さ各党の3座長は，族議員復活の批判を避けようとして95年度予算シーリングで省庁別関係議員

チームの大蔵省への陳情を認めないことによって，族議員の大蔵省への圧力を遮断しようとした。しかし，このメカニズムも自社議員が族議員となる公共事業費の枠や配分については十分に機能したとはいえなかったのである。

このように，既得利益重視の分配政治は，細川政権時に一時抑制されたが，村山政権の登場によって復活したといえよう。

（3）与党の業績競争と官僚制

すでに見たように，村山政権においてもあまり意味のある政策変化がみられず，その理由をいわばおもに官僚優位論に求める見方もある。

これに対して，建林正彦は，政官関係と政策帰結の関係を，特殊法人改革を事例としてソフィストケートされた仕方で説明している（建林1998）。建林によると，まず村山政権における行政改革の一貫としての特殊法人改革は一般に政策成果が少なかったいわれるが，それは高い期待とのギャップから生じる評価であり，村山政権時の成果は，自民党単独政権時代の第三次行革審よりも大きかった。ただしそれでも限定的なものにとどまった。このように一定の成果があったが，それが限定的に留ままったのはなぜかというのが建林の設問である。建林の議論を圧縮していえば，まず特殊法人改革は一般的に政党によって主導された。各業界に関連の少ないさきがけが特殊法人改革のアジェンダセッターになり，社会党が，次いで自民党が，国民の支持を得るための政策業績競争に参加せざるをえなくなったのである。与党政策調整会議も，官庁と連係して改革に抵抗する族議員を牽制する役割を果たした。しかしながら，他方では自社両党は関連業界や関連労組からの責任追及を回避しようとして，小規模だが確実な成果が出せるという枠の中で，改革の内容を各省庁にゆだねた。各省庁は全面的抵抗ではなく，部分的譲歩を行うことを選択して，これに応じたのである。すなわち，村山政権の特殊法人改革は，官僚優位によるたんなる自民党政権時代の連続性として理解できるのではなく，与党の政策選好の変化，および与党間の意思のズレによっ

て得られた官僚制によるある程度の自律性の確保によって説明されるのである。表4に即して言えば，自社両党はセルaとセルbの中間的な妥協案を提示し，官僚がそれに応じたケースである。

　また，介護保険制度の形成過程を分析した衛藤幹子によると，社さ両党が国民の支持を得るために介護保険の導入に熱心で，消極的であった自民党がこの点でも業績競争に参加せざるをえなかったことを指摘し，自民単独政権下であれば法案化が遅くなったであろうことを示唆する。また衛藤は村山政権における政策形成のプロジェクト方式は自民党族議員の動きをある程度抑制するメカニズムであること，法案に社さ両党のプロジェクトメンバーの弱者保護を重視する意見が反映されること，を指摘する。他方社会的入院に象徴される高齢者介護制度の歪みを早くから認識し，これを改革しようとしていた厚生省がいうまでもなく重要なアクターである。連立政権は，自民党単独政権時と比べて，厚生省と介護保険制度導入に理解を示す政党・政治家との連係によって，より早期に，かつ既得利益をある程度抑えて法案化するメカニズムを内蔵していたということができよう（衛藤 1998,86-89頁）。介護保険の事例は，表4で言えば，介護保険制度導入に理解を示す政治家との明示的合意形成である点でセルaに入り，新しい政治配置が新しい政策帰結を早期にもたらしたケースであろう。

　本節におけるこれまでの分析によると，村山政権では，一方で既得利益が復活したが，他方では，たんに自民党単独政権時代の継続とはいえない政策帰結をもたらし，またその政策帰結は新しい政治配置によって可能になったことが示された。また，村山政権の政策能力は政策領域によって異なり，外交・防衛の領域では，自衛隊法改正やゴラン高原への自衛隊派遣のようにミニマムのエリート結合力を維持して政策能力を示し，分配問題では全体として既得利益の復活を許し，消費税や介護保険などの再分配や行革の問題では，既得利益をある程度抑制しながら問題に決着がつけられていったと言えよう。

（4）課題先送り

　村山政権は，実質的には3回連続の内閣提出法案を100％成立させたが，それらの法案は与党間の合意が比較的容易に得られた政策であり，合意が得られない政策が積み残されるようになった。村山政権は，しばしば問題解決を「先送り」した内閣であると批判されたのである。ゴラン高原への自衛隊派遣も自社の間の合意形成に時間がかかり，介護保険制度も村山政権では法案を国会に上程するまでにはいたらなかった。そのほか，持ち株会社，夫婦別姓，NPO（市民活動促進）法など，自社両党の間の調整がつかない問題が積み残されたのである。基本政策について社会党が転換したとはいえ，自社の間のイデオロギーの距離は相当残り，また当然ながら両党の支持基盤も異なっていたのである。この点については，レジーム・タイプとしての1党優位制を検討する，五節で改めて論じることにする。

四　橋本政権

（1）課題先送りと政策別連合

　本節では橋本政権の政策能力を，おもに課題先送りとの関連で述べることにする。

　第一次橋本政権は首相が交代しただけ，政権構成の枠組みは村山政権と同様であり，136回国会も内閣提出法案の成立率は100％であった。しかし住専への公的資金導入を含む予算が可決した後に，多くの懸案について独禁法改正（持ち株会社解禁），介護保険，民法改正（夫婦別姓），NPO法，サッカーくじ問題など，自社の間で調整が困難になり，法案の先送りが多くなってきた。総選挙が視野に入り，自社さ各党が独自性を主張し，与党間の協調を必ずしも最優先にはしなくなってきたのである。選挙が近づくと，連立政権の各与党が政権維持を優先するのではなく独自性を主張し始め，エリート結合力が低下するのは，西欧各国にもみられる一般的傾向と軌を一にしている。自民党内部に自民党が過小代表になっている3党合議制（プロジェクトチーム，政策調整会議，責任者会

表5　衆院での重要法案などへの各党の対応

		自民	社民	さきがけ	民主	太陽	新進	共産
成立	96年度補正予算案	○	○	●	●	●	●	●
	97年度予算案	○	○	○	●	●	●	●
	特措法改正案	○	◆	○	○	○	◇	●
	医療保険改正案	○	◇	○	◆	○	●	●
	日銀法改正案	○	○	○	●	○	●	○*
	臓器移植法案	−	−	−	−	−	−	●
継続審議	介護保険法案	○	○	○	○	○	◆	●
	ＮＰＯ法案	○	○	○	○	○	●	●
	サッカーくじ法案	◇	◇	−	◇	○	◇	●

○：賛成，●：反対，−：党として意見をまとめなかった。党の方針への「造反議員」が確認された場合は○を◇，●を◆とした。
(注)＊日銀法改正案について，共産党は「衆院での賛成は誤っていた」として衆院では反対に回った。　出典：朝日新聞1997年6月19日付

議）への不満が強まってきたこともこの傾向に拍車をかけた。

　96年10月の総選挙では，自民党は239議席と復調し，社民党は15議席（96年1月社会党が名称を変える），さきがけが2議席と減少し，閣外協力へと転じたが，140回国会における内閣提出法案の成立率は94.7％と高かった。この成立率の高さは，基本的に自民党単独政権時代からのコンセンサスの拡大傾向の延長上にあるが，新しい要因も加わっている。すなわち，自社さの枠組では「先送り」されがちな課題が，「部分連合」（表5参照）によって乗り越えられるようになったのである。その典型が特措法（駐留軍用地特別措置法）である。特措法は与党の社民党が反対したにもかかわらず，新進，民主などの野党の賛成によって成立した。国会では，与野党の境界が不明確になり，政党間協議，課題ごとに多数派を形成する「政策別連合」が顕著になった。野党は与党と折衝し要求を実現することを選択し，特措法などの防衛関係は自民党保守派と新進党の連携によって，医療保険制度改革と介護保険制度などの福祉関係は自民党自社さ派と民主党の連携によって推進されたのである。野党の抵抗の場としての国会のヴィスコシティはほとんど最低の水準まで低下した。国会は野党が立法に「抵抗」する場ではなく，むしろ「参加」する場と

して機能した。共産党を除く各党は抵抗というネガティヴな影響力ではなく，立法へのポジティヴな影響力によってその存在を有権者にアピールしようとしたのである。

　自民党は，おもに野党新進党からの「一本釣り」によって自民党に党籍を変更させ97年9月には衆院で単独過半数に達し，また国会が政策別連合によって運営されるようになっても，社さは与党にとどまり続けた。第142国会では自民党も社民党に配慮して，新しい日米防衛協力（新ガイドライン）を具体化する周辺事態法案や自衛隊法改正法案を先送りした。しかし，社さ両党は，98年5月末に自民党政権への閣外協力を解消して与党を離脱した。社さ両党はこれ以上の自民党との連立政権維持は自らのアイデンティティーの完全な否定になる，あるいは最低限になった支持基盤の消滅につながるとようやく自覚したのであろう。周辺事態法は99年に自自連立の小渕政権の下で成立したのである。

（2）族議員政治の寡頭的秩序の崩壊と拡散

　96年の総選挙後の第二次橋本内閣では，与党の政策形成において議席を減らした社さ両党の比重は著しく低下した。社さ両党にはプロジェクトチームにメンバーを出すほどの議員数がなかったのである。たとえば税制論議では，自民党税調で大枠を決定した後に，与党政策調整会議で合意を得る手続きになった。業界の多くも前年までは与党3党に陳情したが，96年は自民党に集中した。依然として与党3党協議の場である与党政策調整会議が重要であったが，租税特別措置や公共事業の予算分配については，社さ両党によるコントロールがほとんど効かなくなった。

　97年度の予算編成でも，整備新幹線着工凍結やウルグアイラウンド対策費の凍結は見送られた。執行部も族議員の矢面に立つことを回避するだけでなく，森幹事長は，大蔵省に整備新幹線着工凍結のための「根回しをするな」と大蔵省を牽制した（朝日新聞，1996年12月24日付）。大蔵省もかつては自民党執行部や族のボス議員の支援を得てはじめて一般の族議員に対抗できたのであるが，もはやそうした状況にはなかった。加

藤幹事長と山崎政調会長も総選挙投票日の前日に補正予算を打ち上げていた。自民党が総選挙で議席を伸ばしたこともあって，予算編成時にその公約の見返りが要求されたのである。また，3年間の自社さ政権の間に，各領域で族議員の寡頭的秩序がかなり崩れ，さらに小選挙区制によって各議員が「にわか」建設族・農水族になる必要に迫られて，総族議員化・拡散化が生じ，大蔵省による制御を困難にしたのである。

五　連立政権のレジーム・タイプ

本稿ではこれまで，わが国の90年代の連立政権の政策能力を検討してきた。連立政権は一般に政策能力が低下する可能性が高いといわれるが，内閣提出法案の成立率で見る限り細川，村山，橋本政権の政策能力は高いと言える。さらに，細川政権ではコメの部分自由化という重要な既得利益削減を実現し，村山政権は積み残されていた法案の「滞貨一掃」を行った。しかし，他方で，細川政権は社会党と他の与党の亀裂に苦しみ，結局崩壊した。村山政権も，「滞貨一掃」の後は，次第に自社の間で調整困難な懸案が先送りされるようになり，自民党は「政策別連合」で懸案を処理するようになった。周辺事態法は社さ両党の政権離脱と自自連立政権の成立まで待たなければならなかった。ある意味では，かつての自民単独政権時代の政党配置に復帰したような観を呈している。90年代のこうした政党再編と政権交代はたんなる偶然の産物なのであろうか，それともこれらの変化を一貫して説明できる何らかの視点があるのであろうか。本節の課題は，その一貫した視点を検討することである。

ウィーヴァーらの分析枠組におけるレジーム・タイプと政府タイプの区別がその手がかりを与えてくれる。ここでレジーム・タイプとは，議院内閣制のカテゴリー内の政党による政府構成の差異を示すものであり，深く制度化された持続的パターンを指している。政府タイプは各レジームタイプの下位概念である。さて，連立政権時代のレジーム・タイプと政府タイプをどのように捉えることができるであろうか。まずレジーム・タイプとしての多党連合，政党政府（ウェストミンスター型），1党

優位制の連立政権への適用可能性を検討してみよう。

　第一の見方は，93年の政変によって，レジーム・タイプが1党優位制から多党連合へ変容したというものである。各連立政権を多党連合レジームにおける政府タイプとして分類すると，最小勝利連合（細川内閣），単独少数政府（羽田内閣），過大規模連合（村山内閣，第一次橋本内閣），単独少数政府（第二次橋本内閣，），単独多数政府（第二次橋本改造内閣）と変容してきた。連立時代の政策過程と政策帰結は多くの点で自民党単独政権時代と異なる特徴をみせた。しかしながら，日本の90年代の連立政権は，持続性をもち深く制度化された「レジーム・タイプ」としての多党連合をもつ西欧のシステムとは異なる特徴をもった。大きな違いは，西欧の多党連合が近接連合であるのに対して，細川政権も自社さも，イデオロギー的尺度の上で，与党の間に野党を挟んだ非近接連合であり，長期的な安定性を期待できるシステムではなかったことである。細川政権は，38年の自民党政権に終止符を打つことを目指して非自民政権を最優先とした点で，村山政権は，小沢新生党代表幹事が強い影響力をもった細川政権の反動として反小沢を最優先するという点で，当時の特殊な政治状況の所産であった。しかし，非近接連合は特殊的偶然によってしか説明できないものであろうか。

　第二の見方は，新進党が存在した3年間（94.12.10-97.12.27）は，政党政府レジーム（ウェストミンスター型）として理解できるというものである。94年12月の結党時の新進党の議席は178で，自民党の200に肉薄していた。96年10月の総選挙では，政党中心の選挙戦になった部分もあり，各党とも政策公約を掲げ，有権者も投票を決めるうえでの判断材料にした。多くの小選挙区で自民党と新進党の候補者が争った。小選挙区300議席のうち，わずか6分の1の50議席で与野党逆転が起きれば，100議席の差が生じるのであり，小選挙区中心の選挙制度はそうした可能性をもち，2大政党制を促進するメカニズムをもつのである（川人　朝日新聞1996年10月22日付,日本経済新聞97年7月18日付）。

　このメカニズムの定着には，10年，20年という長期的なスパンを待た

なければならない場合もあるかもしれないが，少なくとも結党後の新進党は反対方向に歩んだ。自民党や民主党（96年9月結党）への離脱者が相次ぎ，95年12月28日の党首選挙では，選挙運営の公正さをめぐり党内に亀裂が生まれ，総選挙では自民が勝利したのに対して新進党は後退した。96年暮れには羽田グループが離党して太陽党を結成し，97年10月第二次橋本改造内閣発足時には，自民党の議席が252に対して新進党はその半分の129議席に減少し，97年12月末にはついに解党にいたった。政策過程や政党支持構造などより詳細な検証が必要であるが，新進党の動向を概観しただけでも，自民党にとって代わって政権につく態勢が整備されていたとは思われないのである。

　第三の見方は，本稿のとる立場であり，90年代の連立時代に入っても，変化したのは政府タイプであり，レジーム・タイプとしての1党優位制であることには変化がなかったというものである。そこでの政府タイプは，単独多数優越政党内閣（自民単独内閣），野党による連合政府（細川政権），優越政党とパートナーの連合政府（村山内閣，第一次橋本内閣），優越政党の少数内閣（第二次橋本内閣），単独多数優越政党内閣（第二次橋本改造内閣）と分類することができる。この視点に立って初めて非近接連合の形成や，連立政権における亀裂や課題先送り，さらには「政策別連合」といった現象がよく説明できるのである。

　1党優位制レジームにおける野党による連合政府（細川政権）はまれなケースであり，優越政党とパートナーの連合政府（村山内閣，第一次橋本内閣）も，海外への自衛隊派遣や沖縄基地問題などの安全保障問題に顕著に見られたように，与党間の対立調整が困難な争点を内包した非近接連合という点で，不安定であった。レジームとしての1党優位制は潜在的にしろ構造的にしろ政策過程と政策帰結を規定する比較的長期的に働く要因と考えることができる。たとえば，1党優位制レジームにおけるアクターは，基本的にそのレジームが持続するという予想の下に行動するのである。自民党が政権に復帰するとともに，野党から離脱して自民党に入党する議員が続出したことはその格好な例証となるのかもし

れない。この第三の見方は，非近接連合を特殊状況の基底に1党優位制レジームの構造的拘束をみるのである。これに対して政府タイプはより状況付随的であり，その政策への影響はレジームほど長期的・安定的なものではない。

　本稿では，連立政権を第一の見方に立って分析を進めた箇所が多い。それは理由のないことではない。非近接連合という歪みを別とすれば，有効な分析ができたからである。わが国における1党優位制レジームにおける連立政権の場合，制度化の程度がまだ弱いために，安定した「優越政党とパートナーの連合政府」としてよりも，自社さ政権で観察されたように，当面は1党優位制レジームの規定力と多党連合のダイナミクスの組み合わせとして分析するほうが有効であると考えられたのである。

　相次ぐ連立政権が登場した90年代においてもレジーム・タイプとしての1党優位制には変化がなかったという本稿の見方は仮説にすぎない。1党優位制のメルクマールに照らして検証されなければならない。しかし，ここで重要なのは，レジーム・タイプと政府タイプを概念的に区別することによって，政策過程と政策帰結を説明する独立変数をより明確にできるという理論上の明晰さである。第三層の説明要因を考慮すれば，さらにより豊かな説明をすることが期待できよう。

　さらに仮説を展開すれば，93年までを第一期1党優位制とすれば，93年以降を第二期1党優位制と考えることができる。第一期と第二期の大きな差異は，前者が基本的に単独多数優越政党政府であり，後者が基本的に優越政党とパートナーの連合政府であることである。細川政権と村山政権，そして新進党が存在した期間は，確かにレジームとしての1党優位制が動揺した時期であったが，その後の展開をみると，わが国の第二期の1党優位制が確立していく過程での過渡的政権であったと後に判断されるかもしれない。

結論

　本稿では自民党単独政権との比較においてわが国の90年代の連立政権

の政策能力を検証した。本稿の事例からすれば，連立政権は必ずしも政策能力が低いとは言えない。自社さ政権では連立与党間の関係が重視されたために，自民党族議員に結びついた既得利益がある程度抑制された。また他の要因が連立政権の政策能力に影響を及ぼした。80年代後半の自民党単独政権時からみられたコンセンサスの拡大傾向によって，連立政権は高い内閣提出法案の成立率を達成できた。他方では，「国対政治」の自制が国会のヴィスコシティを低下させ，これが法案の高い成立率を後押しした。さらに政府エリートの交代が政策革新を生み出した。

　しかし，連立政権の政策能力は，個々の政権によって，また課題によって多様であった。この多様性は，与党各党が，自民党政権時代の政治や政策に対していかなるスタンスをとるかということに基本的に規定される。わが国の政策は1党優位制の下で蓄積されてきた（政策遺産）からである。外交・防衛は各連立政権が基本的に「これまでの政策を継承する」ことに合意するところから出発するから，これからはずれる場合は，与党間関係にきしみが生じる。公共事業や農業対策費などの予算配分については，既得利益との関係に応じて議員は既得利益擁護の側に立つか，既得利益削減の側に立つか分かれる。自社さ政権は前者に近く，細川政権は後者に近かった。細川政権は政府エリートの交代が政策革新を生みやすいことを示した。再分配をはじめとする多くの政策では，政党の政策競合を媒介として，自民党も政策選好を変化させ，官僚はそうした政治の変化を利用して政策を実現していこうとする。これも新しい政府エリートが政府に参加したことによって基本的に説明できる。

　非自民連立政権と自社さ政権連立政権の大きな特徴は非近接連合であったこと，すなわち政府エリートの結合力の弱さにあった。この非近接連合が生じたこと，それゆえに一層与党間に亀裂や課題の先送りが生じる可能性が高いことの最大の理由は，1党優位レジームによってわが国の政治が大きく規定されていることにある，というのが本稿の仮説であった。90年代に多様な政府タイプを経験したが1党優位レジームという点では，変化がなかったと思われる。それでも，優越政党による単独政

権が他の政府タイプにとって替わられることによって，わが国の政策帰結と政策過程には小さくない変化がもたらされたのである。自自連立政権，あるいは自自公連立政権がどのように展開されるのか，それがまたどのような政策帰結と政策過程をもたらすのか関心がもたれるところである。

引用・参考文献
朝日新聞政治部（1994）『連立政権回り舞台』朝日新聞社
伊藤光利(1997)「連立維持か党の独自性か――ジレンマの中の政策決定システム――」山口二郎・生活経済政策研究所編『連立政治　同時代の検証』朝日新聞社
衛藤幹子(1998夏)「連立政権における日本型福祉の展開――介護保険制度創設の政策過程」『レヴァイアサン』臨時増刊，木鐸社
岡澤憲芙（1997）『連合政治とは何か――競合的協同の比較政治学――』日本放送協会出版会
加藤淳子（1997）『税制改革と官僚制』東京大学出版会
川人貞史(1996)「2大政党制に近づけた新選挙制度」(朝日新聞10月22日付)
川人貞史（1997）「強すぎる変化期待症」(日本経済新聞7月18日付)
建林正彦（1998）「連立政権下での特殊法人改革」『レヴァイアサン』臨時増刊　木鐸社
T・J・ペンペル，村松岐夫，森本哲郎（1994）「一党優位制の形成と崩壊」『レヴァイアサン』臨時増刊　木鐸社
中野　実（1996）「政界再編期の立法過程――変化と連続」『レヴァイアサン』18号
野中尚人（1998）「先祖帰り？――連立政権における政策過程の変容」『レヴァイアサン』臨時増刊　木鐸社
村松岐夫（1981）『戦後日本の官僚制』東洋経済新報社
山口二郎（1997）「経済構造の変化と遅れた政治の対応」山口二郎・生活経済政策研究所編『連立政治　同時代の検証』朝日新聞社
Weaber R. Kent and Rockman B. A eds., (1993) *Do Institutions Matter? Government Capabilities in the United States and Abroad,* The Broookings Institution,Washington, D. C.

雇用政策の展開と変容
―― アイデア，利益，制度 ――

久米郁男

はじめに

　バブル崩壊後の長期不況が深刻化するにともない，日本の失業率は史上最高の4.3％を記録した。この不況の中で，長期安定雇用を特徴とする日本の雇用慣行に対する見直しが主張されるにいたった。よく知られるように，日本の企業は，不況期においても雇用調整をできるだけ避け，常用労働者の雇用の維持を目指してきた。この雇用レジームは，職場における幅広く，深い技能形成と柔軟な生産組織編成と組み合わされることで，日本の企業の強みとなってきた。しかし，現在そのような雇用レジーム自体が批判の対象となっている。すなわち，従来の雇用レジームにおいては，企業が不要となった労働力を抱え込むことで，本来の競争力を失い，またマクロ経済的に見ても，今後成長が期待されるセクターへの労働力の移動を阻害し，国民経済的非効率を生むとされるのである。このような観点から，「改革」論者は，日本の労働市場の流動性を高めるべきことを主張するのである。

　このような雇用システムの改革は，現実の政策課題となりつつある。橋本総理の後を襲った小渕総理は，1998年8月7日の施政方針演説において，景気回復へ向けての強い決意を表明するなかで，雇用問題について「現在の雇用情勢は極めて厳しい状況にあります。雇用の確保に万全

を期すとともに，雇用の先行き不安を払しょくするため，産業構造や雇用慣行の変化に対応した能力開発対策，雇用環境の整備を積極的に進め，国民が希望に応じ多様な働き方ができるようにしてまいります」と述べた。その後，金融システム不安への対応策がとりあえず整備されると，経済政策の中心課題は雇用問題に移っていく。連合の鷲尾悦也会長と日経連の根本二郎会長が小渕内閣の甘利明労相に要請して設置された労働組合，経済団体，行政の3者からなる「政労使雇用対策会議」における議論も雇用の流動性を高めることで雇用問題の解決を目指す志向を強く見せるに至った。政労使雇用対策会議の初会合後の会見で甘利労相はこれ以上の雇用情勢の悪化を防ぐ措置として，離職者や転職者向けの支援強化を挙げている（日経 1999・9・27）。12月10日の政労使雇用対策会議第三回会合で，連合と日経連は，介護・福祉産業で42万人，住宅産業で11万人など個別分野別に新規雇用数をあげた上で，合計100万人分の雇用創出計画を示し，政府に早急な実施を求めている。これらの政策アイデアは，既存の企業の中で雇用を維持するのではなく，企業内の過剰労働力の受け皿を作ろうというものである（日経 1998・12・10）。1999年5月の第五回会合でも，甘利労相は「人材を含む経営資源が発展産業へ移動できるよう支援することが重要」と述べ，労働力の移動を促進するための方策を検討する考えを示し（東京読売夕刊 1999・5・26），またそれに先立つ閣議後の記者会見でも企業側を対象にした雇用調整助成金について「企業間の労働力移動に資する方向性を出したい」と述べ，現行制度を抜本的に見直す意向を示した（朝日夕刊 1999・5・21）。

　この改革論においては，雇用政策も上述の雇用レジームを支えてきたものとして，批判の対象とされる。後に見るように，第一次石油危機以後，日本の雇用政策は，雇用調整給付金に代表されるような政策手法を用いて，経済困難に陥った企業，産業の雇用を維持することを主要な目的の1つとしてきたからである。

　ただし，政労使雇用対策会議に参加するメンバーとメディアなどに現れる「改革主義者」の議論の間には，微妙な差異がある。甘利明労相は

3月16日の月例経済報告関係閣僚会議で,人員削減に積極的な企業が市場で高く評価されていることに関連し,「最近,経営者から『雇用維持を打ち出すと株価が下がるのはどういうことか』という不満が漏れてくる。雇用を維持するのは,体力と自信があるということだから,もっと評価されていいと思う」とのべ,会議後の会見でも「雇用を守ることに精いっぱいの努力をしてほしい。米国のスタンダードが日本を席巻しつつあるのは,はなはだ不満だ」と語っている(朝日 1999・3・17)。日経連奥田会長も,政労使雇用対策会議第五回会合で「雇用を削減する企業が株式市場でもてはやされるような状況は残念だ。人員削減は企業が万策尽きた時だけにやるべきことだ」と発言している(日経夕刊 1999・5・26)。これらの発言は,いずれも一気呵成の労働力流動化を目指すのではなく,従来型の雇用維持努力の枠組みに流動化の要素を加えようというより現実主義的なものである。いずれの立場が現実のものとなっていくかは,90年代の経済危機の結果,日本の政治経済体制がアングロサクソン的な方向への収斂をどの程度見せるのかという論点に直接関わる重要な点である (Thelen & Kume, 1999)。しかし,ここではこのような慎重な改革論議も含めて,既存の雇用政策が労働力の流動化を妨げることで問題を抱えているとの認識に立っていることをとりあえず確認しておこう。戦後の雇用政策は,一貫して企業内での雇用維持を助ける機能を果たしてきたという認識がとられているのである。

　しかしながら,戦後日本の雇用政策の歴史を振り返るならば,1960年代に導入された雇用政策は,むしろ改革論者が現在唱道するような労働市場の流動化を志向する政策であったことがわかる。雇用政策は70年代に入ってその性格を変えたのである。本稿は,この雇用政策の転回が何故生じたのかを分析する。以下では,(1)1960年代の雇用政策を特色付けた雇用対策法とその延長上にたちつつも政策内容を大きく変えた雇用保険法の事例を簡単に概観することで,説明されるべき雇用政策の転換を叙述し,(2)その転換をもたらしたメカニズムを,スウェーデンにおける雇用政策発展との簡単な比較に基づいて検討する。

一 日本における雇用政策の展開

(1) 石炭産業における政策転換闘争と新たな雇用政策

　戦後日本において最初に本格的な構造調整を迫られた産業は、石炭産業であった。戦後の経済復興を牽引する花形産業であった石炭は、1950年代後半からの「エネルギー革命」に直面し、厳しい合理化圧力にさらされることとなった。当初、石炭の経営者は政府の保護をもっぱら求め合理化努力を十分に行わず、他方労働組合はいかなる合理化にも断固反対するという立場にたっていた。しかし、エネルギー源としての国内石炭の競争力低下は、経営者側に本格的な合理化努力を志向させることとなった。三井鉱山三池炭鉱における「三池争議」は、合理化をようやく本格化させた経営者側と反合理化路線の労働組合の全面対決となり、それは石炭労使を越えて「総資本対総労働」の対決となっていった。1960年に安保闘争と並行して戦われたこの三池争議は、合理化絶対反対を唱える総評・炭労路線の明白な敗北のうちに終わった。

　この敗北をうけて、炭労は闘争方針を変更する。60年10月12日の臨時大会で、炭労は、石炭産業のおかれている状況を考えるならば合理化の必要性を全面否定したのでは炭鉱労働者の生活と権利を守ることはできないとして、合理化計画の具体的内容を明確にさせた上で、労働者の犠牲の軽減を図るため政策転換闘争を進めることを決定した。失業保険の適用期間の延長、給付額の引き上げ、生活保護基準の引き上げ、就職斡旋公社の設立、離職者の住宅対策についての行政措置、石炭産業の最低賃金制確立などが具体的な要求であった。この方針は、石炭産業の構造的危機を認識した、現実的なものであった。新しい方針に基づいて、炭労は60年11月に、首相、通産相、労相等に面談し、事前協議制を前提とする労使対等の対策委員会の設置を要求している。

　炭労の要求に対する政府の反応は当初はそれほど好ましいものではなかったが、12月23日に炭労は石炭経営者協会とそろって政府に、炭鉱離職者対策を一般失業対策へ埋没させずに、炭鉱離職者へ優先的に対応す

ることを申し入れるなど労使共同しての対政府要求を開始した。石炭労使は，石油を含む貿易自由化が政治スケジュールに上ってくるにつれて対政府要求を強化していく。61年9月3日の炭労・経営者首脳会議では，まず経営側が石油自由化繰り上げにともない合理化を速めざるを得ないとしたのに対して，労働側は合理化を原則承認したうえで，離職者対策を求めるとした。しかし，離職者対策は石炭業界だけでは対応が不可能であるため，労使協同して政府に強力な離職者対策を求めることで意見一致を見たのである（朝日 1961・9・4）。これを受けて，石炭協会は，エネルギー基本政策の策定，合理化資金援助，石炭火力発電所建設，などによって石炭への需要を確保するとともに，離職者対策については，石炭鉱業の離職者は政府の構造改変政策によって，一時に大量に，特殊地域に集中して発生するものであり，政府の責任において，一般失業対策とは別に，転職斡旋，職業教育，住宅供与，前収入保障など強力な措置をとることを求めた（朝日 1961・10・10）。他方炭労は，9月25日，社会党，総評と石炭政策転換最高指導会議を設置，更に全労，新産別，中立労連に支援共闘を申し入れた。そして全炭鉱，炭職協との間に共闘会議を置き，炭鉱労働者すべてをカバーする組織をつくるとともに，9月末には地方から炭労のメンバーを中央へ動員し，石炭政策転換大行進を組織した。以後炭労は，対政府要求の節目にはこのようなデモンストレーションをしばしば展開することになる。

　政府は，通産省で転失業者対策として雇用奨励金新設等の石炭対策準備作業が動き出していることも踏まえ，「労使双方から強い要望もあり，国会にも石炭対策のための特別委員会が設置されるので，この際政府としても石炭対策を根本的に検討してほしい」との佐藤通産相の要請に応えて（朝日新聞 1961・9・30），61年10月3日に石炭対策関係閣僚会議設置および石炭対策（次官）連絡会議を置き，離職者雇用奨励，職業訓練充実を含む石炭産業対策を検討することを決定した。他方，社会党も，「石炭政策に関する基本態度」を発表し，将来の炭鉱国有化をめざしつつも，当面は，前職賃金との差額保障，中高年離職者や身体傷害者を雇った雇

用主に対する奨励金制度，最低賃金制，産炭地振興策をとることを提案
した(資料労働運動史 昭和36年版，510-511頁)。10月12日の第一回石炭
対策関係閣僚会議では，石炭産業における最低賃金問題の検討，離職者
対策，石炭輸送費補給問題，中小炭鉱対策を早急に検討する事が決定さ
れている。そしてこの段階で，離職者対策として原油重油課税による財
源を用いて，炭鉱離職者の新旧賃金格差を一定期間保障する西ドイツ方
式の離職者対策が浮上してきた。労働省は，それを受けて30歳以上の離
職者を受け入れた事業主に賃金の一部と住宅手当を補助する案（雇用奨
励金制度）を作成した。また，失業保険と訓練手当の増額・延長支給，
遠隔地就労の際の別居手当などについても大蔵省と交渉を開始したので
ある（朝日 1961・10・15)。

　政府・与党内で検討され始めたこのような石炭政策は，①合理化資金
支援や流通合理化等による石炭産業合理化策，②石炭需要確保，石油価
格とのギャップ調整のための関税導入等の保護政策，③雇用奨励金等に
よる雇用安定政策の3つの側面を持っていた。しかし，ここで注目して
おきたいのは，石炭産業に対してとられる雇用安定策が，炭労の初期の
要求であった「石炭産業内部での雇用の維持」ではなく，「今までは離職
者をできるだけその土地に置いておくきらいがあった(が)，現在我国全
体として労働力不足の状況だから，職業訓練と広域職業紹介などに力を
いれたい」(朝日 1961・10・24)との水田蔵相の発言にみられるような，
全国的な労働市場の中に炭鉱離職者を吸収させていく労働力の流動化を
志向する性格のものであった点である。

　その後，政府は，石炭鉱業合理化臨時措置法一部改正法案，産炭地域
振興臨時措置法案，臨時石炭鉱害復旧法一部改正法案，石炭鉱山保安臨
時措置法案を衆議院に提出し可決を得て，参議院に送付した。参議院は，
10月31日，自民，社会，民社党提案の「石炭産業危機打開に関する決議」
を全会一致で採択した上で，上記4法案を可決した(資料労働運動史 昭
和36年版，557-559頁)。この決議は，石炭対策における雇用保障の側面
を強化することを意図するものであり，炭労及び総評の強力な要求の結

果提案・採択されたのである。組合側は，政府の石炭政策の上述3側面のうち，合理化の側面よりも雇用安定及び産業保護の側面を強化することをこの決議に盛り込んだのである。

62年1月29日，第32回臨時大会で炭労は「(政府・経営は) 部分的には要求を容れながら，他方では合理化計画を貫徹しようと(している。)……政府は首切り合理化の基本は変えずに離職者にはいくらか金を出そうという態度で，離職者対策については技能習得費，雇用奨励制度など新しい政策をいくつか考えているようであるが，われわれの要求にはほど遠く，いったん職を離れたら飢餓の谷間に追いやられる不安は減っていない」との認識を示した上で，国会決議を十分に具体化させ，雇用安定，生活安定，離職者対策の確立を，3月中旬以降にゼネストを設定しつつ闘い取ることを決定した(資料労働運動史 昭和37年版，401-402頁)。すなわち，炭労は，ここまでの獲得物について一定の評価をしつつ，もう一段手厚い雇用対策，離職者対策を求めて闘争を継続したのである。

通産省は，石炭産業の労使関係がさらに混乱を続ければ，石炭需要者の石油への転換に口実を与え，合理化計画が行き詰まる恐れがあるとし，財投からの融資拡大などを含むより大規模な石炭鉱業合理化臨時措置法案の作成へ努力を続けた。通産省は，石炭対策を合理化政策に重点をおいて，できるだけ早く行いたいとの姿勢を示していたのである。しかし，無期限スト突入を掲げて粘る炭労を前に，政府は石炭対策について，権威ある調査団を編成し，石炭鉱業の近代化，合理化策及び雇用の実状の調査に基づき今後の政策についての答申を求める，答申にもとづく決定があるまで経営者は人員整理を，労働者は紛争行為を行わないよう期待するとの声明を出す，との譲歩を行った。

この結果，有沢広巳を団長として結成された石炭鉱業調査団には炭労の雇用保障の要求をどの程度まで認めるかという極めて政治的な決断が求められた。そのことは，8月30日に炭労代表と池田首相の会見で，首相が「調査団答申が理論面が中心となって実状に沿わないときは十分な政治的配慮を加える」と発言していることからも明らかである。また調

査団も，第一回現地調査の際に，九州炭労光永労働部長の「非能率で将来とも赤字の続く山については，国が職場転換を積極的に援助するならば，閉山人員整理も認めるべきだ」との発言等によって，「炭労の要求の真意は人員整理の不安を解消するため雇用安定法のような法的保障がほしいと言うことのようだ」という認識を持つにいたったのである（日経 1962・9・8; 朝日 1962・9・30）。

62年10月13日，調査団は答申大綱を総理に提出した。そこでは，当初よりも石炭産業の規模を大きめに残すことが提言されていたが，雇用安定については，石炭鉱業内部においてその雇用を維持するということではなく，近代的な環境・労働条件の下での安定した職場を離職者に供給していくべきであるとされた。更に，そのためには，職業訓練と新しい職場が国の責務において確保されるべきであり，離職者が再就職するまでの移行期間については，失業保険期間を含めて3年間の生活安定を図るべきであるとしている。そしてそれらの財源としては重油消費税の創設を検討すべきであるとした。単なる経済合理主義によるのでなく，石炭鉱業の危機がもたらす国民経済的損失と社会的影響，また石炭産業が戦後経済再建に寄与したことが勘案されるべきであり，上記対策は手厚すぎることはないというのが答申の結論であった（資料労働運動史 昭和37年版，454-466頁）。

この答申は，経済合理性を後退させ，国際競争力を強めることと逆行するものだと石炭需要産業界で批判を受けたことから分かるように，政府に石炭産業保護のためにもう一歩踏み込むことを求めるものであった。しかし，炭労は，大量解雇を認める一方，国による企業への赤字補填を重視している上，総合エネルギー政策も無いとして，雇用の安定を中心としたより実効性ある措置を要求するとの声明を発表した。炭労は，10月13日，黒金官房長官に「政府が答申にこだわる事なく，独自の立場から政治的解決を下し，炭鉱労働者の雇用安定について万全を期すことを求める」との申入書を手渡した。そして，10月15日に炭労は3000人動員団の上京を開始，12月22日，23日の炭労拡大中闘委員会で対経営闘争の

強化を決定, 答申を基本的には歓迎している経営側が, 炭労との共同闘争をやめて合理化に動き出し「首切り水門」が開いてしまうことを阻止するとの方針が決定された。

炭労が, 62年11月に飛び石の48時間ストを行って政府への圧力をかける中で, 11月29日の閣議では調査団答申にもとづく石炭対策大綱が決定され, 雇用に関しては, 政府金融機関の融資を受ける企業に離職者雇用を勧奨すること, 炭鉱離職者求職手帳制度をつくり, 集中的に訓練, 紹介を行う一方, 就職促進手当を出すよう離職者法を改正すること, 広域職業紹介, 離職前訓練, 委託訓練などを積極的に行うこと, 雇用奨励金支給要件を緩和すること, 移転就職者の住宅を確保すること, 離職金の増額(中小で退職金が無いか少ないものに対して), 最低賃金制の推進が盛り込まれた。大橋労相はこの閣議決定について,「石炭需要の拡大は図るが, 相当の離職者がでるのはやむを得ないので, 対策に万全を尽くす。省の離職対策予算, 法律とも原案通り決定したので, 受入態勢は確立した。雇用対策に自信を持って出発できる」との談話を発表している。そして, 大綱決定に合わせて, 石炭対策補正予算案と, 石炭鉱業合理化臨時措置法改正案, 石炭鉱山保安臨時措置法改正案, 炭鉱離職者臨時措置法改正案, 産炭地域振興事業改正案の国会提出が決定された (資料労働運動史 昭和37年版, 482頁)。

このような政府対応に対して, 炭労は「事態はまさに決定的な段階にたち至った。ゼネストを持って政府と経営者と対決する」と反発し, さらに手厚い雇用対策を求めた。社会党は炭労・総評の意向を踏まえて, 国会内で自民党との交渉を続けたが, 交渉は難航し, 上記石炭関連4法案は一旦廃案となった。この混乱は, 世論の批判を浴び, 63年1月16日に再開された国会において4法案は全て成立することになったのである。ここに炭労の政策転換闘争はようやく決着を見ることになった (資料労働運動史 昭和37年版, 491-93頁)。

この政策転換闘争を通して, 衰退産業たる石炭産業における雇用対策が, 石炭産業を保護することで, その内に雇用を維持するものでなく,

またそこから排出される失業者に失業保険のような「補助金」や緊急避難的な「失業対策事業」への雇用吸収といった手法でもない,より積極的に労働市場を活用する政策として決定されていったことが重要である。それらは,事業主に対する雇用奨励金制度,広域職業紹介・職業訓練等を重視し,労働力移動を前提とした市場志向的な政策であった。この政策は,極めて有効に作用し,多くの炭坑離職者が新たな職に就いていった。1962年から64年の間に,109,080人の離職者が求職をし,64年末にその88％が職を得ているのである(日本労働年鑑 1965年版,476頁)。石炭産業に対する雇用政策は,このように大きな成果を上げただけではなく,その後の雇用政策に新しい政策遺産も残すこととなったのである。

(2) 雇用対策法の制定

1966年に成立した雇用対策法は,石炭危機に際してとられた雇用対策のアイデアを全産業規模に広げたものであった。1955年から始まった高度経済成長は,着実な雇用の増大をもたらした。完全失業率は,1955年の2.6％から1965年には1.3％へ低下した。公共職業安定所での求人に対する求職者数の割合は,55年の3.4倍から逓減し,61年にはほぼ均衡し,65年には0.7倍という労働力不足状態を示したのである(労働行政要覧昭和41年,262頁)。この結果,日本の労働市場には新たな困難が発生してきた。労働市場の逼迫は,若年労働者・技能労働者の不足として現れ,とりわけ中小企業における深刻な求人難を生むことになった。しかし,中高年労働者は慢性的な就職難を抱えていた。また,前述のように産炭地などにおいてもなお失業問題が残されていた。地域別,産業別に見た労働力需給の不均衡が雇用政策の課題として認識されるにいたったのである。

この政策課題に対して,労働省は労働力の流動化促進を目指すことになった。1964年には,内閣総理大臣から雇用審議会に対して「産業および労働面における構造的変化に伴う雇用に関する政策について」諮問がなされた。同審議会は,「需給部会」「不完全就業部会」「施策部会」の3

部会を設け，労働力需給と不完全就業の実態及び従来の施策に関わる問題点を分析し，それを踏まえて，65年12月に，近代的労働市場の形成，労働力の適応性と流動性の向上，技能養成と職業指導の充実，高齢者・既婚女性に対する施策などを内容とする答申を提出した。そこで構想された対策は，(1)労働市場の二重構造や地域的閉鎖性を解消し，全国的な労働市場の形成を図る。(2)既存の工業地域への労働力の過度集中を避けて，地域および産業を通じてその均衡ある発展を図る。(3)中高年齢層に対する職業訓練などを通して就職促進を図る。(4)技能労働力不足対策として公共職業訓練，事業所内訓練を推進する。(5)企業の受け入れ対策として年功賃金を改め職務給を導入するなど雇用賃金制度の近代化を促進する，というものであった。

労働省は，雇用審議会の審議をにらみつつ，「雇用対策法案大綱」をとりまとめ66年1月に発表し，再度労働大臣から雇用審議会へ諮問した。この大綱は，当時民間セクターでの合理化に反対の姿勢を貫いていた総評系の労働組合の間に反対を呼び起こした。総評の合理化に対する基本的な立場は，「一切の労働条件の一方的変更は許さないという労働者の自覚にもとづいた職場闘争を基盤とした徹底抵抗の闘争を組む」(1964年度運動方針) というものであり，66年方針でも「すべての労働者が大幅賃上げで団結をつよめ，その団結の力で資本の合理化や組織破壊に対決し，一切の労働条件の向上と雇用の確保を図ってゆく」としていた。

総評は，66年春闘の中でも，繰り返し雇用対策法案への反対を訴えている。しかし，総評の雇用対策要求をみるならば，そこでの考え方は，労働省が志向する雇用政策と一定の共通点を持っていたことがわかる (資料労働運動史 昭和41年版，27頁)。たとえば，1966年3月2日の春闘共闘委員会統一要求は，雇用対策に対する要求として，政府は雇用の長期安定，技能労働力の確保の立場から景気波動の影響による雇用の急激な変動は極力これを避けるよう適切な措置をとるべきことをあげ，「失業多発地帯や後進地域における雇用拡大政策は民間企業への助成を通じて行うことは限度があるので，政府の直接投資による企業活動を起こし，

雇用の造出を行うこと」を要求している。これは，必ずしも労働力流動化を目指すものではない。しかし，「共同職業訓練に対する国家の助成金の増加，中小企業，零細企業労働者に対して無償で技術教育訓練の機会を与え，政府の負担で訓練所を多数開設すること」という要求には，雇用対策法案に盛り込まれた政策との共通性がみられる。

　他方同盟は，従来から，不合理な首切り政策を行う経営者には断固対決するが，合理化には正面から取り組み，生産性向上運動を推進し，産業と企業の体質改善に積極的に対処するとの立場を取っていた。66年度運動方針でも，完全雇用の実現と福祉の向上を基本前提とする産業，経済の真の近代化政策を追求するとしている。そこには，経済の構造変化と自由化・開放経済への対処策としての巨大企業の実現や中小企業の整理統合などの再編成を頭から否定せず，労働者への悪い影響を排除し，賃金・労働条件・雇用の維持向上を目指す立場が前提とされていた（資料労働運動史　昭和41年版，422頁）。産業の再編に伴う労働力の流動化を必ずしも否定しない立場が読みとれる。同盟は，雇用対策法に原理的に反対する立場にはなかった。

　さらに，総評でさえ雇用対策法反対をうたうものの，具体的な雇用政策要求の中身から見る限り，法案を絶対阻止するという必然性はなかったといえる。1966年春闘総括において，春闘共闘委員会は，大衆闘争が成功したのに対して，対政府要求，政治闘争は不十分だったと反省し，「いま国会で闘われている雇用対策法も重要な法案でありながら，その内容すら知らない活動家が多いのが実態です」としていることは，逆に同法案への批判がそれほど強いものでなかったことを示していよう（資料労働運動史　昭和41年版，47頁）。

　むしろ，同法案に対する総評系組合の反発は，労働力不足の増大を背景として，需要側である経営者側の採用難を緩和すべく，求人の指導，調整などを政府が行いうるとの規定に象徴される経営者重視の具体的条項に向けられた。たとえば，「労働大臣は，労働力需給の適正な均衡をはかるためいちじるしい支障がある場合において，求人の数，時期又は地

域その他の求人の方法に関し事業主が相互に協力して自主規制することが適当であると認めるときは，関係事業主又はその団体に対し，当該自主規制をすることを要請することができる」との規定が当初法案におかれていたのである。

　労働省は，このような条項に対する組合の反発や雇用審議会からの修正意見を踏まえて，企業のための労働力需給調整策ととられる表現を修正し，また上述自主規制条項も削除した上で，完全雇用の実現と労働者の社会経済的地位の向上をうたう，よりバランスのとれた法案を国会に提出，法案は成立することになった。(労働年鑑 1967年版，464頁)。

　この雇用対策法は，石炭産業危機に際して，競争力を失った石炭産業から，成長産業への労働力移動の促進を目指し導入された雇用政策の延長上にあった。この点は，総評が「10・21を中心とする当面の闘争方針」において「相次ぐ炭鉱合理化の嵐は，既に8年間に16万人の炭鉱労働者が首を切られ，3分の2の炭鉱が閉山されるという激しさである。……石炭産業に加えられているこの合理化攻撃は，いま産業再編成を通じ，全産業に加えられている構造的な合理化攻撃とはまさに一体のものであり，各産業労働者が自らの職場の合理化反対の闘いを強力に組織する中で，炭鉱合理化問題をとらえ，これを全労働者の課題として包み，反撃の拠点として組織することが必要である」とするとともに，「雇用対策法の通過実施にともない政府独占の一方的具体化を看視しつつ失対打ち切り反対などの闘いを強化する」とうたっていることに示されていよう(10月6日総評第32回臨時大会決定)。そして，総評が66年運動方針において，「基幹的産業でかつての石炭産業のような事態が生まれるときには，決定的な闘いを基盤に産業別組織や総評の全機能をあげて闘い，これを社会問題化し，国家の政策をかちとっていく」としていることは，石炭産業に対する政府の雇用政策がある種のモデルイメージとなっていることを示唆する。

　石炭産業の衰退に対する雇用対策の展開や，それと相前後して進められた失業対策事業の改革，失業保険法や職業安定法の改正は，失業保険

制度や失業対策事業において,就職斡旋や職業訓練が強化されたことに示されるように,労働力流動化政策という新たな雇用政策を志向するものであった。雇用対策法は,このような政策志向を象徴していたのである(久米 1995)。

(3) 雇用保険法制定

戦後日本の雇用政策の大きな転機をなしたのは,雇用保険法の制定であった。雇用保険法制定の動きは,1973年5月9日に労相の私的諮問機関として設立された失業保険制度研究会での審議から開始された。労働力過剰が雇用行政の最大課題であった1947年に制定された失業保険制度は,適宜修正が加えられてきたものの,高度成長にともなう「完全雇用」時代に対応するには問題を生じていた。同研究会は,同年12月11日に報告書を労相に提出し,現行の失業保険制度の持つ問題点として,(1)失業保険給付の対象が結婚退社をする若年女子や,出稼ぎ労働者などの季節的受給者に偏っていること,(2)若年労働者は人手不足であるが,中高齢者は就職難である状況に保険給付が対応していないこと,(3)雇用構造の改善や職業能力向上,労働者福祉の向上などによる質量両面にわたる完全雇用の実現の必要に対応しきれていないことを挙げ,単に失業を補償するだけではなく,労働者に最も望ましい雇用の状態を確保するために,現行制度を抜本的に改善し,雇用に関する総合的機能を持つ「雇用保険制度」を創設すべきことを提言した(高梨 1989,64頁)。

労働省は,この答申を受けて,給付面での不均衡を是正する受給条件の見直しとともに,失業対策事業に加えて,雇用改善事業,能力開発事業,及び雇用福祉事業を新たに加える「雇用保険法案要綱」を作成し,73年12月21日に公労使3者で構成する中央職業安定審議会に諮問を行った。労働省の動きと並行して,5月設立の対策委員会において「雇用失業保障の政策要求」の検討を重ねてきた総評と中立労連の代表は,失業保険給付制限などの「不均衡是正策」に反発し,同法案への反対を表明した。春闘共闘委員会の代表は,翌年1月25日の労相との会見において,

春闘統一要求に関する要望書を提出し，失業保険給付の改善，職業転換給付金制度の拡充，失業保障強化などの要請を行った。総評が雇用保険法制定に反対する理由は，74年2月5日の第47回臨時大会の「雇用保険法案に反対し雇用・失業保障の抜本的改善を要求する決議」に端的に表明されている。決議は，雇用保険法案を，失業保険制度本来のあり方を後退させ，独占資本と自民党政府の雇用・労働力政策を推進する道具として最大限の活用をねらった抜本的改悪といわねばならないとする。とりわけ，批判の理由とされたのは，(1)若干の事業主負担増を図るとはいえ，限られた保険財政の枠組の中で，失業給付事業に，「雇用改善」「能力開発」「雇用福祉」の3事業を新たに加え，失業保険給付切り下げによって，保険財政を政府の雇用政策に一層自由に投入できる道を開くものであること，(2)受給者の30％強を占める季節的受給者や受給資格者の45％を占める30歳未満の青年婦人労働者にねらいを定めた給付の大幅削減が意図されており，労働者の統一要求の分断を図る反労働者的なものであることの2点であった（資料労働運動史 昭和49年版，347-348頁）。

これに対して同盟は基本的に法案へ賛成する立場を当初から表明していた。1973年12月7日，同盟は「失業保険法改正についての要請」と題する文書の中で，「失業保険制度は，雇用失業情勢の変化に対応して，その本来の目的が最大限に達成されるよう，給付の改善と適正化を行うべきである」として，政府による改正の方向と基本的には同様の認識に立つことを明らかにしている。同盟の具体的要求は以下の2つである。(1)適用範囲を5人未満の事業所及び農林水産業にも拡大するなど失業保険給付の充実を図ること。但し，総評と異なり，農林水産業の雇用者及び季節的受給者については，負担給付の面で特別措置を講じて一般受給者との均衡を図ることを求めている。すなわち労働省と同様，不正受給に対しそれを是正することを主張しているのである。(2)石油事情の窮迫により，雇用失業情勢も深刻な影響を受ける可能性が出ているため，積極的労働市場政策ならびに一時帰休対策など万全の施策を行うこと。ただし，失業保険制度にこれまで導入されてきた雇用政策上の諸施策は，同

制度から分離し政府の責任において行うべきこと。

労働省はその後，中央職業審議会，社会保障制度審議会への諮問を経て，農林水産業や建設業での失業者に対して当初予定していた受給制限を緩和し，また保険料率についてもそれを引き下げ，更に保険料収入のうち労使折半負担の部分は，失業給付に要する費用に，事業主負担の部分は雇用改善事業などの費用にそれぞれ当てることを明確にするなど反対意見を踏まえた修正を行い，74年2月12日に国会へ法案を提出した。しかし，修正にもかかわらず，同法案は総評，社会党，共産党の激しい反対に会い，与野党対決法案となっていった。同法案は5月13日に民社党及び自民党の提案による修正を受けた上で，賛成多数で衆議院を通過したが，6月3日に参議院で審議未了廃案となったのである（資料労働運動史 昭和49年版，350頁）。

しかし，この過程で興味深いのは，総評が単に失業保険の給付制限に反発していただけではなく，雇用改善事業に関して，企業の枠を超える職業訓練を求めていた点である。政府部内での失業保険制度研究会での議論をふまえつつ，組合としての雇用・失業保障の政策要求の検討を行ってきた総評の雇用失業対策委員会が，74年1月に決定した「雇用保険法案に対する態度と要求」を見よう。それは，失業保険の給付制限の動きを批判する一方，雇用改善事業については，経済変動に伴う雇用調整措置は，休業時の賃金100％の保障を原則とし，6割以上の手当てが支給された場合，10割に満たない部分について全額保障し，また，工場・事業所の移転，閉鎖，縮小等にともなう非自発的失業者については，雇用確保，元職条件の維持・向上，技能保障，再訓練・転換訓練等の措置の上，再就職が保障されるよう措置されなければならないとしている。また，能力開発事業，すなわち職業訓練については，「公共職業訓練」として行われることが原則であり，そのような施設を大幅に拡充すべきとする。ここで，興味深いのは，企業内訓練への否定的視点である。企業内訓練は労使が構成する企業内職業訓練委員会を中心に労使の合意にもとづいた教育・訓練協定を認定の要件として，訓練内容は，技能実習に限

定することを条件として漸次公共訓練への移行を促進すべきであるとするのである（資料労働運動史　昭和49年版，345頁）。

　ここに現れていたのは，やむを得ず失業に直面する労働者を，無理に企業内にとどめることなく，企業の枠を越えて移動させることを，条件付きながら認める立場であった。

　しかしながら，1973年10月勃発の中東戦争による「石油危機」は，日本経済に深刻な影響を与えた。1974年には，戦後はじめてGNPがマイナス成長となり，10月には求人倍率が1倍を割り込んでいる。1974年5月の日本熱学倒産は，戦後最大の倒産と話題を呼び，9月には日立製作所，東芝といった電機産業においても一時帰休が実施された。なかでも甚大な影響を受けた繊維産業を見よう。

　同業界における雇用調整は74年秋から本格化し，臨時工の整理，季節工の採用中止にとどまらず，10月には東洋紡で2,300名の希望退職者募集が始まる。これを皮切りに敷島紡，日東紡，ユニチカ等の大手でも，希望退職募集や工場閉鎖が提案されるにいたった。ゼンセン同盟傘下についてみると，74年2月から12月23日の間に人員措置を伴う合理化問題が165件発生し，103件は何らかの解決を見ているが，人員数でみれば，合理化に伴う経営側からの削減提案は12,290名であり，この内5,948名が離職をしている。また，同じ時期に一時帰休などの不況対策が52件提起され，解決したのは41件であった。

　このような厳しい状況に直面して，ゼンセン同盟は，従来の合理化3原則，すなわち，事前協議の徹底，完全雇用の確保，労働条件の低下防止，を基本としつつも，雇用調整にはいる前に深夜業の停止や時間短縮によって労働時間を調整したうえで，どうしても休業に入る場合で休業が長期に及ぶ場合は賃金保障を90％まで認めることで，人員削減措置の提案はなんとしても認めないことを決定した。企業内での雇用の維持に強い決意を示したといってよい。ゼンセン同盟はこの目的を実現するべく雇用保険法の即時実施を政府に強く求めだしたのである。74年11月9日には2万名の中央集会が開かれ，国会，内閣，さらに大蔵，通産，労

働の各省へ陳情,及び請願デモが組織されたのである。ゼンセン同盟の対政府要求は,同時に繊維産業労使によって結成されている日本繊維産業会議の要求とされ,労使共同の強い要請が政府に引き続き向けられた(資料労働運動史 昭和49年度版,414頁)。

石油危機は,繊維産業に典型的に見られるように,雇用保険法をめぐる政治過程の舞台設定を変える重要な契機となった。雇用保険法案は,求職がとりわけ難しくなってきた中高齢者への手厚い保護施策を規定しており,また経済変動による失業を予防するための施策も含んでいることに注目が集まり,その早期成立を求める声が労使の間で高まったのである。

同盟は,74年9月19日に,労相・官房長官に対して雇用保険法案の成立に万全の措置を講ずるよう以前にも増して積極的に申し入れた。また,新産別も中立労連も法案に賛成の立場をとりだし,民間労組共同行動会議は,11月5日,労相・副官房長官との会見で同法案の早期成立を求める申し入れを行った。更に,総評内部でも雇用保険制度の一部は緊急に立法化すべきだとの声が出始めた。他方,経営者団体においても雇用保険制度,とりわけ雇用調整への助成措置の早期実施を求める声が強くなっていた。石油危機後の経済情勢の変化を受けて,雇用保険法案は,12月14日,国会に再提出され短期集中審議を経て,12月25日に全会一致で成立したのである(資料労働運動史 昭和49年版,350頁)。

この雇用保険法は,労働力流動化を目指した雇用対策法とは異なり,企業内での雇用の維持という政策目的を持つことになった。この点は,労働省関係の審議会などを通して政策立案に関わってきた高梨昌の雇用保険法に関する記述に明快に示されている。

「我が国においては,雇用調整が主として残業時間の短縮や中途採用の削減,停止によって行われ,労働者を解雇する例は少ないが,それでも不況期においては,再就職環境の悪化や失業の増加がみられた。このため,国の雇用対策としては,離職を余儀なくされた労働者の再就職の促進に重点が置かれてきた。しかし,我が国においても繊維産業など一部

の産業で労働者の一時解雇を実施しており,また労働者を一時的に休業させることによって雇用量を調整する動きがみられた。今後は経済が安定成長へ移行し,不況期における企業の雇用調整が労働者に与える影響が大きくなることが予想されるだけに,失業の発生をできる限り防止することが必要とされる」(高梨 1989,53頁)というのである。

このような政策目的の変化は,行政側のみならず,組合側の選好の変化に裏付けられていた。雇用保険法の制定を促した雇用情勢の深刻化は,同時に,企業を越える横断的労働市場の形成に積極的な態度を示していた総評の立場をも,企業内での雇用維持を求めるものへと変容させた。その点を,雇用保険法に基づき雇用調整給付金制度が実施されるのに先立ち春闘共闘委員会が発表した「雇用調整給付金制度に対するわれわれの見解」に見ておこう。

そこでは,「雇用調整給付金は休業を促進し,組合運動をよわめ,場合によっては解雇にまで及ぶというおそれがあり,中小企業ではとくにそういう危険性がある」とした上で,「しかし,今日の情勢のなかでは,われわれの反合理化闘争,休業反対闘争にもかかわらず,企業内では限界があり,やむをえず解雇・失業を阻止するため,本制度を利用することは必要である」とした上で,給付金の支給を企業が求める際には,労使の労働協約に「休業とそれによる帰休は,一時的なものであり,その期間を明示させ,その期間満了とともに元に服するものであって,かりにも解雇を行うものであってはならない」ことなどを規定するべきことを主張しているのである(資料労働運動史 昭和50年版,315頁)。1年前の「雇用保険法案に対する態度と要求」との違いは明らかである。雇用情勢の悪化は,同盟系の組合のみならず総評においても,企業内での雇用維持を求める要求を促したのである。

二 分析

(1) スウェーデンとの比較

何故に企業を越える横断的な労働市場における労働力流動化を志向す

る政策から，企業内での雇用の抱え込みを側面支援する雇用政策への転換が生じたのであろうか。スウェーデンにおける雇用政策の展開と比較することでこの問いへの解答を検討しよう。スウェーデンは，1932年以来2度にわたる中断を挟むとはいえ，長期の社会民主党政権が続き高度な福祉国家が成立してきたことは周知の事実である。1955年以来，1993年の政界再編に伴う非自民政権の成立を経験したとはいえ，自民党保守政権が長期に続いてきた日本とは対極にある政治経済体制と通常考えられる。しかしこれら両国における雇用政策には興味深い類似点が見られる。両国ともに，積極的労働市場政策をとり企業間，産業間労働移動の促進を目指したが，70年代の景気後退期には先述したように日本において企業内での雇用の維持を目指す政策への変換が行われ，スウェーデンにおいても企業内の雇用維持を支援する政策が採られた。ただし，スウェーデンでは，日本と異なり積極的労働市場政策からの逸脱が雇用政策の主流となることはなかった。以上のような日本とスウェーデンの雇用政策発展の類似性と相違点は，「最相違システム間比較（most different systems design）」(Przeworski & Teune 1970) として日本の雇用政策の転換を理解する手がかりを与えるものである。

　スウェーデンにおいては，集権的で強力な労働組合（LO）に支持される社会民主党政権の下で，積極的労働市場政策が制度化されていった。そのアイデアは，社会民主党系の経済学者であるレーンとマイドナーによって1950年代に提起された。そこでは，同一職務同一賃金原則を産業を越えて追求する連帯主義的賃金政策が賃金上昇とマクロ経済的安定を両立させる鍵として提起され，それが根づいていった。その重要な構成要素の一つが，平準的な賃金上昇による労働コストの負担に耐えられない停滞産業から成長産業への余剰労働力の，円滑な移動を促進する積極的労働市場政策であった（丸尾直美 1992, 第4章；Flanagan 1987；Pontusson 1992）。

　しかし，1970年代の後半には，衰退産業や限界的企業に対して雇用を維持するための補助金を支払う政策が取られた。この背景には，職場の

移転に伴う様々なコスト負担を厭う労働者の増大があげられている。社民党政権に変わり出現した保守連立政権は，構造不況業種に当たる民間企業に対して在庫積み増し分の20％を補助して余剰人員の解雇を防ごうとする「在庫積増補助金（stockpiling subsidies）」政策などにより企業内での雇用の維持を目指したのである。しかし，この政策は非効率な産業，企業への財政資金の無原則な投入であるとして厳しい批判を受け，社民党政権の復活とともに修正がなされた（下平好博 1987；van den Berg et.al. 1997, p. 52）。

　ここで注意しておきたい点は，この間上述の雇用政策の新たな展開が見られたものの，従来の積極的労働市場政策も同時に執行され続けていた点である。ただし，その政策の有効性にも大きな疑問が投げかけられるようになった。とりわけ，労働市場訓練は，そこでの滞留者が増加し，実質的には失業を糊塗する政策となったとの批判を受けるにいたったのである。また，70年代から新たな雇用の受け皿となった公的セクターも，その拡大によりスウェーデン産業の競争力を低下させるものとして批判されることとなった。

　市場への適切な介入施策によって先進国内でも最も良好な雇用パフォーマンスを日本とともに維持してきたスウェーデンにおいても，雇用政策の見直しが言われるようになってきたのである。そして，改革論は，1982年から90年まで，それぞれ2.5％と2.3％という低い失業率を誇った日本とスウェーデンが，4.3％（日本1998年）と8.1％（スウェーデン1996年）という史上最悪の失業率を記録したことによって加速された。その結果，日本においてはすでに見たように企業内雇用維持支援策の再考と企業の枠を越えた労働市場訓練策や労働移動支援策が唱道され，さらには長期雇用を前提とする日本的雇用システム自体への懐疑が広まることとなった。他方，スウェーデンでは，すでに80年代から横断的労働市場政策を支えた集権的労使関係を企業や工場レベルに分権化しようとする動きが強まってきたのである（宮本太郎 1994）。労働市場への介入を通して雇用パフォーマンスの維持を目指し低い失業率を誇ってきた日

本とスウェーデンが共に，従来の政策の再考を迫られていることはきわめて興味深い。市場への過剰な介入が，グローバル競争の進む中で不適合を起こし，自由な市場資本主義への収斂化が生じていると考えることも可能であろう。

しかし，本稿では，積極的労働市場政策がその当初の形態から変異した点を重視する。行政による市場介入それ自体が問題だったのではなく，その介入方式の市場適合性が問題だったと考えるからである。

以下では，日本において1960年代に成功裏に導入された積極的労働市場政策が，何故にその性格を変えていったのかを，スウェーデンにおける雇用政策の展開と比較しつつ検討しよう。

（2）利益，アイデア，制度

政策の創発，生成，発展を説明しうる要因として，利益，アイデア，そして制度をとりあえず挙げることができよう。日本における雇用政策の展開は，それぞれの要因によってどの程度説明されうるのだろうか。

雇用政策の受益者たる労働者の利益は，安定した雇用にある。雇用政策の発展は，雇用不安に直面した労働者がみずからの利益を守るために，雇用の維持を求める政策を要求した結果として理解できる面がある。石油危機後の雇用情勢の深刻化に伴い，労働組合が一斉に雇用保険法の早期成立を求めだした。雇用問題が深刻化するにともない，現在の自分の職を守ろうとする志向が強くなるのは自然であろう。70年代にスウェーデンでもとられた企業・産業内雇用維持政策は，同じように説明できよう。しかし，論理的には転職による労働力移動を前提とした上で積極的労働市場政策を用いることによっても，企業内雇用維持という形においても，いずれにおいても安定した雇用という利益は守られうる。実際スウェーデンにおいては，労働市場訓練などの積極的労働市場政策は，70年代から80年代にも一貫して大規模に執行されてきたのである。

では経営者側の利益から変化が説明できるであろうか。企業の利益率が低下しているときに，経営者が雇用調整を行い人件費を削減すること

で利益を確保しようとすることはきわめて合理的であろう。石炭危機に際して経営者側がとった対応は，政府からの補助を利用して雇用調整を円滑に進めようとするものであった。そこでは，労働力流動化政策と経営者の志向は相互補完的なものであったといえよう。70年代の製造業の危機においては，経営者はそれと反対に政府の補助を得て，雇用を維持しようと試みている。経営者の選好が 2 つの事例では異なるのである。この違いは，70年代の製造業セクターにおいては経営者が，雇用を維持することに利益を見いだしていたことを示す。なぜか。あり得る答えは 2 つであろう。第一は，90年代に雇用の流動化の必要が言われる理由の反対のものである。すなわち，企業が経営を多角化し，ワンセット主義といわれる経営戦略を採る限り，企業内に新しい職場が生まれ，そこへ企業内の過剰労働力を移動させることが効率的と経営者が考えたとするものであろう。しかし，当時の事例を見る限り，そのような戦略がまず存在して，その結果として企業内の雇用の維持を経営者が図ったと言うよりも，企業内の過剰雇用を前提として，その利用を図るべく多角化に打って出たという場合が相当多い。そうであるならば，第二の解釈は，むしろ企業の経営者が雇用調整を行うことによって生じる企業組織内のモラールの低下や社会的非難を恐れたと考えるべきであろう（久米1998）。しかし，いずれにせよ，経営者の利益のみから雇用政策の変化を説明することは困難である。

では，所管官庁である労働省の利益から説明が可能であろうか。雇用保険法の制定には，労働省の組織としての利益がかかっていたとの指摘がなされている。1960年代後半から70年代初頭の高度成長によって，日本ははじめて完全雇用状態を達成する。労働省にとってこれは朗報であったが，同時に労働省は組織上の問題を抱えることにもなった。労働省不要論が経済界や政界の一部で唱えられることになった。失業保険や労災保険の保険特別会計は大幅な黒字を計上していた。労働省としては，自らの存在理由をかけて，新しい労働者福祉行政や失業予防行政を展開する必要に迫られたのである。雇用保険法はこの新しい事情を踏まえて

構想されたものである。しかし，この労働省の組織の利益という観点に立つとしても，そこからは企業内の雇用を維持する形での雇用政策への転換が導かれるわけではない。スウェーデンにおいて採られてきた公的な労働市場訓練を拡充することも可能であったであろう。むしろ，そのような選択の方が雇用対策法の延長上にあり容易であったかもしれない。労働省の組織利益の観点から政策変更を説明することは困難である。

政策変化の原因として，新しい政策アイデアに注目するのは自然である。現在日本においても，様々な新しいアイデアが，雇用流動化を前提とした雇用対策として提唱されている。確かに，既存の政策が雇用問題を解決するに十分ではないという問題認識が強まるにつれて，新しいアイデアの探索がなされ，現在とられているのとは異なる，しばしば対極をなすような政策が提唱される傾向がある。スウェーデンにおいて，雇用問題を解決するためにも，集権的な労使関係を分権化するべきであるという主張が強くなされた。しかし，雇用政策の転換という観点に立てば，日本でも，スウェーデンでも企業内・産業内雇用維持的政策と労働力流動化政策の2つのアイデアは，すでにみたように早くから存在してきた。問題は，日本では前者が，スウェーデンでは後者が何故生き残ってきたのかにあろう。どのアイデアが生き残るかは，アイデア自体に注目することからは説明できない。

どのような政策アイデアが生き残るかは，それが選択されていく過程に存在する制度の影響を受けるであろう。日本とスウェーデンにおいてともに，相当程度体系性を持った雇用政策が発展してきた背景には，雇用政策を所管する行政機関が一貫して存在し，それが安定した雇用政策の発展を可能にした条件であったと考えられる（久米 1995）。しかし，この点からは日本とスウェーデンの類似性は説明できても，分岐を説明できない。

両国の大きな違いは，労働の組織のされ方にあることは周知の点である。企業レベルに重心をおく労使関係と全国レベルで集権化された労使関係は両国の労働政治に大きな違いを生んできた。雇用政策の展開にお

いても，この相違は大きな影響を与えた。日本の企業，とりわけ民間製造業部門の大企業では，各労働者の職務を細分化せずに幅広い熟練形成を仕事のローテーションに基づいて行うことに特徴があり，企業別の労働組合はそのような内部労働市場を前提として機能してきた。そこでは，企業内の労働移動には日本は対応しやすい。この結果，企業内に雇用を維持する政策は，効率的なものとなりうる。むしろ，企業の境界を越えての労働力移動には，大きな取引費用がかかり非効率となる可能性が高い。他方，スウェーデンでは，フォード主義的な職務分類が主流であり，企業間の労働移動にかかる取引費用は相対的に低い一方，企業内で労働者の職務を変更させることの取引費用は高い。この結果，労働力流動化を志向する政策はスウェーデンにおいての方が採りやすかったといえよう。70年代に日本において，雇用政策が企業内における雇用維持の方向へと変容し，他方スウェーデンにおいて同じく70年代に出現した企業内の雇用維持のための補助金が根付いていかなかった理由をここにみることができよう。

　しかし，以上の説明はやや静態的，機能的である。労働者は，自らが位置する制度的コンテクストの中において政策選好を持つに至るであろう。このダイナミクスが同時に重要である。労働者の利益が，最終的には雇用の安定であったとしても，そのことを前提としていかなる政策選好が形成されるかは一義的には決まらない。70年代に雇用危機が進行するにつれて，総評も同盟もともに，従来の労働力移動を前提とする雇用政策へのコミットメントを減らし，企業内での雇用の維持を強く求めるに至った。これは，上述したような企業横断的労働移動にかかる取引費用の高さを労働者が認識し，そのような移動を伴わない形の政策を選好した結果であると同時に，企業をアイデンティティーの基礎とする労働者意識に支えられたためでもあった。そこでは，企業内雇用の維持に対する公的支援の非効率性よりも，失業対策事業の非効率性や失業保険の不正受給といった企業の枠組みをはみ出た非効率性への非難がなされやすかったのである。

これに対して，スウェーデンにおいても，当初から横断的労働移動にかかる費用の大きさに対する労働者の反発は存在してきたものの，集権的労使関係や労働市場政策はその費用を軽減することによって，そのような移動を労働者に受け入れさせる役割を担ってきた。また，企業を越える労働者のアイデンティティーが，このような政策を支えてもきた。しかし，それにもかかわらずこのような取引費用の高さが70年代に入って，労働者により強く認識されるにつれて，企業内雇用維持への補助政策や労働市場訓練プログラム・公的セクターへの過剰労働力の吸収が行われるに至った。興味深い点は，スウェーデンにおいては，後者の訓練プログラムや公的セクターへの吸収が目立つ点にある。企業内での雇用の維持は非効率であるという議論がスウェーデンでは受け入れられやすく，公的セクターや訓練プログラムへの過剰労働力抱え込みの非効率性には目が向きにくいのである。労働者のアイデンティティーが，企業という枠組みを越えて形成されてきた結果であろう。このように，利益は制度を通して政策選好と言うアイデアに具体化されていくのである。

　現在進行中の雇用政策改革，さらには雇用システムの改革をめぐる過程が，どのような結果をもたらすのかは未だ明らかではない。しかし，政策変更の過程が，このように既存の制度に媒介されるのであれば，その帰結には断絶よりもむしろ連続を予測することになるであろう。

参考文献

Flanagan, Robert (1987) "Efficiency and Equality in Swedish Labor Markets," in Bosworth, Barry P. and Alice M. Rivlin, eds., *The Swedish Economy* Washington, D.C.:Brookings Institution.

Pontusson, Jonas (1992), *The Limits of Social Democracy* Ithaca: Cornell University Press.

Przeworski, Adam and Henry Teune (1970), *The Logic of Comparative Social Inquiry* New York: Wiley Interscience.

Thelen, Kathleen & Ikuo Kume (1999), "The Effects of Globalization on Labor Revisited: Lessons from Germany and Japan," *Politics and*

Society, winter.
van den Berg, Axel, *et.al.* (1997) *Labour Market Regimes and Patterns of Flexibility* Lund, Sweden: Arkiv Frlag.
久米郁男（1995）「行政制度と市場メカニズム」『季刊行政管理研究』69号，3月
久米郁男（1998）『日本型労使関係の成功』有斐閣
下平好博（1987）「失業保険と労働市場政策」社会保障研究所編『スウェーデンの社会保障』東京大学出版会
高梨昌（1989）『新たな雇用政策の展開』労務行政研究所
丸尾直美（1992）『スウェーデンの経済と福祉』中央経済社
宮本太郎（1994）「労使関係と労働市場」岡沢憲芙・奥島孝康編『スウェーデンの経済』早稲田大学出版部

資料
労働省『資料労働運動史』各年版
法政大学大原社会問題研究所『日本労働年鑑』各年版
労働省『労働行政要覧』各年版

執筆者一覧 論文初出順

的場敏博（まとば　としひろ）　現在　京都大学法学部教授
森本哲郎（もりもと　てつお）　現在　奈良産業大学法学部教授
力久昌幸（りきひさ　まさゆき）　現在　北九州大学法学部助教授
建林正彦（たてばやし　まさひこ）現在　関西大学法学部助教授
待鳥聡史（まちどり　さとし）　現在　大阪大学法学部助教授
品田　裕（しなだ　ゆたか）　現在　神戸大学法学部助教授
T.J.ペンペル（T.J.Pempel）　現在　ワシントン大学教授
伊藤光利（いとう　みつとし）　現在　神戸大学法学部教授
久米郁男（くめ　いくお）　現在　神戸大学法学部教授
中村悦大（なかむら　えつひろ）　現在　京都大学大学院法学研究科在籍中

変化をどう説明するか：政治篇
2000年1月1日第1版第1刷印刷発行©

編者との了解により検印省略	編者　水口憲人／北原鉄也／久米郁男 発行者　能島　豊 発行所　有 木鐸社 印刷　㈱アテネ社　製本　大石製本所 〒112-0002　東京都文京区小石川5-11-15-302 電話・ファックス（03）3814-4195番　振替　00100-5-126746

乱丁・落丁本はお取替致します。

ISBN4-8332-2284-1　C3331

変化をどう説明するか (全3巻) Ａ５判並製カヴァー装

編集委員　水口憲人・北原鉄也・真渕 勝・久米郁男・秋月謙吾

冷戦構造の終焉，ＥＣ統合，経済の国際化の一層の進展は日本の政治行政システムに大変動を促している。それらは社会科学に携わる者にとって興味深い問題群であろう。本企画はこれら変化を直接対象とするものではない。関心の焦点は執筆者が選択した分野における大小さまざまの変化を説明する理論的可能性を追究する試みを通じて変化の時代の政治行政システムの態様をダイナミック且つ多角的に理解しようという意図に発する

変化をどう説明するか：政治篇　ISBN4-8332-2284-1　価３０００円
水口憲人・北原鉄也・久米郁男編著

序－久米郁男/衆議院選挙選挙区データに見る日本社会党の５０年－的場敏博/高度経済成長の政治と「弱者」防衛－森本哲郎/経済政策転換と政党政治－力久昌幸/中選挙区制と議員行動－建林正彦/緑風会の消滅過程－街鳥聡史/９０年代日本の選挙公約－品田 裕/構造的外圧－T.J.ペンペル/連立政権の政策能力－伊藤光利/雇用政策の展開と変容－久米郁男

変化をどう説明するか：行政篇　ISBN4-8332-2285-X　価３０００円
水口憲人・北原鉄也・真渕勝編著

序－真渕 勝/官僚制とイデオロギー－水口憲人/日本の首相──過去，現在，未来－E.S.クラウス/官僚制ネットワークの構造と変容－辻中 豊/行政変化と行政改革－真渕 勝/市民と行政のパートナーシップ－田尾雅夫/日韓における在留外国管理制度形成の研究－大西 裕/国民 ID 制度と行政－マシュー，M.サンタマリア/中央行政組織改革の研究－笠 京子/公務員給与体系の日英比較－稲継裕昭/規制緩和・民営化と新自由主義イデオロギー－松並 潤

変化をどう説明するか：地方自治篇　ISBN4-8332-2286-8　価３０００円
水口憲人・北原鉄也・秋月謙吾編著

序－秋月謙吾/財政危機の中の地方財政対策－北村 亘/日本の地方自治と政策発展－村上 弘/地方分権と福祉政策－佐藤 満/自治体住宅政策における促進要因と制約要因－谷 聖美/地方空港をめぐる環境変動と政府間関係－秋月謙吾/マスタープランニングと地方分権－北原鉄也/比較の中の日本の地方政府－北山俊哉/フィリピンの地域開発と新自治法－片山 裕/大都市制度－権 寧周